U0016910

現代名著譯叢

後殖民理論
Postcolonial Theory

巴特・摩爾－吉爾伯特(Bart Moore-Gilbert) ◎ 著

彭淮棟 ◎ 譯

前　言

　　晚近幾年，後殖民研究在重塑傳統學術方法與文化分析模式方面，成就不一而足，目前卻遭遇不少難題，這些困境反映於外界的抨擊與日俱僧，以及內部的異議愈來愈多。本書特別措意於晚近有關後殖民理論的種種爭議；有些觀察家認爲，這些爭議導致後殖民理論與其他後殖民批評之間分裂日益擴大。依照本書定義，後殖民理論基本上，或在相當可觀的程度上，是由淵源於法國「高等」理論的方法論——這淵源最明顯來自德希達(Jacques Derrida)、拉岡(Jacques Lacan)及傅柯(Michel Foucault)。實踐方面，則指薩依德(Edward Said)、史畢瓦克(Gayatri Spivak)及巴巴(Homi Bhabba)之作。晚近的許多批評辯論裡，最激烈的也許是法國「高等」理論「入侵」後殖民分析而滋生的那些辯論，造成贊成者與不贊成者極端對立。贊成的代表作是楊格(Robert Young)的《白人神話》(*White Mythologies*, 1990)，此書宣布「歷史寫作的一種新邏輯」[1]，他後來又著《殖民的慾望》

1　《白人神話：歷史書寫與西方》(*White History and the West*, London:

（Colonial Desire, 1995），這新邏輯可見於後殖民理論家「神聖三位一體」（Holy Trinity)的著作之中。楊格認為，薩依德、史畢瓦克及巴巴促成國族、文化、族裔關係的根本重構，這重構在文化／政治上有重大意義。與此相對的，是諾貝爾文學獎得主華柯（Derek Walcott)以比較傳統的後殖民批評家的典型躁怒語氣，譴責法國理論。華柯力抨「法式批評」既「臭」且「爛」，結論說「這玩意令人相信歐南（Onan)是法國人。」[2]

基於純屬策略的目的，我在本書第四章將接受後殖民理論與較為廣泛的後殖民批評領域之間各項或明或暗的歧異。但是，在這個階段，我必須強調，我不希望將這兩種分析之間的區別本質化。的確，這兩者之間的區別是不能絕對化的。在本書後段，我根據此一信念，嘗試在後殖民理論同樣熱烈的支持者與中傷者之間，以及在更廣義的後殖民理論與後殖民批評之間，尋求調和。例如，我在第二章詳細說明，「高等理論」是薩依德《東方主義》（*Orientalism*)的重要基礎，但他的生涯卻是一個對這理論逐漸幻滅的過程。《東方主義》幾乎才剛出版，薩依德就開始另闢發展，又十年之後的今天，他已在探索他自己的著作和「國協」文學研究的一些晚近版本之間有無可以互通之處。

Routledge,1990），p.175。

2　華柯，〈卡里古拉的馬〉（Caligula's Horse)，史雷門與提芬編，《歐洲之後：批判理論與後殖民書寫》（*Critical Theory and Post-Colonial Writing*, Mundelstrup: Dangaroo ,1989），p.141。

　　同時，我也不想暗示說，後殖民批評的假設和作法是天真的實證主義或純粹的經驗主義。後殖民批評一般使用比較易解的修辭，因此不像後殖民理論那樣令讀者難以索解，但也往往十分理論化，只是明顯的程度不一(許多加上馬克思主義轉折或馬克思式轉折的後殖民理論特別顯著)。反正，誠如芭芭拉·克莉絲丁(Barbara Christian)所言，西方與非西方(或西方內部的支配選區與非支配選區)對「理論」的理解未必相同[3]。我也不希望暗示，理論與應用批評之間有某種絕對的隔異。薩依德、史畢瓦克、巴巴參與「實踐的」文本分析與論述，作法都和其他許多後殖民批評家相近。最後，我不希望將後殖民理論或後殖民批評同質化，說他們是兩種分開但內在統一的活動。我們將會明白，兩個分析的次領域在假定、取向與程序上都是多元的，有時候兩者不但相互矛盾，而且各自有其內在矛盾。

　　關於馬克思主義在後殖民文化分析模式中的位置的辯論，就充分說明此一命題之真實。在後殖民理論領域之內，史畢瓦克力陳馬克思主義分析方法的意義與用處，包括其中的「經濟論」流派。巴巴大體上敵視此一作法。薩依德則依違其間，將馬克思本人置於東方主義陣營，同時卻自始至終十分倚重──雖然絕非毫無批判地倚重──馬克思主義的

3　Barbara Christian, 〈理論競賽〉(The Race for Theory)，詹默罕穆德與 David Lloyd編，《少數論述的性質與脈絡》(*The Nature and Context of Minority Discourse*, New York: Oxford University Press, 1990), p.38。我在第五章會提到，論者認為很多「初級」後殖民文化隱含理論性。

「文化主義」流派。後殖民批評家,以及對文化與帝國主義之間的關連有興趣的其他人,態度也同等多樣。阿馬德(Aijaz Ahmad)和迪爾力克(Arif Dirlik)、班妮塔‧帕瑞(Benita Parry)、清維朱(Chinweizu)、恩古吉‧華‧提安戈(Ngugi Wa Thiongo)及拉撒路(Neil Lazarus),都力言復振馬克思主義,認為許多經常置於後殖民分析之下討論的問題,以馬克思主義處理是最佳手段。早一點的批評家,如詹姆斯(C.L.R. James)、塞瑟爾(Aime Cesaire)及法農(Frantz Fanon),彼此大不相類,而馬克思主義在他們的思考中都扮演重要,有時曖昧的角色[4]。相形之下,索因卡(Wole Soyinka)、米勒(Christopher Miller)、吉洛伊(Paul Gilroy)及楊格,彼此頗有差異,卻一致認為西方人文主義早先企圖為社會發展強制加上全稱一律的敘述,並且強制加上全稱一律的文化分析模式,馬克思主義在某些程度上不過是重複那些企圖,但那些企圖其實未能善解——有時甚至未能考慮——非西方情況的特性與殊性。

本書第一章,我說明後殖民研究的成功之處,以及當前面臨的一些難題。我的焦點將擺在後殖民理論從領域外與領域內所遭受的攻擊上;這些攻擊裡,最具實質者說,後殖民理論在政治上與居於支配地位的新殖民知識體制是共犯。這類攻擊的典型作法,是認定後殖民理論由於在西方學院裡活

4　這方面的討論,另外可見Cedric Robinson,《黑馬克思主義:一個激進傳統的形成》(*Black Marxism: The Making of a Radical Tradition*), London: Zed, 1983。

動，因此必然、自然沒有能力從事任何徹底解放的文化分
析。為了處理這些論點，我將追溯後殖民理論當初出現的背
景脈絡，說明早先居於支配地位的學院裡，對文化與(新)殖
民主義之間的複雜關係所作的分析模式。

其後三章談薩依德、史畢瓦克及巴巴，我嘗試就他們的
著作提出詳細而耐心的批判性解讀，進一步處理第一章勾勒
的各種異議。在《白人神話》(1990)裡，楊格對這三人做了
突破新境的比較研究，在那之後，三人都出版過一本質量可
觀的新作，包括薩依德的《文化與帝國主義》(*Culture and
Imperialism*, 1993)，史畢瓦克的《後殖民的批評家》(*The
Post-Colonial Critic*, 1990)，巴巴的《國族與敘事》(*Nation
and Narration*, 1990)與《文化的方位》(*The Location of
Culture*, 1994)。這些力作問世，關於後殖民理論的認同、政
治立場、目的與地位的辯論在規模(與熱度)上也隨之增加。
因此，本書的一項主要目標，是為這幾位批評家的新作提出
清晰的分析解讀，將新作置於他們的舊作脈絡之中並觀，以
及就新舊作問世期間出現的種種爭議提出清晰的分析解讀。

在這比較長的三章裡，我使用了「細讀」法(close
reading)。說來有趣，細讀法和德希達的解構[5]及傳統的文學
批評模式都有淵源。我使用這方法的基本理由是，說後殖民
理論難懂、邪門或無關宏旨者，往往率易一概而論，不滿我

---

[5]　見德希達，《書寫學》(*Of Grammatology*)，史畢瓦克譯，1967；
Baltimore: Johns Hopkins University Press,1976, p.24。

意，但另一方面，單是對後殖民理論熱心，是不夠的，用比較詳細的分析來檢驗我們所討論的作者，會比較有用。因此，我要盡可能細讀後殖民理論的文本(尤其是1990年以來出現的文本)，一方面爲了確定其中的前提、論證及相互關係，一方面——更重要——盡我所能，嚴謹審視它們。

在第五章，我根據薩依德、史畢瓦克及巴巴的批判，重新思考第一章所提的，後殖民理論所遭到的異議，並建議對三人至少某些批判之作可以如何加以必要的修正。接下去，我重新評估後殖民理論與後殖民批評其他部分之間晚近出現的分裂。我的論點是，後殖民批評家艾奇比(Chinua Achebe)、索因卡、哈里斯(Wilson Harris)等人，和薩依德、史畢瓦克、巴巴等理論家之間，在戰略與戰術兩方面都有相通之處，他們有些關鍵的分析理念與批判程序是共通的，即使雙方在重點的詮釋與部署上偶爾出現必須承認的歧異。

在結論裡，我提出一個看法 後殖民理論當前面臨的難題，也是更廣義的後殖民批評所面臨的難題，特別是如何在不同的後殖民社會陣營與利益，以及其中產生的批判實踐之間協調出團結與聯盟來，同時又尊重他們的歷史與文化特殊性。職是之故，我認爲當前有些對後殖民理論的熱衷與敵視是同等被誤導的。不過，我自己對後殖民理論的興趣也摻有一些存疑，因此我承認中傷者提出的異議至少有些是認眞的，必須嚴肅看待。楊格說的「歷史寫作的新邏輯」，主要指薩依德、史畢克瓦與巴巴之作而言，他很樂觀，認爲這新邏輯廣加傳播之後，將有助開啓一個文化解放的美麗新世

界，而任由其支持者繼續忽視——甚至鄙棄前人和今人在後殖民領域其他政治與文化戰場上的努力。我沒有他那樣樂觀。正因為後殖民批評與後殖民理論之間有那麼多深遠的相續相通之處，前者的闡揚者和支持者實在沒有理由率爾勾銷後者。

目　次

一
後殖民批評?後殖民理論?

　　後殖民批評與後殖民理論都由形形色色的作法構成，都在全球許多學術機構裡的許多學科領域中實踐。其中許多在「後殖民」(postcolonial)一詞流行以前就已存在[1]，論者回顧之下，認為它們與現今公認的後殖民文化分析模式是前後相續或相通的。放膽為這些作法寫一部歷史的人，大概都至少必須早自本世紀初寫起，亦即追溯非裔美籍思想家杜柏亞(W. E. B. Du Bois)與南非人普拉特耶(Sol Plaatje)兩位差異極大的作者(而且可以說還要更往上追溯)。差異甚大的文化構成，像一次世界大戰與 1920 年代的哈林文藝復興(Harlem Renaissance)，和1940與1950年代的黑文化(Negritude)運動，都必須列入討論。這樣一部歷史，必須討論地理、意識型態及文化上紛繁多樣的人物，像在倫敦度過大半人生的千里達

1　關於此詞的歷史，見Vijay Mishra 與Bob Hodge,〈何謂(後)殖民?〉(What is Post(-)Colonialism?)，《文本實踐》(Textual Practice), 5.3, 1911, pp.399-414；比較阿馬德,〈文學後殖民性的政治〉(The Politics of Literary Postcoloniality)，《種族與階級》(Race and Class)36.3, 1995, pp.1-20。

人詹姆斯(C. L. R. James)，出身馬丁尼克(Martinique)而在阿爾及利亞從事革命的法農，同屬非洲但差別巨大的批評家艾奇比與戴奧普(Anta Diop)，以及長住澳洲的印度歷史家古哈(Ranajit Guha)。諸家之間的「影響與發展」過程，決不是一個可以平鋪直敘的故事，想曲盡其事，這麼一部歷史必須檢視某些拉美批評，1960與1970年代的「國協」文學研究，以及非歐洲語言的各種美學理論，這些理論都是當今所說的後殖民批評的先驅或變體。

　　後殖民批評在歐洲與美國以外顯然有一段漫長複雜的歷史，卻很晚才進入西方學院，尤其是英國的大學文學系。(以下的記述將會受到一項事實的影響，亦即我是在英國工作的文學批評家，但我盡量不要太狹隘。)英國好幾部比較晚近而影響巨大的文化描述與批評理論之作，從威廉士(Raymond Williams)的《關鍵字》(*Keywords*, 1976, 修訂1983)，到伊戈頓的《文學理論》(*Literary Theory*, 1983)，與塞爾登(Raman Selden)的《批評理論》(*The Theory of Criticism*, 1988)，都沒有承認後殖民批評可以自成一個分析範疇。的確，重新考查1970年代晚期到1980年代初期英國大學產生的「英語研究危機」，可以見得，在當今所說的後殖民關懷與批評模式裡，對文學研究的重新思考扮演了何其微小的角色。因此，在那個騷動的時刻裡，梅杜恩新腔系列(Methuen New Accents)尋求重新界定此一學問——諸如維多森(Peter Widdowson)的《重讀英文》(*Re-Reading English*, 1982)，和珍妮特‧巴茲里爾(Jenet Batsleer)的《重寫英文》(*Rewriting English*, 1985)，

但是，無論對於現在被視為後殖民論述分析的那些興趣，或者對於英語世界當時已經有相當發展的「新」文學與後殖民文學領域，系列裡沒有一部著作撥出篇幅來處理。一直到1989年，才出現對後殖民批評的初步概論，是艾希克洛夫特（Ashcroft）、葛瑞菲斯（Gareth Griffiths）與海倫‧提芬（Helen Tiffin）合著的《帝國反寫》（*The Empire Writes Back*）；這個領域的第一部嚴謹讀本，則是威廉斯（Patrick Williams）與蘿拉‧克萊斯曼（Laura Chrisman）的《殖民論述與後殖民理論（*Colonial Discourse and Post-Colonial Theory*），晚到1993年才出版。

　　但是，後殖民批評作為一個學門，在西方學院，特別是在英國大學文學系裡的歷史雖短，對當前的文化批評模式卻帶來重大衝擊，將種族、國家、帝國、移民、少數族裔問題與文化生產之間的相互關連送上關懷的最前線。測量這衝擊的一個尺度是，在1960年代晚期，英國大學的大學部絕少開設英語新文學或「帝國與文學」之類課程，里茲（Leeds）與肯特（Kent）大學是例外，到了今天，除了最傳統的（往往未必也是最負盛名的）學校，英文系都提供後殖民文學、理論、批評選修。到1970年代中期，結合英文與「新」文學的學位課程興起，最近一項發展則是各種「後殖民研究」的碩士學位課程，其中較著者為肯特、華立克（Warwick）及艾塞克斯（Essex）大學。

　　這些轉化在好幾個學術生產的種類與模式伴同之下產生。例如，現在有各色各樣專門研究後殖民文化與批評問題

的期刊，如《國協文學期刊》(*The Journal of Commonwealt Literature*)、《艾里爾》(*Ariel*)、《非洲文學研究》(*Researchoin African Literatures*)、《英語新文學期刊》(*The Journal of New Literatures in English*)、《以英文寫作的世界文學》(*World Literature Written in English*)、《第三文本》(*Third Text*)與《華沙菲里》(*Wasafiri*)。此外，後殖民領域自1980年代以來逐漸鞏固的情況，也反映於非專門期刊紛紛以特刊對之付以廣泛的注意：開列一張不算全面詳盡的名單，就可以包括《批評探討》(*Crtical Inquity*, 1985與1986)、《新文學史》(*New Literary History*)與《文化批判》(*Cultural Critique*, 1987)、《牛津文學評論》(*Oxford Literary Review*, 1987與1991)、《銘刻》(*Inscriptions*)與《南大西洋季刊》(*South Atlantic Quarterly*, 1988)、《性別》(*Genders*, 1991)、《大眾文化》(*Public Culture*)與《社會文本》(*Social Text*, 1992)、《耶魯法國研究》(*Yale French Studies*)、《劍橋評論》(*The Cambridge Review*)、《歷史工作坊》(*History Workshop*)與PMLA(1993)、《新形構》(*New Formations*)及《文學與歷史》(*Literature and History*, 1994)。以種種後殖民關懷為主題的會議增加，也同樣搶眼。單單在英國，就有羅罕普敦研究所(Roehampton Institute)1983年的「文學與帝國主義」會議(Literature and Imperialism)，艾塞克斯大學1985年的「歐洲與歐洲的他者」(Europe and Its Others)會議，加威大學的「性別與殖民主義」會議(Gender and Colonialism, 1992)，南岸大學(South Bank University)以英國的黑人寫作為主題的

「出離邊緣」(Out of the Margins)會議(1993)，倫敦大學「國協研究所」(Institute of Commonwealth Studies)的「帝國、國族、語言」會議(Empire, Nation, Language,1993)，華力克大學以薩依德爲主題的會議(1994)，倫敦當代藝術研究所(London Institute of Contemporary Arts)1995年以法農爲主題的研究所，及北倫敦大學1996年的「越界」會議(Border Crossings)。爲後殖民批評服務的專業協會與網絡，在範圍與數目上也迭見擴增，包括「國協文學與語言研究協會」(Association for Commonwealth Literature and Language Studies)、「非洲文學協會」(African Literature Association)、「加勒比海、非洲及相關文學教師協會」(Association of Teachers of Caribbean, African and Associated Literatures)，開放大學後殖民文學研究小組(Open University Group for the Study of Post-Colonial Literatures)，以及倫敦大學校際後殖民研討會(London Inter-University Post-Colonial Seminar)。

　　凡此種種活動，部分還獲得大學以外一些重要發展的協助，特別是出版方面。出版界提供一手資料來支援這些新活動。海尼曼(Heinemann)在1962年推出「非洲作家」(African Writers)系列，其後十年出版一套當代「加勒比海作家」(Caribbean Writers)系列，接著是「亞洲作家」(Asian Writers)系列，1970年代，朗文(Longman)引進「國協」作品的鼓聲系列(Drumbeat Series)。更晚近一點，女性出版社(Women's Press)推出「黑人與第三世界女作家系列」(Black and Third World Women Writers Series)。與這些創舉相輔的，

是當代移民成立專攻後殖民關懷的出版社，例如英國的卡爾納克(Karnak)、新烽火(New Beacon)及(Bogle L'Ouverture)。主流學術出版方面，相當數目的出版單位也推出後殖民研究，包括羅雷吉(Routledge)、曼徹斯特大學出版社，以及維索(Verso)。由我這本書的註解可以看出，對於後殖民批評與文化生產所提出的議題，專書數量已在迅速增加(論文數量也在爆炸)。

　　從殖民批評一方面致力於英語新文學的分析與傳布，一方面也愈來愈用心研究，西方的海外擴張是有一些態度與價值觀支持的，那麼西方文化，尤其英國文學的正典，在這些態度與價值觀裡扮演了何種共犯角色。初期研究的是狄福(Defoe)、康拉德(Conrad)及吉卜林幾位角色明顯的人物，現在則注意力擴及傳統上被視為和帝國問題並無直接明顯關連的作家[2]。現在，論者還致力思考帝國與整個時代與運動的文學生產之間的關係。後殖民視角影響了對文藝復興時期的

2　例子可見Martin J. Evans，《米爾頓的帝國史詩：《失樂園》與殖民主義論述》(*Milton's Imperial Epic: 'Paradise Lost' and the Discourse of Colonialism*, Ithaca: Cornell University Press, 1996); Laura Brown，《亞歷山大・波普》(*Alexander Pope*, Oxford:Basil Blackwell, 1985)；薩依德，〈珍・奧斯丁與帝國〉(Jane Austen and Empire)，《文化與帝國主義》(London: Chatto & Windus, 1993), pp.95-116; Moira Ferguson，〈曼斯菲德公園：奴役，殖民主義與性別〉(Mansfield Park: Slavery, Colonialism and Gender)，《牛津文學評論》，13, 1991, pp.18-39；史畢瓦克，〈三個女人的文本與一種帝國主義批判〉(The Women's Texts and a Critique of Imperialism)，蓋茲編，《種族、書寫與差異》(*Race, Writing and Difference*, Chicago: University of Chicago Press, 1986), pp. 262-280。

許多新詮釋[3]，並且協助產生了對浪漫主義文學的重要新詮釋[4]。對維多利亞文學的傳統看法，最具代表的是波德遜(C.A. Bodelson)的評語「殖民地在維多利亞時代中期小說中扮演的角色，小得令人訝異」[5]，這種看法現在已被根本重估[6]。

3　例子有Stephen Greenblatt，《奇妙的擁有：新世界的奇蹟》（*Marvelous Possessions: The Wonder of the New World*, New York and Oxford: Clarendon Press, 1991）; Aria Loomba，《性別、種族、文藝復興戲劇》（*Gender, Race, Renaissance Drama*, Manchester University Press, 1989）; Margo Hendricks and Patricia Parker編，《近代早期的女性、「種族」與書寫》（*Women, 'Race' and Writing in the Early Modern Period*, London:Routledge,1994）; Peter Hulme，《殖民地的遭遇：歐洲與加勒比海土人，1492-1797》（*Colonial Encounters: Europe and the Native Caribbean 1492-1797*, London: Methuen, 1986）; Emily C. Bartels，《陌生景象：帝國主義、異化與馬羅》（*Spectacles of Sttangeness: Imperialism, Alienation, and Marlow*, Philadelphia, University of Pennsylvania Press, 1993）; Kim F. Hall，《黑暗之物：近代初期英格蘭的種族與性別經濟學》（*Things of Darkness: Economics of Race and Gender in Early Modern England*, London: Cornell University Press, 1996）。

4　例子有John Barrell，《狄昆西的感染：帝國主義精神病理學》（*The Infection of Thomas de Quincy: A Psychopatholy of Imperialism*, New Haven: Tale University Press, 1991 ）; Javed Majeed，《沒有節制的形象製造：詹姆斯・穆勒的「英屬印度史」與東方主義》（*Ungoverned Imaginings: James Mill's 'History of British India' and Orientalism*, Oxford: Clarenden Press, 1992）; Nigel Leask，《英國的浪漫派作家與東方：帝國的焦慮》（*British Romantic Writers and the East: Anxieties of Empire*, Cambridge: Cambridge University Press, 1993）。

5　Patrick Brantlinger，《黑暗統治：英國文學與帝國主義，1830-1914》（*Rule of Darkness: British Literature and Imperialism 1830-1914*, Ithaca: Cornell University Press, 1988）, p.3。

6　例子有Brantlinger，《黑暗統治》；薩依德，《文化與文化與帝國主義》；Jonathon Arac 與 Harriet Ritvo 編，《十九世紀文學的總體政治：民族主義、異國風味、帝國主義》（*Macropolitics of Nineteenth*

現代主義與帝國主義之間的關連，目前研究已愈來愈多[7]。

Century Literature: Nationalism, Exoticism, Imperialism, Philadelphia: University of Pennsylvania Press, 1991); Deborah Thomas, 《薩克萊與奴役》(Thackery and Slavery, Athens: Ohio University Press, 1993)；史畢瓦克，〈三個女人的文本與一種帝國主義批判〉；Firdous Azim，《小說的殖民出身》(The Colonial Rise of the Novel, London: Routledge, 1993); Katherine Baily Lineham, 〈混合政治：《丹尼爾‧狄隆達》裡的帝國主義批評〉(Mixed Politics: the Critique of Imperialism in Daniel Deronda)，《德州文學與語言研究》(Texas Studies in Literature and Language), 34.3, Fall 1992, pp.322-346; Daniel Bivona，《慾望與矛盾：維多利亞文學中的帝國視境與內部辯論》(Desire and Contradication: Imperial Visions and Domestic Debates in Victorian Literature, Manchester: Manchester University Press, 1990); Susan Meyer，《國內帝國主義：種族與維多利亞時代女性的小說》(Imperialism at Home: Race and Victorian Women's Fiction, London: Cornell University Press, 1996); V.G. Kiernan，〈丁尼生、亞瑟王與帝國主義〉(Tennyson, King Arthur and Imperialism)，見V.G. Kiernan，《詩人、政治與人民》(Poets, Politics, and the People, London: Verso, 1989), pp.129-151。

7 例子有David Trotter，〈現代主義與帝國主義：讀《荒原》〉(Modern and Empire: Reading The Waste Land)，《批評季刊》(Critical Quarterly), 28.1-2, 1986, pp.143-145; Terry Eagleton, Frederic Jameson與薩依德，《民族主義、殖民主義與文學》(Nationalism, Colonialism, and Literature, Minneapolis: University of Minneapolis Press, 1990); Jane Marcus, 〈英國統治《波浪》〉(Britannia rules The Waves), Karen Lawrence編，《去殖民傳統：「二十世紀英國」文學正典新見》(Decolonizing Tradition: New Views of Twentieth Century 'British' Literary Canons, Urbana: University of Illinois Press, 1992), pp. 136-161; Zhaoming Qian，《東方主義與現代主義：龐德與威廉斯筆下的中國》(Orientalism and Modernism: The Legacy of China in Pound and Williams, Durham: Duke University Press, 1995)；Vincent Cheng, 《喬哀斯、種族與帝國》(Joyce, Race and Empire, Cambridge: Cambridge University Press, 1995)；Kathy J. Phillps，《維吉妮亞‧吳爾夫對帝國》(Virginia Woolf Against Empire, Knoxville: Tennessee University Press, 1996)。

　　後殖民批評不僅擴大英語研究的傳統場域，也不僅將焦
點重新擺到先前遭受忽略的層面或範圍上，它還與女性主義
及解構之類較爲晚近的批判論述一起，大幅改變1945至1980
年之間在英語研究裡居於主導地位的分析模式。最值得一提
者，或許是它協助打破傳統上的學門界限觀念。「殖民論述
之分析」堅持說，文學研究必須與歷史、政治、社會學及其
餘形式的研究相連，文學的生產與接受是由多重物質與思想
脈絡決定的，文學的研究不能與這些脈絡分開。同理，後殖
民批評向美學領域獨立自主的舊有主導觀念挑戰，從而協助
1960年代以來許多陣線提出的一個論點獲得接受，這個論點
就是，「文化」乃權力關係之中介，其中介作用與較爲公開
而可見的壓迫形式同樣巨大，雖然方式較爲間接而微妙。例
如，後殖民批評家致力打破文本與文本背景之間向來固定不
移的分界，從而彰顯出，再現臣屬民族的模式與(新)殖民強
權的物質行爲之間是相連相通的。此外，「高等」文化與
「通俗」文化的固有區分是最近數十年來文化批評的一大特
徵，後殖民批評質疑這些區分。一些後殖民批評家不斷挑戰
傳統批評界在文學與口語敘事之間所做的識別，就是例子。
同時，在殖民論述的分析裡，向來被邊緣化的文類，如報導
與遊記，自薩依德在《東方主義》(1978)裡首開討論以來，
也愈來愈受注意[8]。

8　例子有Dennis Porter,《陰影幢幢之旅：歐洲旅遊寫作中的慾望與逾
　　限》(*Haunted Journey:Desire and Transgression in European Travel
　　Writing*, Princeton: Princeton University Press, 1991)；Billie Melman，

　　《東方主義》指責，都會文化與種族、帝國、族裔之間關係的有系統研究，到1970年代中期還被西方的文學／文化當權派視爲不能碰的題材[9]。上述各項發展是西方內部對《東方主義》這股不滿的回應，這回應深廣且持續，雖然遲來。的確，從《東方主義》提出指責以來的二十年裡，後殖民批評炙手可熱，頗有對愈來愈多歷史時期、地理方向及學門領域進行「殖民」之勢。正如阿馬德指出，「後殖民」一詞在1970年代初期首見於政治理論，用以描述二次世界大戰後擺脫歐洲帝國之軛的那些民族的困境[10]。到艾希克洛夫特、葛瑞菲斯、提芬合作的《帝國反寫》(1989)問世時，它已被用來描述「從殖民化那一刻起到今天，所有被〔歐洲〕帝國過程影響的文化」[11]。「殖民論述分析」如今含蓋的領域範圍與日

《女性的東方：英格蘭女性與中東1718-1918：性、宗教、工作》(*Women's Orients: English Women and the Middle East, 978-1118: Sexuality, Religion and Work*, London: Macmillan, 1992)；Mary Louise Pratt,《帝國的眼睛：旅遊書寫與跨文化》(*Imperial Eyes: Travel Writing and Transculturation*, London: Routledge, 1992)；Sara Mills,《差異論述：女性旅遊書寫與殖民主義分析》(*Discourses of Difference: An Analysis of Women's Travel Writing and Colonialism*, London:Routledge, 1993)；David Spurr,《帝國修辭：新聞、旅遊書寫及帝國行政中的殖民論述》(*The Rhetoric of Empire: Colonial Discourse in Tournalism, Travel Writing and Imperial Administration*, Durham: Duke University Press, 1993)。

9　薩依德，《東方主義》(1978 reprinted London: Penguin, 1991), p.13。

10　阿馬德，〈文學後殖民性的政治〉, pp.5-7。

11　艾希克洛夫特、葛瑞菲斯與提芬，《帝國反寫：後殖民文學中的理論與實踐》(*The Empire Writes Back: Theory and Practice in Post-Colonial Literatures*, London: Routledge, 1989), p.2。

俱廣，包括法律史、人類學、政治經濟、哲學、史學、藝術
史及心理分析[12]。

12　例子有Lata Mani,〈十九世紀初葉孟加拉一個對《薩替》的官方論述
的產生〉(The Production of an Official Discourse on Sati in Early
Nineteen-Century Bengal), Francis Barker, Peter Hulme, Margaret Iverson
and Diana Loxley 編，《歐洲與歐洲的他者》vol.1(Colchester:
University of Essex, 1985), pp.107-127；史畢瓦克，〈西穆爾的拉尼〉
(The Rani of Sirmur), Barker等人編《歐洲與歐洲的他者》,vol.1, pp.
128-151，薩依德，〈再現被殖民者：人類學的對話者〉(Representing
the Colonized: Anthropology's Intevlocutors),《批評探討》(Critical
Inquiry),15.2, 1989, pp.202-225; James Clifford,《文化的困境：二十世
紀人種學、文化與藝術》(Twentieth-Century Ethnography, Literative
and Art, Cambridge, Mass: Harvard University Press, 1988)；Majeed,《沒
有節制的形象製造》；Partha Chatterjee,《國族及其碎片：殖民與後殖
民史》(The Nation and It's Fragments: Colonial and Post-Colonial
Histories, Princeton: Princeton University Press, 1993)；阿馬德，《理論
上：階級、國族、文學》(In Theory: Classes, Nations, Literatures,
London Verso, 1992; Aime Cesaire),《殖民主義論述》(Discourse on
Colonialism), Joan Pinkham 譯(1955；New York: Monthly Review Press,
1972)；Lépold Senghor《如是我信：黑人文化、法國化及普世文明》
(Ceque je crois: Négritudé, francite et civilisation de lúniversel, Paris:
Grasset, 1988)；V.Y. Mudimbe,《非洲之發明：直覺、哲學，及知識
的秩序》(Gnosis, Philosophy, and the Order of Knowledge, London:
James Curry, 1988)；古哈與史畢瓦克編，《底層研究選》(Selected
Subaltern Studies, Orford: Oxford University Press, 1988)；楊格，《白
人神話》；Rara Kabbam,《歐洲的東方迷思　設計與規則》(Europe's
Myths of Orient: Devise and Rule, London: Macmillan, 1986); Linda
Nochlin,《視境政治　十九世紀藝術與社會論集》(The Politics of
Vision: Essays on Nineteen-Century Art and Society, 1988; London:
Thames & Hudson, 1991); Griselda Pollock,《前衛策略，1888-1893　藝
術理論的性別與顏色》(Avant-Garde Gambits, 1888-1893: Gender and
the Color of Art Theory, London: Thames & Hudson, 1993); Partha Mitter,
《殖民印度的藝術與民族主義，1850-1922：西方取向》(Art and

　　此外，和後殖民批評相關的視角與手法，也愈來愈多用來處理已開發世界的民族國家內部「國內殖民」文化（internally colonized cultures）的歷史與當前困境。例如在英國，赫希特（Michael Hechter）寫了《國內殖民主義》（*Internal Colonialism*, 1975），開啓一個新的分析里程，強調英格蘭這個「中心」對蘇格蘭、威爾斯及愛爾蘭這些「周邊」民族的主從關係是一種持續不斷的，本質上屬於（新）殖民的關係[13]。法

Nationalisim in Colonial India 1850-1922: Occidental Orientations, Cambridge: Cambridge University Press, 1994）; Reina Lewsis,《性別化的東方主義　種族、女性與再現》（*Gendering Orientalism: Race, Femininitry and Representation*, London: Routledge, 1995）；法農，《黑皮膚，白面具》（*Black Skin, White Masks*），C. .L. Markmann 譯（1952; London: Pluto, 1986）；索因卡，《神話、文學與非洲世界》（*Myth, Literature and the African World*, Cambrige: Cambridge University Press, 1976); 麥克林托克，〈女性拜物主義之重返與陽具小說〉（*The Return of Female Fetishism and the Fiction of the Phallus*），《新形構》, pp.1-20。

13　例子有David Cairns與Shaun Richards,《書寫愛爾蘭　殖民主義、民族主義與文化》（*Writing Ireland: Colonialism, Nationalism and Culture*, Manchester: Manchester University Press）; David Lloyd,《反常狀態　愛爾蘭書寫與後殖民時刻》（*Anomalous States: Irish Writing and the Post-Colonial Moment*, Dublin: Lilliput, 1923）; Declan Kiberd,《發明愛爾蘭　文學與現代國族》（*Inventing Ireland: The Literature and the Modern Nation*, London: Cape, 1996); Derry Filed Day集團之作，相當多也可作如是觀。不過，在愛爾蘭文化研究中使用後殖民視角，爭議甚多，見《愛爾蘭研究評論》（Irish Studies Review)15 and 16, 1996。我將焦點大多擺在「主流」都會文化上，但我不想被認爲我忘忽了關於移民文化生產的可貴考古之作，致力於此者，在美國有蓋茲與John Blassinghame，在英國有Paul Edwards、David Dabydeen、Prabhu Guptara及Lauretta Ngcobo。由於諸人的努力，關於非西方作家在都會文化史上的地位，我們所知比前更多，而且很多可貴材料都已重刊。

農的《地上的不幸者》(*The Wretched of the Earch*, 1961)否認
非裔美人的歷史和文化困境與受歐州控制的被殖民民族之間
可做任何有意義的比較，但此書卻成爲1960年代美國民權運
動與黑人民族主義運動(Black Nationalism)的重要參考點。新
一代的非美批評家，以蓋茲(Henry Louis Gates)爲代表，紛紛
汲源於索因卡等老一輩非洲人，試圖經營出一種「黑人」詩
學與文學理論來。阿皮亞(Anthony Appiah)與阿德維爾(Toks
Adewale)這兩位頗不相同的非洲知識分子移民美國，則進一
步模糊法農認爲存在的那種藩籬，導致非美文化視角與後殖
民文化視角一場意義深遠的異花受精。最後，隨著「國協」
的文學研究自1975年左右以來大致已重構觀念，許多研究者
逐漸主張，舊日的「屯墾」殖民地，諸如澳洲、紐西蘭或加
拿大之類英國早先的自治領，也是後殖民身分[14]。

　　但此事不屬於我討論的爭議的一部分，因此下文不復及之。

14　關於「國協」文學研究內部的典範移轉，描寫如下　「60與70年代的
　　國協計畫已成爲後殖民批評之場，以國協批評所不及的方式，突出帝
　　國中心與殖民空間之間的緊張。」見Gillian Whitlock,〈放逐於傳統之
　　外　女性的生活書寫〉(Exiles from Tradition: Women's Life Writing)，
　　收於 Gillan Whitlock 與 Helen Tiffin 編，《重置女王的英文　後殖民
　　文學中的文本與傳統》(*Re-Sitting Queen's English: Text and Tradition
　　in Post-Colonical Literatures: Essays Presented to John Penhuerne
　　Matthews*), Amsterdam: Rodopi, 1992頁11。當代批評家，如加拿大的
　　史雷門大致將「國協」與「後(-)殖民」二詞互通使用。見史雷門與
　　提芬，《歐洲之後》，頁113。有些傑出的非西方批評家，如哈里
　　斯，繼續尊重此詞。見Alan Riach與Mark Williams編，《激進的想
　　像：威爾森·哈里斯的演說與談話》(*The Radical Imagination: Lectures
　　and Talks of Wilson Harris*, Liege: D'epartment d'Anglais, Unirersite de
　　Liege, 1992)，頁127。

　　加拿大的例子，顯示「後殖民」一詞的時間、空間、政
治與社會文化意義現在已變得多麼牽纏而多面。「後殖民」
一詞應用於加拿大，目前至少有五個彼此有別但每每相互重
疊的關係脈絡。第一，如馬莉・露易絲・普拉特(Mary Louise
Pratt)在《帝國的眼睛》(*Imperial Eyes*, 1992)所言，至少一直
到1960年代，白人的加拿大在相當大的程度上，在文化與政
治上對英國都是一種附從關係[15]，這關係繼續下來，到今天對
加拿大的身分認同還構成重大回響。如馬格莉特・艾特伍德
(Margaret Atwood)小說《浮出表面》(*Surfacing*, 1970)所示，
現在很多加拿大人又認為自己在經濟上和政治上都陷入被美
國擺布。文化上也有同樣的屈服過程，這尤其是美國宰制北
美大陸大眾媒體的後果；這方面在1960年代曾受到巨大的抗
議，馬修斯(R. D. Mathews)的批評就是一例[16]。第三是魁北克

15　普拉特《帝國的眼睛》，頁1。

16　馬修斯，〈加拿大難題〉(The Canadian Problem)，普雷斯編，《國協
　　文學：一個共同文化裡的統一與多樣》(*Commonwealth Literature:
　　Unity and Diversity in a Common Culture*, London: Heinemann, 1965)，
　　頁157-167。以「後殖民」形容舊有「白人自治領」的文化，或其目
　　前的困境，有其窒礙，我並不是小看這些窒礙。一些現代版國協文學
　　批評抨擊後殖民理論的霸權地位，這些抨擊有個問題，就是往往毫無
　　疑問地認定加拿大並非當前新殖民主流形構的一部分。幾位批評家樂
　　於將西印度群島的文學與他們自己的文學並觀同論，卻極少提到加拿
　　大等國家(歷史上及當代階段)在加勒比海之類地區扮演的霸權角色
　　(對它們自己國內的原住人口就更不用說了)，有時更是直接的壓迫，
　　這方面的歷史，B. D. Tennyson 的《加拿大與國協的加勒比海》
　　(*Canada and the Commonwealth Caribean*, Lanham, Maryland: University
　　Press of America,1988)曾提出豐富的文獻。舉個例子，黛安娜・布萊
　　頓說，「當代『主流』批評家〔她指的是處理後殖民問題而受『高』

問題，魁北克近年每每被視爲一個受壓迫的文化，或者，被
視爲加拿大內部一個國族——有點類似艾特伍德說的加拿大
對美國的關係。瓦利耶(Pierre Valliere)的《美洲的白種黑人》
(*Negres Blancs d'Amerique*, 1968)說，至少三十年來，魁北克
批評家一直使用如今可以視爲後殖民的架構與視角——取自
法農的作品——來描寫魁北克對盎格魯撒克遜加拿大的關係
困境。但是，由1990年代初期聯邦政府、州政府及莫霍克族
(Mohawk)三方涉入的地權衝突可以見得，像魁北克(甚至整
個加拿大)這樣從一個角度看來屬於後殖民之地，對它管轄權
以內的其他族群卻同時是一種(新)殖民的關係。因此，莫霍
克的例子點出了第四個關係脈絡，亦即比白人殖民早的原住
民——有時被形容爲加拿大的「最先幾個民族」——的困
境。如朱利亞・安柏里(Julia Emberley)的《差別的門檻》
(*Thresholds of Difference*, 1993)所示，這些族群在文化生產上
愈來愈大量而且愈來愈自我肯定的性質，完全可以放在後殖
民架構裡分析。最後一個脈絡是，數目可觀的「新國協」移
民來到加拿大；大英帝國正式去殖民化，以及「白加」

理論影響的批評家〕如果真心對後殖民文學與視角有興趣，就應該就
教於我們」，我們倒要請教她，加拿大大學裡的批評家如何不算屬於
「主流」，她說的「我們」又到底指誰而言。見布萊頓，〈研究英語
新文學的新取徑 〉(New Approaches to the New Literatures in
English)，Hena Maes-Jelinek, Kristes Holst Petersen 及Anna Rutherford
編，《關係的一種形塑：國協文學研究——彼時與此時》(*A Shaping
of Connections: Commonwealthe Literature Studies–Then and Now: Essays
in Honor of A. N. Jeffares*, Mundelstrup: Dangaroo, 1989)，頁95。

（White Canada）移民策略到1960年代鬆弛之後，發生這波重徙。在此之外，現在還加上從香港來的相當不同的新一波經濟移民。這波經濟移民對多倫多，特別是溫哥華，正在造成可觀的衝擊。如1960年代的作家克拉克（Austin Clarke）與1980年代的作家馬克赫吉（Bharati Mukherjee）所示，加拿大自稱是道地的多元式「多文化」社會，但加拿大對待這些移民的方式，使人對這自稱產生許多疑問。

對「後殖民」一詞的質疑

「後殖民」觀念彈性太大了，因此近年有些論者開始擔心此詞有內爆之虞：作為一種分析模式，它到底有沒有任何真正的切入力。由上節可以推知，問題出在此詞一直被以變化多樣的方式應用於各種不同的歷史時刻、地理區域、文化認同、政治困境與關係，以及閱讀習慣。結果，關於某些地區、時期、社會／政治形成及文化習慣能不能視為「道地的」後殖民，現在出現愈來愈熱烈，甚至互不友善的爭論。下文將會提到，晚近有些觀察家甚至認為，「後殖民」一詞代表基於政治而處理（或不處理）殖民史的強制性現實與當前的新殖民時代，本質上是一種共犯模式[17]。同樣的，後殖民分

17　目前關於「後(-)殖民」一詞定義與應用的爭論，可見麥克林托克，〈進步天使：「後—殖民主義」一詞的陷阱〉，(The Angel of Progress: Pitfalls of the Term "Post-Colonalism")，《社會文本》(*Social Text*)31/32, Spring 1992，頁1-15；同期刊登的Ella Shohat，〈「後殖民」散記〉

析，作爲一種讀法，是否應該只以後殖民文化——姑不論這文化如何界定——爲唯一對象，或者是否應該只以殖民者的文化爲焦點，有時也出現劇烈歧見。這些分歧在後殖民批評誕生之初就有，但爭論劇烈的程度使我們領會到，儘管有了上節指出的種種收穫，我們卻不能說後殖民批評現在已經像女性主義、心理分析批評或後結構主義等老一點而且更具聲望的當代文化批評模式那樣穩穩確立或明白確認，雖然這些模式往往也還繼續受到爭議。（當然，這些論述模式與後殖民領域的關係目前正在受到熱烈辯論。）的確，後殖民批評的成功雖然已有充裕的證據，這些衝突卻有充分的份量與攻擊力，使人疑問後殖民批評如今是不是已經四分五裂成一連串

(Notes on the 'Post-Colonial) 頁99-113，可以比較；Misbao Miyoshi,〈一個無國界的世界？從殖民主義到跨國主義及民族國家的式微〉(A Borderless World? From Colonialism to Transnationalism and the Decline of the Nation State)，《批評探討》，19, Summer 1993, 頁726-750；史雷門，〈爭奪後殖民主義〉(The Scramble for Post-Colonialism)，提芬與Alan Lawson編，《描述帝國：後殖民主義與文本性》(*Describing Empire: Post-Colonialism and Textuality*, London: Routledge, 1994)，頁15-32；迪爾力克〈後殖民氛圍：全球資本主義時代的第三世界批評〉(The Post-Colonial Aura: Third World Criticism is the Age of Global Capitalism)，《批評探討》，20, Winter 1994，頁329-356；及Deepika Bahri，〈再度感覺：何謂後殖民主義？〉(Once More with Feeling: What is Post-colonialism?), Ariel, 26.1, January 1995，頁51-82。以上的探討，相當多以「後殖民」一詞的政治含意爲核心。Stuart Hall的〈「後殖民」是何時〉(When was the Post-colonial)一文，對此曾有討論，見Iain Chambers與Lidia Curti編，《後殖民問題：共同的天空，分裂的視界》(*The Post-Colinial Question: Common Skies, Divided Horizons*, London: Routledge, 1996)，頁242-260。

彼此競爭、互不相容,甚至彼此敵對的東西。

後殖民批評的連貫一體受到這些質疑,或許導源於——借蓋茲的用語「邊緣繁增」(multiplication of margins)。邊緣繁增,則也許是當代愈來愈多不同的民族、語言、宗教、少數族群、共同體或次文化紛紛「發聲」的必然結果[18]。我這本書的主要目標並不是界定其中何者可以或不可以當得上後殖民的「正名」。殖民化的程度、形態及(相互交織的)歷史不一而足,因而後殖民的程度、形態與歷史也不一而足。這些差異永遠必須受到尊重,但是,將這件事變成像選美一樣,要競爭者比賽誰是最受壓迫的殖民地子民,或比賽誰才是最「真正」的後殖民子民,未免可厭而惡趣。所以,我不像有些論者那樣被這「邊緣的繁增」所困擾,(雖然我同意蓋茲之見,也就是邊緣繁增牽涉到一些大概暫時但不幸的後果),基本原因是邊緣繁增正是多方面反新殖民主義(新殖民主義本身就有許多形態)愈來愈成功之證。

此外,正猶女性主義批評不必自限於只分析婦女文本或女性主義文本,不必自限於女性主義有影響力的地區或社會/文化結構,也不必自限於婦女在技術上獲得政治解放(如果的確有此解放的話)以來的時期,後殖民批評在原則上可以正正當當應用於無論多少的不同脈絡上。據我之見,國家之

18　蓋茲,〈非美批評〉(African American Criticism), Stephn Greenblatt與 Giles Gunn編,《重新劃界:英國與美國文學研究的轉化》(*Redrawing the Boundaries: The Transformation of English and American Literary Studies*, New York: MLA, 1992),頁315。

間、種族之間、文化之間(以及國家內部、種族內部、文化內
部)在經濟、文化與政治上的諸多關係，特徵都是這些關係根
植於近代歐洲殖民主義與帝國主義，而且在當前的新殖民主
義時代裡還繼續不斷，如果將後殖民批評的要務理解為分析
在這些關係裡擔任中介、向這些關係提出挑戰或反思的文化
形成，則後殖民批評仍然可以視為多多少少自成一體的閱讀
事業。而即使是包羅這麼廣的定義，也還是會造成不必要的
限制。1993年倫敦「帝國、民族、語言」會議提出的絕佳論
文中，有一篇以後殖民角度處理古希臘殖民地的文化史；最
近，巴瑞(Deepika Bahri)呼籲，對歐洲海外征服時代之前、之
中及之後的「土生」殖民化與壓迫，應該有更多研究[19]。這樣
的研究本身就是十分值得做的，而不只是為了使人更了解歐
洲殖民主義的獨特性質及其留下來的影響。女性主義的文化
批評往往有非常不同的目標、關心及方法，但女性主義批評
並沒有由於其文化分析模式極為變化多樣而變成毫無意義，
同理，我認為我們在界定後殖民批評時，十分沒有必要做任
何排斥與窄化(就像殖民主義在其殖民之中建構並複製了許許
多多細微的歧視與階級)。我明白我這個論點可能會受到很多
反對，下文將有說明。

　　更詳細描述這個領域內部的某些爭論之前，有必要點出
一項事實，亦即在歐美學院之內，後殖民批評絕非已經充分
被認知為一個重要的文化分析模式，甚至沒有被充分認知為

19　巴瑞，〈再度感覺〉，頁56。

一個有別於他的文化分析模式。前文提到威廉士與伊戈頓，對威廉士與伊戈賴的批判文本而言，當前所了解的後殖民批評在那時候尚未——至少在西方——足夠成形，或尚未具備足夠質量，因而不足以另闢專文來討論。然而，後殖民批評過去十五年來知名度逐漸增加，但在比較晚近的現代文學批評史裡仍然並不是經常獲得篇幅，在霍桑(Jeremy Hawthorn)的《當代文學理論精要辭典》(*A Concise Glossary of Contemporary Literary Theory*, 1992)就沒有，《劍橋文學批評史》(*The Cambridge History of Literary Criticism*)標題《從形式主義到後結構主義》(*From Formalism to Post-Structuralism*, 1995)的第八卷，處理二十世紀，卻隻字不提後殖民批評(書中順便討論到史畢瓦克，當她是解構主義者)。巴爾迪克(Chris Baldick)的《批評與文學理論：1890年到當前》(*Criticism and Literary Theory:1890 to the Present*, 1996)兩度提到後殖民批評，主要是用兩頁篇幅討論薩依德的《東方主義》——書中說雷理(Walter Raleigh)的莎士比亞批評「令人失望」，給薩依德的篇幅卻不到雷理的一半。比權威堂皇的學院文學史這種冷漠(史畢瓦克稱之為「獲得認可的無知」)更有問題的，也許是英語研究界裡某些傳統主義者那種徹底的敵意。其中，牛津大學的康拉德(Peter Conrad)是一位代表性的人物。他1993年在《觀察家》(*Observer*)評論薩依德的《文化與帝國主義》說，1960年代解放運動後，當代出現

「牢騷和喊冤文化」（Culture of Gripes and Grievances），薩依德一干人的殖民論述分析純粹就是這種文化的症狀而已[20]。如康拉德的口氣所示，新右派有其範圍更廣的反彈，將他們反彈的對象醜化爲「政治正確」（Political Correctness），首當其衝者就是後殖民批評家。史畢瓦克最近接受訪談，說有人給她看了藝術史家克拉馬（Hilton Kramer）在《新標準》（*The New Criterion*）發表的一篇文字。

> 裡面有個看法，説我在他所謂曾經傑出的一個系裡獲得教職〔哥倫比亞大學英文系，薩依德也是該系教授〕，違反該校所有原則，言下之意，我獲得那個教職，只是因爲我「政治正確」，而不是因爲我是文學批評領域裡的專家[21]。

20　康拉德，〈無感覺者的帝國〉（Empires of the Senseless），《觀察家》（*Observer*），7 February 1993，頁55。傳統主義者的力量，在海外也阻礙後殖民批評的許多初期發展。關於對澳洲情況的黯淡評估，可見提芬，〈「躺下來，想想英格蘭」：後殖民文學與皇家學院〉（'Lie Back and think of England': Post-Colonial Literature and the Academy），收於梅斯・耶里奈克等人編，《關係的一種塑造》，頁116-126。印度次大陸的情況，可見Sunti Joshi編，《重新思考英語：文化、文學、教學》（*Re-Thinking English: Culture, Literature, Pedagogy*, New Delhi: Trianka, 1991); Eakia Pathak、Sawati Sengupta與Sharmila Purkayastha，〈東方主義的囚牢〉（The Prisonhouse of Orientalism），《文本實踐》（*Textual Practice*），5.2, Summer 1991，頁185-218；R.S. Rajah編，《謊言與土地：印度的美語文學研究》（The Lie and the Land: *English Literary Studies in India*, Dehli: Oxford University Press, 1992）；阿馬德，《理論上》。
21　Sara Danius與Stefen Jonsson，〈史畢瓦克訪談〉（An Interview with

其他科門裡的批評家，亦如克拉馬，對後殖民批評每每
持論甚苛。另一個例子是不久前還是劍橋社會人類學教授的
蓋爾納(*Ernest Gellner*)，他在《泰晤士報文學副刊》(*The
Times Literary Supplement*)刊出的《文化與帝國主義》評論，
大約與康拉德的文章同時，看法也相當苛酷。該文的動機論
點是，薩依德走入歧途，涉足不屬於文學批評家所當入的學
術領域，在超越了他正務範圍的問題上自稱當行本色。隨
後，蓋爾納與薩依德激烈筆戰(還捲入其他一批學者)。薩依
德堅持人類學在歷史上是殖民管理技術的共犯，蓋爾納或許
被他激怒，不但將《文化與帝國主義》，也將《東方主義》
貶斥為「娛樂有餘，但思想上了無足觀」[22]。比較晚近一點，
史學家雅各比(Russell Jacoby)與麥肯齊(John MacKenzie)也表
達類似的質疑。例如，雅各比質疑後殖民批評家的跨學門抱
負：

> 後殖民理論家跨出傳統文學，進入政治經濟、社會
> 學、歷史和人類學，他們是精通這些領域，還是到處

Gayatri Chakravorty Spivak), *boundary* 2, 20.2, 1993, 頁 40。Hilton
Kramer, 〈箚記與評論〉(Notes and Comments)，《新標準》9.7,
March 1991，頁1-2。

[22] 《泰晤士報文學副刊》9 April. 1993，頁15。另一位人類學家對後殖
民理論偶有苛評，可以比較。T.M. Luhmann，《善良的帕西：一個殖
民地精英在一個後殖民社會裡的命運》(*The Fate of a Colonial Elite in
a Postcolonial Society*, London: Harvard University Press)。頁187有個例
子。

遊蕩？他們是嚴肅的殖民史與殖民文化研究者，還是只不過東提一句葛蘭西(Gramsci)，西提一句霸權，爲他們的著作加油添醋？[23]

邁肯齊的《東方主義：歷史、理論與藝術》(*Orientalism: History, Theory and the Arts*, 1995)是來自其他學門的最有份量批判(至少在卷帙上最壯觀)，書中對最後一個質問提出鏗鏘有聲的肯定回答。邁肯齊一方面認定《東方主義》兜售利他主義，說利他主義向來就是歷史學家之間流行的東西，並指薩依德及其追隨著在根本層次上不解帝國歷史與史學爲何物。邁肯齊說：「最能代表這些左派文學批評家的天眞與缺乏精細學養的」，莫過於他們在這兩個範圍裡的失敗[24]。

後殖民批評，還是後殖民理論？

邁肯齊與雅各比等批評者的敵意不能等閒視爲傳統上那種學術嫉妒的產物，因爲和薩依德、巴巴、史畢瓦克差不多

23　雅各比，〈邊緣重返：後殖民理論的問題〉(Marginal Returns: The Trouble with Post-Colonial Theory)，《國際語言》(*Lingua Franca*)，September/October 1995，頁32。Stuart Hall則認爲，停滯的問題在於後殖民分析。他認爲，文學批評家是「後殖民」的主要闡揚者，而他們在跨學門的興趣方面缺乏雄圖。見〈「後殖民」是何時？〉，p.258。

24　麥肯齊，《東方主義：歷史、理論與藝術》(Manchester: Manchester University Press, 1995)，頁36。

屬於相同論述領域「內」的一些人，也提出一樣的批判要點。關於新殖民主義的文化生產應該使用何種分析模式來處理，較為恰當，領域內部已有熱烈爭論，邁肯齊與雅各比只是使這內部爭論愈演愈烈而已。早先，史雷門（Stephen Slemon）與海倫·提芬合著《歐洲之後：批判理論與後殖民書寫》（*After Europe: Critical Theory and Post-Colonial Writing*, 1989），阿馬德出版《理論上：階級、民族、文學》[25]（1992），兩作在方法、政治傾向及主題上大不相同，造成後殖民批評與後殖民理論之間分裂逐漸明顯，邁肯齊與雅各比將抨擊後殖民研究的焦點集中於薩依德、巴巴及史畢瓦克，更強化了這場分裂。

在某個程度上，有此裂隙，薩依德、巴巴、史畢瓦克自己難辭其咎。阿馬德在《理論上》的評語，說之甚當：

> 讀《東方主義》者注意到一個事實，此書之建構，以及全書所代表的知識，完全沒有容納十九世紀末以來規模與日俱增的，對殖民文化支配的各種批評[26]。

25　阿馬德極力將這種文化分析置於馬克思主義架構之內，他強烈反對自己被視為後殖民批評家，遂不足為異。見阿馬德，〈文學後殖民性的政治〉，p.10。但是，他的興趣與我這篇導論中描述的後殖民批評一致，而且，在其他著述裡，他說他活動的批評場域和薩依德相同。見阿馬德，〈東方主義之後：薩依德著作中的曖昧情感與都會方位〉（Orientalism and After: Ambivalence and Metropolitan Location in the Work of Edward Said），《理論上》，p.159。

26　同上，p.174；比較帕瑞，〈當前殖民論述理論的問題〉（Problems in Current Theories of Colonial Discourse），《牛津文學評論》，9.1-2，

薩依德的下一部批評力作《世界、文本及批評家》（The World,
the Text, and the Critic,1983），有一處提到法農，但是，一直要
到〈東方主義再思考〉（Orientalism Reconsidered)(1985)，他
才真正承認前人之功：

> 究柢而論，我在《東方主義》說的話，在我之前已有
> 提巴威(A.L. Tibawi)、拉魯伊(Abdullah Laroui)、馬力
> 克(Anwar Abdel Malik)、阿薩德(Talal Asad)、阿拉塔
> 斯(S.H.Alatas)、法農與塞瑟爾、潘尼卡(Pannikar)，及
> 札帕爾(Romila Thapar)說過……他們以此學見知於歐
> 洲，但也向這門學問的權威、起源及建制挑戰，他們
> 這麼做，表示他們並不以此學自限[27]。

如此承認前人的批評傳統，若說嫌遲，倒也是大方的，
不過，在1993年的論文集《文化與帝國主義》，薩依德才真
正詳細正視這些先驅。巴巴亦然，從1980年代初期開始，他
在有限程度內處理法農的著作，但還算有持續性，然而早期
的巴巴除了援引薩依德之作，幾乎從不援引其他先驅之作。
〈再現與殖民文本〉(1980)提到艾奇比的〈殖民主義批
評〉，但巴巴的最近論文選集《文化的方位》(1994)，又未

1987，頁27與34。

27　薩依德，〈東方主義再思考〉，Barker編，《歐洲與歐洲的他者》，
　　vol. 1，頁17。

見此文。巴巴此作,與〈被當成奇蹟的徵象〉[28],以有點輕率的筆調嘲弄「國協」的文學研究,使人更加覺得巴巴的方法論幾乎完全是由歐洲的「高」理論製造的。史畢瓦克的情形正復同然。《後殖民批評家》(1990)順便提及恩古比的《政治中的作家》(*Writers in Politics*),單單一處提到艾奇比的《在其他世界裡》(*In Other Worlds*, 1987)。此外,構成《後殖民批評家》的訪談有很多是在澳洲做的,對史畢瓦克來說,這類國家有其「白種屯墾民」的歷史,因此要說這些國家有「後殖民身分」,以及要在後殖民批評中為這些國家派一個角色,明顯有很深的問題[29]。

景仰這幾位批評家的人所寫的一些文字,也助長一個觀念,說這幾位批評家的著作和後殖民批評領域中其他人的事業是根本一刀兩斷的。在《殖民論述與後殖民理論》裡,威廉斯與克萊斯曼寫道:「這麼說,或許不是誇大其詞:愛德華・薩依德出版於1978年的《東方主義》,單人隻手引進了

28　巴巴,〈再現與殖民文本〉(Representation and the Colonial Text), Frank Gloversmith 編,《解讀的理論》(The Theory of Reading, Brighton: Harvester, 1984),頁95,〈被當成奇蹟的徵象:曖昧與權威的問題,德里郊外一棵樹下〉,1817年5月(Signs Taken for Wonders: Questions of Ambivalence and Authority Under a Tree Outside Dehli, May 1817),《文化的方位》,p.105。

29　史畢瓦克,〈批評、女性主義與建制〉(Criticism, Feminism and the Institution),〈郵戳加爾各答,印度〉(Postmarked Calcutta, India),(《介入》訪談)(The *Intervention* Interview),《後殖民批評家:訪談、策略、對話》(*The Post-Colonial Critic: Interview, Strategies, Dialogues*), Sarah Harasym 編(London: Routledge, 1990),頁15-16, 79,126-129。

學術探討的一個新紀元，也就是殖民論述，又稱殖民論述理論或殖民論述批評。[30]」這種表述的鬆懈暫且不提（殖民論述並不等於殖民論述批評），就是從兩人收輯的那麼多精采選要裡，也可以清楚見得，在薩依德涉入這個領域以前很久，對殖民再現體系與文化描述的分析就已經存在。薩依德引進的，應該說是一種處理這類分析的取徑（approach），他這個取徑，則導源於當代歐陸文化理論內部的方法論典範。楊格的《白人神話：書寫歷史與西方》（White Mythologies: Writing History and the West, 1990）至今仍是有關薩依德、史畢瓦克及巴巴的最佳論介，後來所有評價後殖民理論之作都獲益於此書，但此書也為同樣的問題所累。楊格說，這三人出新之處是迎戰「當代種族主義的論述形式、再現方式及慣行作法，以及這些論述形式、再現方式及慣行作法與殖民歷史的關係」[31]。楊格認識到法農作為這三位批評家的先驅的重要性，並舉出《地上的不幸者》（1961）首開將歐洲哲學與史學去殖民化的先河，然而，此作雖享殊譽，卻未免有點勉強（書中諸多關切的重點，《黑皮膚，白面具》幾乎早十年已經提出），楊格討論法農，也簡短之至，比討論巴特（Barthes）的篇幅只長些微，而巴特出現在這群人之間，未免相當可議[32]，全書的

30　派屈克・威廉斯與克萊斯曼編，《殖民論述與後殖民理論讀本》（Colonial Discourse and Postcolonial Theory: A Reader, Hemel Hempstead: Harvester Wheatsheaf, 1993），頁5。

31　楊格，《白人神話》，頁175。

32　關於巴特在殖民論述視角裡的共犯性質，可看索因卡，〈批評家與社會：巴特、左派統治及其他神話〉（The Critic and Society: Barthes,

確認為法農得到的篇幅不能和薩依德、史畢瓦克及巴巴相當。楊格的書問世之時，巴巴只寫過寥寥幾篇文章，法農已有好幾本分量重而且影響大的著作。諷刺的是，楊格論介後殖民批評的出現，其格局和馬克思主義用來說明全球歷史的模型半斤八兩(解構馬克思主義模型是《白人神話》的基要目標)。楊格批評馬克思主義將邊緣的歷史看成對都會歷史的倚賴與模仿，但楊格自己卻也似乎不經意暗示，後殖民批評在西方學院中立足之後才「成年」，並且學著以導源於西方脈絡的方式將自身理論化。

此外，楊格可以說沒有以足夠存疑的態度來質問後殖民理論的諸多聲稱。例如，詹默罕穆德(Abdul JanMohamed)對巴巴的政治觀提出批評，楊格以這些批評出於對巴巴著作的誤解為由，指其無甚高見而粗略帶過，錯失了幾個值得一辯的重點。我認為這是核心要目，下文將重開辯論。詹默罕穆德1986年的〈摩尼教寓言的經濟〉(The Economy of Manichean Allegory)首啓從反霸權的政治角度批判後殖民理論之例，後繼者甚多，彼此相異甚大的批評家，如卡特拉克(Ketu Katrak)、史雷門、安妮‧麥克林托克(Anne McClintock)及迪爾力克，皆屬之。歧異不少，例如關於「後殖民」的分期，

Leftocracy and Other Mythologies), Henry Louis Gates Jr.編，《黑人文學與文學理論》(*Black Literature and Literary Theory*, London: Methuen, 1984)，頁27-57；比較莉莎‧羅伊(Lisa Lowe)，《批評之境：法國的與英國的東方主義》(*Critical Terrains: French and British Orientalisms, Ithaca*: Cornell University Press)，第五章，以及我的文本的第四章。

或者關於哪些文化可視為後殖民文化，即莫衷一是。這些歧見都不容忽視，但當前最激烈的爭論主題或許是，將導源於法國的「高」理論溶入後殖民分析之中，所造成的政治意涵。的確，我比較狹義界定的後殖民批評，其統一性在相當大的程度上就植基於諸家認為後殖民理論在政治上是反動的，而共同對這反動政治加以敵視。取阿馬德與後來一些闡揚「國學」文學研究者相較，即可見一斑。

從大致同一個討論領域內部對後殖民理論提出的攻擊，最有名的例子或許是阿馬德的《理論上》。薩依德之作長期以來一直受到修正與衍釋，其中有他本人，也有巴巴與史畢瓦克等「門徒」，這些修正的總效果是強化，而不是破壞了他在領域裡領袖群倫的地位。對照之下，阿馬德對薩依德的批判由於敵意橫溢，薩依德的同情者有時譴責《理論上》，措詞之暴烈，一如阿馬德之痛詆薩依德。在《更高等的時代》(The Times Higher)裡，奇耶特(Bryan Cheyette)怒斥「此一令人異常不快之作」，並且下結論說：「只要有人想將文學研究裡對『種族』與『民族』的任何理論思考都斥為無稽之談，此書就會正中其下懷，Verso出版這本書，真自毀門面。[33]」奇耶特字裡行間充滿明顯的拉警報意味，說明了阿馬德的挑戰何其嚴重。阿馬德表示有心「在方法上和經驗上都與現存的理論決裂」[34]，他對薩依德其人不吝讚賞，但認為薩

33　奇耶特，〈鬥爭作為一種校園商品〉(Struggle as a Campus Commodity)，
　　The Times Higher, 29 Janury, 1993, 頁22。
34　阿馬德，〈導論：文學，在我們時代的徵象之間〉(Introduction:

依德應該為那些理論負責。在某些方面，《理論上》對後殖民理論的攻擊和麥肯齊一樣全面，但他和麥肯齊相反，不是認為後殖民理論政治激進或政治「正確」，而是認為其觀念與影響都極為保守。事實上，阿馬德甚至說，西方對全球先前被置於帝國主義下的那些地方的權威，目前正被重新銘刻於一套新殖民的「新的世界秩序」之中，後殖民理論根本就是遂行這重新銘刻的又一個媒介；最恰當的講法是，西方有以其權力意志控制世界的歷史，後殖民理論是這權力意志的一個新表達[35]。

　　阿馬德的批判有五個要素，這五個要素都有人比他早提出，也有人繼他之後重複，只是措詞比較節制。《理論上》探索薩依德等人置身西方學院，以及他們在西方學院落腳的關係影響。從這個視角，阿馬德給後殖民理論的詮釋是，這是一個享有特權，失根，與「第三世界」鬥爭的物質現實脫節的階級片斷[36]，第三世界現實鬥爭的生生元氣被占用並馴化

Literature Among the Signs of Our Times）, 《理論上》, 頁7。

35　比較迪爾力克，〈後殖民氛圍〉, 頁354以下，Shohat，〈後殖民劄記〉(Notes on the 'Post-Colonial'), 頁99以下。

36　《理論上》力駁此詞之使用，尤見頁99-110。不過，其餘用詞也充滿問題，我依照一些批評家之例，決定仍用「第三世界」, 像Chamdra Talpade Mohanty。見Chandra Talpade Mohanty、Ann Russo及Lourdes Torres編，《第三世界婦女，與女性主義的政治》(*Third World Women and the Politics of Feminism Bloomington*: Indiana University Press, 1991), 頁ix；比較Amin Malak的〈從邊際到主流：少數論述與加拿大的「第三世界」小說家〉(From Margin to Main: Minority Discourse and 'Third World' Fiction Writers in Canada), 魯瑟福編，《從國協到後殖民》(*From Commonwealth to Post-Colonial*, Mundelstrup: Dangaroo, 1992),

成一種時髦別致但終究已經喪失挑戰性，大致只流通於西方
學院內部的思想商品。在阿馬德眼中，後殖民理論家在學院
裡複製全球資本主義所授權的當代國際分工。依此論點，第
三世界的文化生產者將「初級」材料送到大都市，由薩依德
之流轉變成「精緻化」產品，主要是提供給大都會的文化精
英，他們事實上也以這些精英為基本聽眾；這類成品中，有
一定數量又被當成「理論」再出口到第三世界。阿馬德的結
論充滿不屑：「東方，這樣重生並且巨幅擴大成『第三世
界』之後，似乎再度變成了一項事業──『東方人』的事
業，而且是在『西方』內部做的事業。」[37]

　　阿馬德對「國協」的文學研究如此抱持深疑[38]，有點諷刺
的是，在阿馬德介入這場辯論之前的次批評構成（Sub-
formation）內部，對後殖民理論也有與此近似的批評。史雷門
與提芬的《歐洲之後》（1989）指出，後殖民理論把不倚賴法
國式「高理論」的其他形式的後殖民批評貶抑為比較低劣的
分析範疇，說這些後殖民批評是後殖民理論出現以前一種比

　　頁44。Shohat主張此詞仍有啓發價值（〈「後殖民」劄記〉），p.111，
　　史畢瓦克認可其說，見〈底層之談：接受編著訪談〉（Subultern Talk:
　　Interview with the Editors）, Donna Landry與Gerald Maclean編，《史畢
　　瓦克讀本》〉（London: Routledge ,1996）頁295。她認為「後殖民」一
　　詞「全屬欺�」。見「新殖民主義與知識特工」（Neocolonialism and
　　the Secret Agent of of knowledge）《牛津文學評論》13.1-2, 1991,頁
　　224。（但這無礙她廣泛使用此詞，她甚至以之為書名。）

37　阿馬德，〈階級的語言，想像的意識型態〉（Languages of Class,
　　Ideologies of Imagination），《理論上》，頁94。

38　同書，頁211。

較「原始」的階段，對它自己在知識論上的假設或方法論上
的程序都沒有自覺能力。此外，《歐洲之後》認為後殖民理
論家有個傾向，就是將他們在後殖民文化裡發現的顛覆力量
據為己有：

> 當文本抵抗的解讀變成完全取決於在「理論」上解開
> 殖民者文本內部的矛盾與曖昧，像殖民者論述中的解
> 構或新歷史讀法，那麼，顛覆媒介的所在地必然被從
> 被殖民者或後殖民人民手中搶走，重新擺回西方學院
> 文學批評家的文本著作之內[39]。

阿馬德指出，後殖民理論只是複寫西方的傳統文化權
威，首要證據是後殖民理論選擇研究對象時就有等級系統。
阿馬德說，薩依德及其追隨者著作所偏愛的分析領域是殖民
論述。依阿馬德之見，這種偏愛使西方的正典享有特權，貶
低第三世界的文化，而且這種偏愛代表了注意力的一種移
轉，從當前新殖民主義的事實轉到如今已經過去了的一個帝
國主義裡產生的小說領域，這是一個比較不容易引起爭論的
領域，但這樣的轉移使人政治無能。阿馬德說，後殖民理論
其次偏愛出身第三世界而在西方活動的移民知識階層的作
品。他指責薩依德及其追隨者認為魯西迪(Salman Rushdie)之

39　史雷門與提芬編《歐洲之後》，導論，頁xviii；比較Parry，〈當前理
　　論的問題〉。

類作家(阿馬德一貫敵視魯西迪)代表了他們出身國家的純正
心聲。阿馬德認爲這些作家坐落他們寄身社會的政治支配階
級之內，《恥辱》(*Shame*)之類文本，像後殖民理論一樣，基
本上是向這個寄身社會的政治支配階級發言的。阿馬德暗
示，追根究底來說，許許多多這類作品必須擺在東方主義之
類的都會討論傳統內部，阿馬德嚴厲非議薩依德未能看出
《撒旦詩篇》(*Satanic Verses*)這樣的文本屬於西方一個漫長的
反伊斯蘭傳統。阿馬德主張，後殖民理論處理眞正的第三世
界文化時，最注意的是那些反詰帝國與新殖民文化的文本，
例如艾奇比、哈里斯、沙里(Tayib Salih)等彼此十分不同的作
者對《黑暗之心》(*Heart of Darkness*)的反擊。據《理論上》
之說，注意被西方文化質疑的作品，徒然強化傳統的中心與
邊緣關係，而這關係正是殖民時期所有政治與文化論述的基
礎。因此，「將世界都市那些用英文寫作的知識階層的產品
看成(討論中的國家的)民族文學的核心文獻」，是個有害的
趨勢[40]。在此過程中，第三世界文化裡最眞正獨立於都會影響
之外，最獨立於資產階級之外的層面，諸如以印度各地區語
言寫成的文學，不是被忽視，就是被置之不理。

　　最近的「國協」文學研究，也呼應這類非議。例如黛安
娜・布萊頓(Diana Brydon)1989年的〈研究英語新文學的新取

40　阿馬德，〈階級的語言〉，《理論上》，頁76。G. N. Devi說法大致
　　相同，不滿印度英語文學受到過分注意。見〈國協文學時期：印度英
　　語文學史芻議〉(The Commenwealth Literature Period)，梅斯・耶里奈
　　克等人編，《關係的一種形塑》，頁60。

徑〉(New Approaches to the New Literatures in English),文中說,後殖民理論耗費那麼多精力在殖民論述上,這過程在不經意之中變成複製殖民論述,以至於後殖民世界新生的文化生產有被忽略,甚至被噤聲的危險。布萊頓反對「將焦點窄化到只注意帝國／殖民關係,好像這關係就是一切似的」,並且作了結論說:「解構帝國主義,結果是把我們留在帝國主義的軌道裡。[41]」布萊頓另外也預啓阿馬德,指出後殖民理論另外兩個漏子,後殖民理論聲稱做的是激進的文化分析,有了這兩個漏子,這聲稱就打折扣。她說,後殖民批評處理階級與性別的方式,後殖民理論特別沒有做到[42]。阿馬德則說,後殖民理論如果處理到非西方文化,習慣上也將焦點擺在第三世界國家的困難論題上,而忽略第三世界動員反抗(新)殖民主義的其餘重要層面——這些往往可能與民族主義論述及解放方案相互衝突。後殖民理論處理以大都會爲根據地的移民作品,阿馬德也發現其處理的取徑有類似缺陷。據他所見,魯西迪之類作家再現「婦女、少數族裔、僕人及其他不屬於統治階級的人」時,一貫帶著敵視,後殖民理論始終沒有看出來[43]。

　　然而,阿馬德對後殖民理論的攻擊,核心論點卻是,後

41　布萊頓,〈研究英語新文學的新取經〉,頁93。

42　布萊頓,〈國協?共貧?〉(Commonwealth or Common Poverty?),《歐洲之後》,頁12。

43　阿馬德,〈魯西迪的《恥辱》:後現代移民與女性的再現〉(Salman Rushdie's *Shame*: Postmodern Migrancy and the Representation of Women),《理論上》,頁142。

殖民理論的方法論程序導源於當代歐美批判理論，而這些批
判理論在政治上的壓制性非只一端。阿馬德認為，1960年代
以來，西方的文化批評變得愈來愈和人民的政治鬥爭失去一
切具體關連，無論是海外或國內的政治鬥爭。阿馬德認為，
後結構主義是這種脫節最顯著、最令人軟弱的例子，特別是
美國版的後結構主義，用阿馬德的說法是，美國的後結構主
義拿掉了物質的行動主義，代之以文本接觸，說「閱讀是切
當的政治形式」[44]。阿馬德將薩依德的批評黏附於後結構主
義，因而認為薩依德的後殖民分析模型也和第三世界的人民
解放運動完全脫節。依此看法，後殖民理論所以成其威勢，
是因為它步武後結構理論而起，後結構主義的影響力則是在
一個特別保守的歷史與文化時刻達於頂峰——那是由「雷根
與柴契爾監管的時期」[45]。

　　這方面，《理論上》與史雷門和提芬的《歐洲之後》
(1989)也有可以並觀之處。《歐洲之後》的主要關切之事，
是探索如何發展一個「純正的」後殖民文學批評。這個主題
貫串書中許多文章。與這項探討密不可分的一個要點，是批
判史畢瓦克與巴巴所代表的後殖民理論，指他們執迷於「一
套哲學問題，而他們極少承認這套問題在歷史與文化上是特
殊屬於後現代盎格魯撒克遜文化內部的東西」[46]。在與《理論
上》同時發表的一篇文章裡，提芬將這個論點更加推進一

44　《歐洲主義》導論，頁13。
45　〈《東方主義》之後〉，同書，頁3。
46　《歐洲之後》導論，頁xi。

步：

> 後結構主義哲學儘管有其種種潛在有用的洞見，卻不
> 免仍是供壓制體制使喚的婢女，容我混用比方的話，
> 它就是1980年代的地方長官，這樣，他這本書的名字
> 就從《低等原始黑鬼部落之綏靖》(*The Pacification of
> the Primitive Tribes of the Lower Niger*)換成《享受他者，
> 或，被馴化的差異》(*Enjoying the Other: or, Difference
> Domesticated*)[47]。

史雷門與提芬將薩依德在《世界、文本與批評家》裡批
判德希達時使用的視角與措詞轉用於批判他的追隨者(我將在
第三章再討論他們)，《理論上》試圖還原史畢瓦克與巴巴解
構的一批分析觀念、策略與人物，書中許多文章認為，兩人
誤認這些觀念、策略與人物表述的是支配階級的知識論或政
治價值。《歐洲之後》裡的許多撰文者認為，中心主題、美
學領域、基本認同、民族與民族主義、「主人」的解放敘事
及作者的意圖，都可用各種方式、在不同的時代裡視為抵抗
(新)殖民主義的正當手段，無論政治領域或文化批評的領域
皆然。《歐洲之後》最努力的，則是還原語言的指涉特質，
全書認為，後結構主義撕斷傳統上關於指符(Signifier)與意符

47　提芬，〈轉化的意象〉(Transformative Imageries)，《從國協到後殖
　　民》，頁429-430。

(Signified)之間關係的觀念，一貫使這些特質退居界外。書中許多撰文者認爲，這種理論優位導致對「現實」的閉鎖，不斷阻延後殖民文化與迫切社會和政治問題的接觸。這些論點的策略邏輯與阿馬德的作法也可以並觀；對於後結構主義「揭穿所有起源神話、全體化敘事、決定的與集體的歷史動因——甚至揭穿作爲歷史敘事化關鍵基點的國家與政治經濟」，阿馬德極力抗拒[48]。

最後，後殖民理論的表面論述不合這些批評者口味，也不合本篇導論稍早提過的幾位史學家。阿馬德的《理論上》和麥肯齊的《東方主義》一樣，但和雅各比風格清晰與連貫只有「保守的」批評家關心之說相反，指斥巴巴風格「非常神秘」，以及後殖民理論一般都「詞藻浮誇」[49]。同樣的，在「國協」文學研究的當代陣營裡，哈根(Gradham Huggan)抱怨說，歐洲後結構主義「往往故弄玄虛的字彙」[50]滲進後殖民理論之中。在後殖民批評領域內部許多人眼中，後殖民理論語言複雜，是它對其他種類的後殖民分析遂行其權力意志的又一徵狀。因此，他們很多人堅持，書寫應該使用卡拉克說的，「一種明晰而足以激勵人民去鬥爭並達成社會變革的語

48　《理論上》導論，頁380。

49　同上，頁69。比較Dirlik論巴巴，〈後殖民氣圍〉，頁333；以及Tzveran Todorov論史畢瓦克，〈「種族」，書寫與文化〉('Race', Writing and Culture)，見蓋茲，《「種族」、書寫與差異》，頁377。

50　哈根，〈脫離(批評的)共同市場：克利歐化與後殖民文本〉(Opting Out of the(Critical)Common Market: Creolization and the Post-Colonial Text)，《歐洲之後》，頁380。

言」[51]。

都會的「帝國文學」研究取徑：1945-1980

　　為了評估對後殖民理論的上述指控有無道理，有必要拿後殖民理論的批判焦點、作法及認定，和傳統上西方學院研究文化與帝國主義的關係所用的焦點、作法及認定比較一下，做個開始。下文將會說明，薩依德《東方主義》(1978)的論點，已有一批早一點的非西方批評家先行提出，認定(新)殖民主義的政治過程與結構，和西方的知識體制與文化再現模式之間，有其直接、物質的關連。從1945到1980年代初期，歐洲與美國內部幾乎完全忽視這些關連。這個事實提供第一層脈絡，我們必須將後殖民理論置於這層脈絡之中，才能研判，在比較晚近的戰後年代裡，後殖民理論是否的確是支配意識型態的共犯。

　　政治意義與影響在都會英文系殖民論述中被閉鎖不提的情形，在有關帝國文學的「傳統」批評論著裡是——我們以後見之明看來——昭昭可見的，像莫莉・馬胡德(Molly Mahood)的《殖民邂逅：六部小說的一種讀法》(*The Colonial Encounter: A Reading of Six Novels*)。此書在《東方主義》問世前一年出版。詹穆罕默德認為，「馬胡德明明白白規避政治

51　Ketu Katrak,〈文化去殖民：後殖民女性文本理論芻議〉(Decolonizing Culture: Towards a Theory for Postcolonial Women's Texts)，《現代小說研究》(*Modern Fiction Studies*), 35.1, Spring 1989, 頁158。

議題，因爲她辯說她所以挑選這幾位作者〔其中包括康拉德、佛斯特及葛蘭‧葛林〕，完全是由於他們『是清白的，對殖民地沒有剝削的情緒』，而且與支配政治『保持距離』；他結論說，這樣的作法「自我設限，將文化與歷史的政治脈絡框起不談」[52]。班妮塔‧帕瑞對桑迪森(Alan Sandison)的《帝國之輪》(*The Wheel of Empire*)也有類似批評。《帝國之輪》早十年(1967)出版時，被視爲突破新境之作。依帕瑞之見，桑迪森將帝國的文學當成一套存在的寓言，在那裡面，「人」面對並克服一個敵意宇宙充滿威脅的「他性」。帕瑞認爲，桑迪森的神話手法「處心積慮抽空書寫中的歷史指涉」，並「將主人文化的原則自然化，成爲具有普遍性的思想形式，而將其再現投射成眞理」[53]。

這類評論當然有其可以成立之處，如戰後的吉卜林批評史所示。吉卜林研究是一個代表性的個案[54]。桑迪森認爲吉卜林作品中的主角陷入「他們的個人生活與他們所服務的帝國之間的衝突，帝國只是自我與毀滅性的非自我之間更根本的辯證的一個反映」[55]。但同時期裡持此看法者，他殊非孤例。

52　詹默罕穆德，〈摩尼教寓言的經濟：種族差異在後殖民主義文學中的功能〉(The Economy of Manichean Allegory: The Function of Racial Difference in Colonialist Literature)，《「種族」、書寫與差異》，頁78。

53　帕瑞，〈吉卜林帝國主義的滿足與不滿〉(The Contents and Discontents of Kipling's Imperialism)，《新形構》，6，Winter 1988，頁51。

54　比較羅伊對1945至1970年英美佛斯特批評傳統的分析，《批評之境》第四章。

55　桑迪森，《帝國之輪：十九世紀末葉與二十世紀初葉一些小說裡的帝國觀念》(*The Wheel of Empire: A Study of the Imperial Idea in Some Late*

依照杜布里(Bonamy Dobree)的詮釋，帝國的敘事是處理「人類的永恆難題」，他的結論是，對吉卜林，印度的治理代表著「引發人去凌越宇宙的至上工具……由於它統一了做這種凌越所需要的衝動，它就是吉卜林先生的天主教」[56]。吉伯特(Elliot Gilbert)的《吉卜林與批評家》(*Kipling and the Critics*, 1965)，則抱怨「政治向來使人很難」對任何藝術家的作品「達到清醒的判斷」[57]，尤其是吉卜林的作品，吉伯特力主以更「客觀」的方式研究吉卜林，也就是以他的技巧為研究焦點。吉伯特的下一部著作是《好吉卜林》(*The Good Kipling*, 1970)，此書繼續鑽研形式問題，但也追隨杜布里與桑迪森，將吉卜林的印度故事中的帝國看成一種比喻設計，說這設計使作者能發展一套擬神秘主義的工作與行動哲學來面對荒謬的宇宙。

這些看法，在處理吉卜林作品中一個關鍵問題時，造成重大影響。1899年，布坎南(Robert Buchanan)提出一項抱怨，說吉卜林創造了「一場爛醉、滿口大話、吹牛的流氓狂歡會，這些流氓身穿紅色外衣和海員夾克，配著斑鳩琴尖聲鬼叫，為英國國旗吆喝」[58]。自此以降，批評家就不斷指責，

Nineteen and Early Twentieth-Century Fictin, London: Macmillan, 1967)，頁100。

56 杜布里〈吉卜林〉，Elliot L. Gilbert編，《吉卜林與批評家》(London: Peter Owen, 1965)，頁51與43。

57 《吉卜林與批評家》導論，頁vi。

58 布坎南，〈無賴的聲音〉(The Voice of the Hooligan)，R.L. Green編，《吉卜林：批評傳統》(*Kipling: The Critical Heritage, London*:

認為吉卜林的印度故事裡充滿虐待狂與殘忍。但是，如前段
所述，在1950年代與1960年代從存在主義汲取靈感的批評解
讀裡，吉卜林作品中的暴力往往被視為必然與「人類」奮鬥
（現在我們明白了，這「人類」是西方白人中產階級男性）追
求意義相伴而生之物，而不是用來證明吉卜林知覺到必須以
武力支撐帝國在印度的統治（吉卜林這個知覺往往比布坎南或
1980年代一些吉卜林批評家說的更遠更複雜）。

　　《東方主義》之前的傳統文學批評將帝國主義的政治層
次閉鎖不談，在對吉卜林作品中的暴力一個不斷反覆的解
釋——甚至可以說藉口——裡也同樣明顯。也就是說，將之
解釋成一個受了傷的個人的精神病理的表現。威爾遜（Edmund
Wilson）的《創傷與弓》（*The Wound and the Bow*, 1941）首啓這
路解釋之緒，說吉卜林童年在英格蘭被雙親遺棄，他作品中
的「虐待狂」就是他對那段童年傷痛的反動。湯普金斯（J. M.
S. Tompkins）、梅森（Philip Mason）、柏肯海德（Lord
Birkenhead），連同比較晚近的西摩史密斯（Martin Seymour-
Smith）等人，都以多多少少相同的說法重複威爾遜之論。例如
湯普金斯的《吉卜林的藝術》（*The Art of Rudyard Kipling*）結
論說，童年受到傷害的結果，吉卜林心理終身留下疤痕，
「說他是殘忍的人，失之鬆散，但他對殘忍的確有其情感上

Routledge, 1971），頁241。本書點出，早期的吉卜林批評每每明顯以
吉卜林的政治立場為焦點。自由派批評家，如布坎南惡此立場，民族
主義者，如Walter Beasant 或 George Saintsbury，則頌揚之。

的領悟，而且對殘忍有一股智性的興趣」[59]。

　　吉卜林對殖民背景上的暴力感興趣，他的心理經歷無疑扮演了一些角色，不過，過度強調這一點，就會忽略他對他所置身的政治現實的知覺，這知覺是長期連貫的。湯普金斯挑出吉卜林對報仇悲劇的興趣，堪稱銳眼，但他未能看出這一點在吉卜林作品中的意義。這個文類對暴力與殘忍的興趣，反映著不穩定的政治與社會背景。舉個例子，1888年的〈在城牆上〉(On the City Wall)之類故事，對印度的和平，以及英國的控制，追根究柢是靠什麼維持的，有十分明白的表達。英國駐軍的堡壘俯瞰那個北方城市，堡壘牆上是「一排槍砲，半小時內能夠將全城轟個粉碎」[60]。的確，這篇作品煞費心思，在地方宗教暴民的「基本教義」作風，和白人士兵的「熱心」之間，經營一種充滿反諷的比較：「一直到最後，駐軍的砲隊都懷著一股難以抑制的希望，希望獲准轟擊那百碼射程內的城鎮」[61]。吉卜林許多小說都縈繞著1857年起事的往事，並且害怕這些事件復發，如〈在城牆上〉及《奇姆》(Kim)所示。同樣重要的是，1880年代大部分時間，他擔心俄羅斯入侵印度；在自傳《自說自話二三事》(Something of Myself)裡，吉卜林回想自己以記者身分奉召報導「部隊檢

59　湯普金斯，《吉卜林的藝術》(The Art of Rudyard Kipling; London: Methuen, 1959)，頁8。

60　吉卜林，〈在城牆上〉，《成王者與其他故事》(The Man Who Would be King and Other Stories)，Louis Cornell編(Oxford: Oxford University Press, 1984)，頁203。

61　同書，頁238。

閱，預期下周迎戰俄羅斯」的事[62]。凡此種種因素，至少都能
局部解釋吉卜林何以不厭再現殖民背景上的暴力。許多對他
作品的「傳統」批評都未能照顧這些因素，因爲傳統批評否
認對美學作品作「政治」解讀的正當性，即使作品這麼直言
不諱地處理政治問題[63]。

　　但是，傳統的「帝國文學」批評非僅不是一個「清白」
不帶政治關連的活動，有時反而靠一種明顯沙文主義的文化
政治觀支撐，葛林(Martin Green)影響巨大的文本《探險之
夢，帝國之績》(*Dreams of Adventure, Leeds of Empire*, 1980)
就是例子。葛林的分析有相當多篇幅花在一個有趣而且重要
的論點上，說帝國的文學構成英國小說史內部一個清楚的文
類，甚至傳統。葛林說，批評界習慣給「求愛」(courtship)或
「家庭」(domestic)小說的地位，高於涉及領土擴張與探索問
題的「探險小說」，他要向這種作法挑戰，甚至把這作法倒
反過來。依葛林之見，前面那一類型的小說能夠成其優勢，
是被拿來反襯後者瑣屑與過度所致。他認爲這是有系統地將
後者的傳統簡化：「探險小說在嚴肅性方面占有一大優勢，

62　吉卜林，《略談我自己：給知與不知的朋友》(*Something of myself:
　　For My Known and Unknow-Friends*, 1937; Harmondsworth: Penguin 1977
　　重印)，頁38。
63　關於吉卜林對殖民暴力的處理，我有更詳細的解讀，〈多舌的巴巴：
　　解讀吉卜林，解讀巴巴〉(The Bhabha of Tongues: Reading Kipling,
　　Reading Bhabba), Bart Moore-Gilbere編，《書寫印度1757-1990：英國
　　對印度的再現》(Writring India 1757-1990: British Representation of
　　India, Manchester: Manchester University Press)，頁111-138。

亦即它處理西蒙‧維爾(Simone Weil)稱爲『力』(force)的歷史事實。[64]」然而下文很快就可以看到，葛林賣勁重新評價探險小說，以及重新評定其餘一切，動機是惋惜英國喪失強權地位，他認爲這個文類——作爲「白種盎格魯撒克遜清教徒(WASP)英雄的歷史」[65]——正是以讚頌這地位爲要務。所以，葛林的文本可以部分詮釋爲試圖保存，甚至重建他認爲國家自我意象與意識型態傳統裡一個很重要的部分，這傳統如今受到外國人和移民的威脅。葛林說，帝國先前是「英格蘭外面一個自由的空間，等著我們，〔現在〕卻已經以移民的形式移到英格蘭內部來，這些移民對我們的行動自由是個阻礙」[66]。在葛林的看法裡，英國自身現在也被殖民了，倫敦變成「一個爲比我們富有的外國人服務的城市，觀光客的城市，在文化上已是一個殖民城市」[67]。所以，葛林的文本迴響著柴契爾時代初期民族主義底下的那種文化政治；照魯西迪在1984年〈在鯨魚肚外〉(Outside the Whale)裡的說法，那種民族主義的一個徵候是懷舊，思念已消失的帝國，他稱這現象爲「支配的復興」(Raj revival)[68]。(麥肯齊的《東方主義》

64　Martin Green，《探險之夢，帝國之績》(London: Routledge, 1980)，頁340。

65　同書，頁24。

66　同書，頁xii。

67　同書，頁xiii。基於此故，薩依德在《文化與帝國主義》贊同Green之說，令人困惑，見頁71與76。

68　魯西迪，〈鯨魚肚外〉，《想像家園：文章與批評1981-1991》(Imaginary Homelands: Essays and Criticism 1981-1991, London: Granta, 1991)，頁87。魯西迪對Paul Scott的抨擊有失判斷(可說是伊底帕斯式

也必須劃歸這種懷舊路線的文化批評，他對後殖民理論的批評也必須擺在這個脈絡裡。）

不過，如帕瑞之類批評家的歷程所示，過去十五年來，都會的帝國文學批評家對薩依德《東方主義》帶起的政治立場與方法論程序已愈來愈有反應。此外，她早期寫了《錯覺與發現》（*Delusions and Discoveries*, 1972），書中對在印度活動的英國作家的批評相當傳統（但仍然重要），從這本書到她1988年談吉卜林的文章，是一個激進的發展，這段發展使我們有進一步的理由，對西方學院中一些比較極端的批評審慎以對，因為它們仍然沒有能力挑戰那些居於支配地位的知識體制及其文化批評模式。1980年左右以來西方學院裡的吉卜林批評，很多與1945到1980年間的重點和取徑都有顯著的不同。麥克魯爾（John McClure）的《吉卜林與康拉德》（*Kipling and Conrad*, 1981），我自己的《吉卜林與「東方主義」》（*Kipling and 'Orientalism'*, 1986），派屈克·威廉斯的〈《奇姆》與東方主義〉（*Kim and Orientalism*）（1989），及蘇利文（Zohreh Sullivan）的《帝國敘事》（*Narratives of Empire*, 1993），都代表繼踵《東方主義》，在西方學院裡出現的新類型吉卜林批評——雖然這裡必須指出，這些發展也產生了它

的），相較於魯西希，「Raj復興主義」有一更好的例子，是Anthony Brugess，見H. Yule與A.C.，《霍布森-雅布森：英印口語字詞彙解》（*Hobson-Jobson: A Glossary of Colloquial Anglo- Indian Words and Phrases*, 1886; London: Routledge, 1985），Burgees所寫前言。

們自己的問題[69]。

都會對後殖民文學的研究取徑，1965-1980

　　後殖民理論出現的第二個脈絡背景，牽涉到位居中心的都會對戰後時期去殖民化國家的文化的研究取徑。從後殖民角度看，這些取徑，和這段時期文學的當權分析模式一樣不滿人意，是無足為異的。對前帝國裡新出現的文學的一種早期反應，1988年諾貝爾文學獎得主索因卡的回憶錄有很好的說明。在《迷思、文學與非洲世界》(*Myth, Literature and the African World*, 1976)裡，他寫到他1973年在劍橋邱吉爾學院當訪問學者，想講講當代非洲作品。英文系回絕他，請他到人類學系去講，說那裡比較適當。不過，英語研究的幾個聲望最大的中心雖然如此無知於英文的新文學(而且繼續無知)，這個領域從1960年代中期以降在別處卻獲得有系統的研究，尤其在里茲與肯特大學。這些早期的分析——當時被視為新的次學術領域，在「國協」文學研究的名義下進行——本身又問題愈來愈多，在目前許多在這領域裡工作的人看來，甚至站不住腳。

　　理由很多。「國協文學」(Commonwealth literature)一詞當初提出，是用來描述先前屬於大英帝國的那些地區的書

69　關於後薩依德殖民論述分析方法的一些問題的批判，見筆者〈書寫印度，為殖民論述分析重新取向〉(Writing India, Re-Orienting Colonial Discourse Analysis)，《書寫印度》頁1-29，及本書第二章。

寫；這隱然構成一個批評典範，依此典範，英國文學在國協
文化裡居於支配地位，如同英國在新出現的國協政治組成中
居於支配地位。普雷斯（John Press）的《國協文學》
（*Commonwealth Literature*, 1965），為英國1964年在里茲大學
舉行的首場國協文學會議留下記錄，就顯示這個新的次學門
是在什麼思想狀態下形成的。這位副校長歡迎與會代表，希
望來自去殖民化帝國的新作家「使體大泱泱的英語文學更加
豐富，帶來新傳統」[70]。此外，這個領域的正當性也由一個論
點加以理論化，說國協文學的特出之處是有一個共同語言，
和共同的歷史，也就是英國統治的經驗，這歷史使國協文學
有別於以英文寫作的非英國文學，以及用其他歐洲語言或
「地方」語言所寫的後殖民文學。普雷斯承認「國協裡的地
方文學是千千萬萬男男女女體現他們社會的價值觀的最有效
手段」[71]，希望這類作品有朝一日會放在新的次學門領域裡來
研究，但是，在這個領域獲得重新表述，而在1970年中期以
後成為後殖民批評的一支之前，他的呼籲在「國協」文學研
究裡只獲得零星實踐。

70　普雷斯，《國協文學》前言，頁ix。《國協文學》是英國描述這個領
　　域的第一本書，但在美國工作的澳洲批判家A. L. McLeod已有先行之
　　作，即《國協之筆：不列顛國協文學導論》（*The Commonwealth Pen:
　　An Introduction to the Literature of the British Commonwealth*），
　　Ithaca:Cornell University Press, 1961。Mcleod有一文〈美國的國協研
　　究〉（Commonwealth Studies is the United States），收於Maes-Jelinek等
　　人所編《關係的一種形塑》頁8-13，這些領域提供了有用的前史。
71　普雷斯，《國協文學》頁v。

　　普雷斯《國協文學》的副題是《一個共同文化裡的統一
與多樣》（*Unity and Diversity in a Common Culture*），全書非常
強調「統一」，認爲一個共同的政治與文化歷史必定產生一
套共同的風格、共同的形上觀或世界觀，這共同的風格、形
上觀或世界觀凌駕領域中個別民族的差異或個別作家的特
點。如古德文（K. L. Goodwin）的《國族認同》（*National
Identity*, 1970）、華爾希（William Walsh）的《多樣的聲音》（*A
Manifold Voice*, 1970）與《國協文學》（*Commonwealth
Literature*, 1973），及紐伊（William New）的《諸世界之間》
（*Among Worlds*, 1975）所示，「國協」文學研究的這項關鍵前
提由1964年里茲會議籌辦人傑佛瑞斯（Norman Jaffares）表述之
後，到1970年代都沒有受到挑戰。在他的引言裡，傑佛瑞斯
說「我們全部都是一個共同文化的成員」[72]；但是，傑佛瑞斯
將英國文學建構成應該用來衡量各地「地方」國協文學的規
範，就透露了這共同性的政治／文化次文本。因此，他對任
何大幅偏離中心「大傳統」之作都表示遺憾，拒斥一切「興
趣太地方性，繼承大傳統太少，訴求太近，因而在全世界都
不會獲得接受」之作[73]。這個論點大致上就決定了逐漸浮現的
次學門開始採取的方向。於是，以奈及利亞的民族文學爲
例，談到索因卡、艾奇比這些作家時，批評界的重點是先確
定他們與英國傳統的關係，其次確定他們與國協其餘小說家

72　傑佛瑞斯，《國協文學》導論，頁xvii。
73　同書，頁xii。

的關係，最後，如果有此最後的話，才談他們與其他奈及利
亞作家的關係。正如所料，英國批評家特別熱心採用傑佛雷
斯的立場。阿吉勒(B. Argyle)談澳洲小說的文章是這方面的
代表，文裡說：「十分可惜……在這一切講普遍性的時代，
這麼多現代澳洲批評家自甘當澳洲人而成其累……土生的批
評偏多，構成研究澳洲小說的最大問題。」[74]

　　傑佛瑞斯這種徒托普遍性的取向，其底下的盎格魯主
義，在他給這個新興次學門所下的其餘規定裡也可以明顯見
得。他要求，讀索因卡等人，應該看索因卡等人作品中的
「超民族特質」[75]，這要求裡面暗含拒斥，拒斥艾奇比等作家
打開始就有志扮演的政治參與角色。在傑佛瑞斯，許多物質
鬥爭，諸如非洲的解放與獨立運動，根本就是「地方性」的
或一時的興趣，不應該當成了解新文學的重要脈絡。他要求
文學批評的基本方向應該是致力闡明國協作家提出的「人性
真理」，號召國協批評家依照「普遍」標準運作，所謂「普
遍」標準，傑佛瑞斯事實上意指當時繼續支配都會英語系的
那些標準而言。的確，傑佛瑞斯試圖堅持，新文學的批評應
該交給固有文化權威中心來做：「這些比較年輕的文學有一
點欠缺好的批評家，好的批評家懂得識才，並且引導品味及
欣賞真才。」[76]

74　阿吉勒〈十九世紀澳洲小說研究的難題〉(Problems in Studying
　　Nineteenth-Century Australian Fiction)，《國協文學》頁61。
75　傑佛瑞斯，《國協文學》導論，頁xiv。
76　同書，頁xvi。

　　次屆國協文學會議1968年在布里斯班(Brisbane)舉行，古
德文的《國族認同》(1970)收入了該屆會議的文獻。普雷斯
《國協文學》和《國族認同》書中其他許多層面，都微妙補
強「中心」對邊緣的權威。例如，「白人自治領」在新的次
學門裡占有特殊地位，《國協文學》起頭一連五章都以白人
自治領為主題，即暗含此點。在普雷斯的書裡，馬修斯極言
加拿大在文化與經濟上都愈來愈唯美國馬首是瞻，但上面兩
本書都不曾真正討論到自治領文化對其自身原住人口的殖民
形式角色。另外值得指出，普雷斯收入二十二位批評家的論
文，其中八位來自英國，六位來自「白人」自治領，只有八
位來自其餘非白人國協。此外，在白人自治領的文學與非白
人自治領的文學之間做比較的時候，也依照傑佛瑞斯鼓勵的
方式，一面倒由白人批評家，而不是由非白人批評家來做，
後者偏愛以「國族」議題為焦點。但上述二書之間最重大，
以及陰險的發展，或許是傑佛瑞斯在《國族認同》裡呼籲以
「標準的英國英語」為國協書寫的媒介。他提出「文學人必
須要求良好的語文教導」，並下結論說：「我們的終極要務
很可能是維持這個語言的同質性，這樣，一個人在國協的一
處寫作，他或她就能在另一處保有讀眾。[77]」都會「國協」文
學批評家又強化這個視角，像華爾希，他如此譴責最重要的

77　古德文編，《國族認同：1968年8月9-15日昆士蘭大學國協文學會議
　　論文》(*National Identity: Papers Delivered at the Commonwealth
　　Literature Conference*, University of Oueensland, Brisbane, 9-15 August,
　　1968, London:Heinemann, 1970)，Jefares所寫導論，頁xv。

非洲小說家奧卡拉(Gabriel Okara)：「這種文字使人得到一個印象，他不自然地拗抗英文的偏見，讀者〔華爾希不假思索，認定讀者就是英國讀者〕感受到的不是其原始的純樸，而是一種偏鋒，裝模作樣的矯柔。」[78]

　　這類態度是早期「國協」文學研究的主導見識，不過，說它們一直到後殖民理論以《東方主義》的形式降臨，才受到爭議，也是誤導之言。(此外，也應該指出，後殖民作家，從艾奇比到威爾森·哈里斯都樂於以「國協作家」的身分在這些會議上發言，以此爲新興的次學門助勢。)打從一開始，亦即在里茲會議，就有人提出傑佛瑞斯之外的理論與方法。納加拉揚(S. Nagarajan)談國協文學，有所不滿，說：「多樣性是夠明顯的……至於統一，恐怕就不是那麼明顯。[79]」普雷斯書裡最後一篇論文是艾奇比的〈小說家作爲導師〉(The Novelist as Teacher)，駁斥傑佛瑞斯開幕致辭裡關於文學與政治的關係的許多認定，強調他自己等非洲批評家與都會英語系的規範批評價值之間的分歧。麥斯威(D. E. S. Maxwell)則預啓後殖民批評的一些論點，認爲就是看來似乎密切相連的澳洲和紐西蘭文學，兩者能不能比較，也值得懷疑。他堅持各國有其十分不同的屯殖歷史與文化發展，然後說：「將加拿大的屯墾與西非的屯墾——意義決不相同——相較，歧異

78　華爾希《國協文學》(London: Oxford University Press)，1973，頁36。

79　納加拉揚〈印度英語文學研究〉(The Study of English Literature in India)，普雷斯，《國協文學》頁125。

莫大。[80]」昆士蘭會議有人提起斷代問題，新領域應該限於從英國取得政治獨立之後產生的文化作品，還是施萊納(Olive Schreiner)等更早先的作者也可以包括進來，頗有爭論。的確，1960年離開國協的南非能不能包含進來，歧見愈來愈多——紐伊1975年的《現代國協與南非小說導論》(*An Introduction to Modern Commonwealth and South African Fiction*)等書將南非納入，幾乎完全以南非白人的作品為重點，可見一斑。

到1970年代中期，這些問題愈來愈有政治含意，傑佛瑞斯的「國協」文學研究典範開始在歧見的壓力之下內爆。非白人的前殖民地特別日益出現一股怒氣，原有典範強調共同的政治與文化歷史，阻絕了其他批評探討，尤其是阻絕了對個別民族傳統的發展的探討。由麥斯威等人的文章，另外還逐漸生出一個領悟，就是——例如——以英文書寫的非洲作品和法語非洲文學的關連，可能比和英國傳統更密切，甚至比和前「白人」自治領的文化更密切，他們的殖民史非常不同，在國協內部，以及在全球經濟與政治裡的角色也非常不同。早在古德文《國族認同》(1970)問世之時，費南多(Lloyd Fernando)就指出，支撐「國協文學」之名的政治典範另外還不必要地，而且有害地預先排除了國協文學與其他英語後殖民文學之間的比較，例如以英文寫作的新加坡文學與鄰近的

80　麥斯威，〈風景與主題〉(Landscape and Theme)，普雷斯《國協文學》，頁82。

菲律賓英文書寫間的比較。

　　在安娜‧魯瑟福(Anna Rutherford)三年後出版的《共富》(*Common Wealth*)裡，寇特門(Peter Quartermaine)與達里(Hallvard Dahlie)等批評家延伸這類探討，思考美國文學與國協文學之間的可能比較點。里門史奈德(Dieter Riemenschneider)的《國協文學的歷史與歷史學》(*History and Historiography of Commonwealth Literature*, 1983)，更推進一個階段。首先，金恩(Bruce King)對「民族主義、國際主義、斷代與國協文學」之間的複雜關係進行理論工作，將哈林文藝復興詩人鄧巴爾(Paul Dunbar)的方言詩納入討論；其次，提芬認為「我們只有將美國的文學納入比較，才有助益」[81]。這些看法標誌著一個擴大研究領域的可觀動向，名稱則紛然多樣，有的作「以英文書寫的新文學」，有的作「以英文書寫的世界文學」，視論者強調與美國的關連的強度而定，用意則是認為如果要研究前大英帝國的文學，這才是比較適當的架構。1970年代中期，英國文學與新的英文書寫的關係受到迫切的重新思考，新次學門名稱裡隱含的空間模型辯論進入一個清楚，甚至決定性的階段。最初的爭論中心在於，應該強調的究竟是英國文學與非英國文學之間的相續相通，還是國協文學所提供的新敘事技巧與語言，因為這些新技巧與語言構成對都會傳統與實踐的「反論述」。但是，逐漸地，爭論變成英國文

81　提芬，〈國協文學：比較與判斷〉(*Commonwealth Literature*: Comparison and Judgement)，里門史奈德編，《國協文學的歷史與歷史學》(Tubingen: Gunter Narr Verlag, 1983)，頁23。

學根本可不可以納入新領域之中。在魯瑟福的《共富》
(1973)裡，威爾斯批評家湯馬斯(Ned Thomas)堅持應將英國
納入，但理由與過去大異其趣。在〈桑德斯‧路易斯介紹〉
(An Introduction to Saunders Lewis)中，他──在這個次學門
史上頭一遭──提出英國「國內殖民主義」的問題，以及威
爾斯或愛爾蘭文學是否和逐漸浮現的非白人的國協文學一
樣，可以視爲原型民族文學。不過，湯馬斯立論雖然有力，
整個大趨勢卻是逐漸將英國文學完全排除在研究之外。這趨
勢愈是發展，英國本位的批評家，像傑佛瑞斯，就愈開始喪
失他們擺布這個領域的力量，「國協」文學研究也愈來愈重
構自己，成爲「後殖民」批評的一支。

　　1970年代中期以後，其他發展協助這場轉化迅速發生。
首先，是廣泛重估殖民歷史，於是批評家愈來愈尖銳質疑官
方所說帝國主義帶給前殖民地的助益；早期的「國協」文學
研究，多多少少都隱然取資於這類官方說法。值得一提之作
包括羅德尼(Walter Rodney)的《歐洲如何使非洲低度開發》
(How Europe Underdeveloped Africa, 1972)，與清維朱的《西
方和我們其他人：白人掠奪者，黑奴，及非洲精英》(The
West and the Rest of Us: White Predators, Black Slaves and the
African Elite, 1975)。其次，「國協」文學研究的早期表述方
式的意識型態基礎受到重估，開始將這些表述方式詮釋爲新
殖民主義一種或多或少明明白白的企圖，亦即企圖重構西方
在形式上去殖民化以後的文化權威。上述兩種發展到1975年
時，開始影響愈來愈多白人國協批評家的著作，後來一次國

協文學會議的內容集子，即梅斯-耶里奈克的《國協文學與現代世界》(*Commonwealth Literature and the Modern World*)，可以為證。例如，編者前言就引申哈里斯在書中所收論文裡提出的問題，也就是處理文化差異與交流的議題時，「沾沾自得的『人文主義』取徑裡帶著下意識的成見」[82]。主題演說仍然由傑佛瑞斯擔綱，再度肯定他十年前在普雷斯《國協文學》裡提出的要素，但是，梅斯—耶里奈克使人真正意識到，新學門在方法論與政治關連上已經出現一場典範轉移，尤其主導編者的主要不是傑佛瑞斯對未來的信心，而是哈里斯的焦慮。

　　澳洲人提芬是一位具有代表性的「國協」批評家，其著作在方向與重點上的改變(和帕瑞大約同一時期在「帝國文學」領域裡的改變可以並觀)，是上述發展所帶來的衝擊的一大指標。在里門史耐德的《國協文學的歷史與歷史學》(1983)裡，她如此為「國協」文學研究辯護：「這把隱然存在的比較之『傘』，其價值是可以證明的，我想，這一點足以駁斥有些人的說法，他們指責國協文學研究是一門以一個政治上過時的東西為基礎的虛假學問。[83]」然而就在同一篇論文裡，「國協」一詞與「後殖民」一詞已有含意深遠的移位，在她後來一部著作裡，前者大致消失了。但是，就像繼薩依德之後流行於西方學院的殖民論述分析，這種重新取向

82　梅斯・耶里奈克編，《國協文學與現代世界》(Brussels: Didier, 1975)，頁7。

83　提芬，〈國協文學〉，《國協文學的歷史與歷史學》，頁19。

並非沒有其本身的窒礙。艾希克洛夫特、葛瑞菲斯及提芬自己合編的《後殖民研究讀本》（*The Post-Colonial Studies Reader*, 1995）就有個值得一提之處，亦即書中所收論文有三分之二是來自前「白人」自治領的批評家手筆，所關心的則是——至少首先是——導源於那些特殊環境裡的文化問題。這種情況，是認為澳洲與加拿大文化在許多真正有意義的層面上等同於前歐洲帝國轄下的非白人地區的文化，不但令人對這種等同的正當性引起許多疑問[84]，甚至可能代表著一個將後面這些地區的關懷被微妙邊緣化的過程。

由安娜·魯瑟福《從國協到後殖民》（1992）的書名，可以清楚看出「國協」這個範疇被包含於後殖民領域的程度——這無疑也是國協作為一個政治集合的重要性在晚近幾年逐漸消退的結果。

「國協文學」這個範疇的威望式微了，「國協」文學研究這個學術領域跟著式微——至少其早期的表述逐漸式微。一批原先可能被視為適合納入這個領域的作家，對這領域採取敵意，加速了式微。甚至早在1960年代，費南多（Lloyd Fernando）、布雷斯（Clark Blaise）及奈波爾（V. S. Naipaul）這些彼此非常不同的作家就已拒斥「國協」作家這個標籤，比較晚近的一些作者也極力拒斥，最值得一記者當推盧 西迪1983年的〈國協文學不存在〉（Commonwealth Literature Does Not

---

84 例如，在《殖民論述與後現代理論》裡，Williams與Chrisrman說，將前白人自治領的文化視為後殖民文化，是沒有正當性的（頁4）。史畢瓦克對此事態度曖昧，《後殖民批評家》裡有證據。

Exist)一文。這個範疇也受到阿馬德等批評家攻擊，他認為這裡面有個新殖民的文化企圖，基本上是由英國海外文化協會(British Council)居間中介，文化協會力圖繼續設置，背後就是新殖民的文化方案。阿馬德的結論是：「有人竟然以為『國協文學』存在，這就是這個範疇不對勁的根源。[85]」

不過，這個領域的觀念，以及其傳統名號(例如，《國協文學期刊》1965年創刊，至今名稱未改)，仍然繼續獲得很多人效忠。在《國協文學的歷史與歷史學》裡，里門史耐德為「國協」文學研究的比較方法辯護，認為比較法勝於只集中於為個別民族文學的本質進行理論工作，理由是後面這種作法導至美學範疇被意識型態範疇取代，這種辯護，也有很多人認為有說服力。比較晚近一點，布來頓充滿信心批評巴巴在《被當成奇蹟的徵象》(1985)裡對新學門的抨擊，其說頗有道理：「巴巴將國協文學與歷史的所有從事者籠統一概視為刻板地民族主義、擴張主義和說教，指控他們壓制特殊性，又否認他們有特殊性，而且什麼證據也不提出來支持他的說法。[86]」的確，就如我在前言裡說的，賦予這個次學門以新的正當性的是薩依德，雖然帶著一個警告，說原有的模型是許多互補的文學構成一首和諧的交響曲，現在那個模型必須換成一個由「無調性合奏」(atonal ensemble)的觀念所代表

85　阿馬德，〈《東方主義》之後〉，《理論上》，頁211。
86　布來頓，〈國協？共貧？〉，《歐洲之後》，頁1。請比較她就蓋茲對「國協」文學研究所作抨擊的評論。她認為蓋茲的抨擊和巴巴一樣模糊。

的典範[87]。劍橋大學目前籌募基金成立一個「國協研究」中心，文學批評將在裡面扮演一個可觀的角色。說來諷刺，和這件事關係最密切的是邱吉爾學院，就是索因卡1973年受到尷尬奚落的學院。「國協」文學研究始於西方，卻被後殖民的分析模式加以重新取向，上述發展是不是針對後殖民分析模式的成功而來的一場相對革命，拭目以待。

87　薩依德，Figures, Configurations, Transfiguration,見 Rutherford，《從國協到後現代》，頁16。關於薩依德通融「國協」文學研究，阿馬德的尖刻評語可以取來比較。〈《東方主義》之後〉，《理論上》頁211-213。

二
薩依德：《東方主義》

　　後殖民理論最初以薩依德《東方主義》(1978)的形式浮現，必須放在前章所述的學院文學／批評網絡裡觀察。薩依德的重要性，起初被認為來自他把和某幾種法國「高理論」相連的批評方法中介到1970年代的盎格魯撒克遜學院世界。此外，《東方主義》首啓先例，將這些分析模式一貫地應用於英語世界的文化史與文本傳統。明確一點來說，《東方主義》轉用這個新理論的要素(在某些方面，這新理論既挑戰，又強化了比較老的馬克思主義傳統)來研究西方文化與帝國主義之間的關連，而提出一個論點，說所有西方的文化描述系統都被薩依德說的「權力的政治、權力的考慮、權力的地位、權力的策略」[1]深深汙染。《東方主義》堅持不懈地強調西方的再現模式和知識，與西方的特質與政治權力之間的關係。早期中心都會研究帝國文學的取徑，以及研究去殖民化地區新文學的取徑轉化成今天所知的後殖民研究領域，《東方主義》有決定性的推促之功。然而同時，薩依德也發揮種

1　薩依德，〈東方主義再思考〉，頁15。

子作用，首開先河，將種族、帝國及族裔問題逼向「高理論」，點出高理論在文化方面有共犯身分，甚至也是種族中心思考方式的共犯。楊格在《白人神話》裡說：

> 英美知識分子撥用法國理論，有個特點，與汙點，是一貫地刪掉歐洲中心主義及其與殖民主義的關係。一直到薩依德的《東方主義》，此點才成為英美文學理論的重要議題[2]。

所以，薩依德的文本協助第一章最後兩節描述的次領域重新取向，我們再怎麼強調他的文本的衝擊，都不算高估。如布里斯托(Joseph Bristow)的《帝國男孩》(*Empire Boys*)所言，對「多數白人學院人士」來說，關於後殖民性的辯論是從薩依德開始的[3]。巴巴與史畢瓦克也自承受益於薩依德甚大。例如，巴巴的〈後殖民批評〉(1992)肯定「《東方主義》開創後殖民領域」，史畢瓦克同樣盛稱此作是「我們這個學門的始源書」[4]。這些稱讚，意指薩依德這部著作為許多後來者提供了一塊跳板。例如，楊格在《白人神話》裡對西方

---

2 楊格，《白人神話》，頁126。

3 布里斯托，《帝國男孩：在一個大人世界裡的探險》(*Empire Boys: Adventures in a Man's World*)，London: Routledge，頁3。

4 巴巴，〈後殖民批評〉，Greenblatt與Gunn，《重新劃界》，頁465；史畢瓦克，〈教書機器裡的邊緣性〉(Marginality in the Teaching Machine)，《局外於教書機器之中》(*Outside in the Teaching Machine*, London: Routledge, 1993)，頁56。

歷史學(特別是其馬克思主義化身)的批判，就根源於薩依德，
薩依德說他有心改正西方那種「將非同時性的發展、歷史、文
化及民族都加以同質化並包納進去的世界歷史圖式」[5]。我在
第四章將會證明，巴巴到1988年左右為止的論文，至少有一
部分可以理解為努力發展薩依德對殖民關係裡的心理影響與
認同問題的處理，這些問題，《東方主義》提出而未詳論。
當然，這類著作往往是帶有修正意圖的；例如(我在下章將會
更詳細談這一點)史畢瓦克最重要的單篇論文可以說是1988年
的〈底層人能說話嗎？〉(Can the Subaltern Speak?)，在相當
大程度上可以視為試圖將薩依德在《世界，文本及批評家》
(1983)裡對傅柯與德希達的批判倒轉過來。不過，要點是，
最經常為後殖民領域裡接下來的辯論設立參考標準的，是薩
依德。

　　就是基本上敵視薩依德者，如麥肯齊或阿馬德，也承認
《東方主義》發生種子作用，這文本的影響必須解消，才能
發展出他們認為堪當重任的分析模式來處理文化與(新)殖民
主義之間的關係。因此，阿馬德在《理論上》試圖提出馬克
思主義，認為在這類問題的研究上，馬克思主義才是成果最
豐富的架構，然而全書卻用最長的一章來分析《東方主
義》。而且，阿馬德雖然對薩依德多所辯難，也沒有能夠輕
易逃脫薩依德那種思考的影響。《理論上》的批判，其力量
在相當大程度上來自他批評薩依德在一個學院架構內部的特

5　薩依德，〈東方主義再思考〉，頁22。

權地位，阿馬德認為，這是一個瑕累，因為在當前國際分工的再製上，西方學院是共犯。然而此說雖然以薩依德之矛攻薩依德之盾，卻再現了薩依德一些論點的鋒銳[6]。因為，《東方主義》最值得注意與最新穎的層面之一，至少以《東方主義》問世時的英美脈絡而論，是薩依德繼續不斷堅持西方學術與學術機構的政治和物質影響，以及它們和外在世界的關連。按傳統自由主義的理解，人文科學追求「純粹」或「非關利害」的知識，薩依德拒斥這種理解。他認為人文科學深深和權力的運作與技術彼此連帶，因為所有學者(與藝術家)都有其特定的歷史、文化與建制上的關連，而終究來說，這些關連都受在其社會裡居於支配地位的意識型態與政治規則宰制。因此，薩依德認為，「研究理念、文化與歷史，而不連帶研究其力(force)，或者，更精確地說，其權力狀貌，就不能算是嚴肅的研究」[7]。

提出這些論點時，薩依德主要援用兩種方法學，即傅柯與葛蘭西。至少就薩依德的早期著作來說，對他比較重要的影響大概是傅柯。東方主義在兩大方面追隨傅柯；第一個是

6　阿馬德對薩依德入室操戈。最先將後結構主義在西方學府裡的成功，與新右派在雷根治下得勢拉上關連的，不是阿馬德，而是薩依德，首先指責西方學府將被壓迫民族的物質鬥爭馴化為「理論」者，也是薩依德。是薩依德〈世俗批評〉(Secular Criticism)，《世界、文本及批評家》(1983；London: Vintage, 1911)，頁4；關於前一點，見Imre Salusinszky，《社會中的批評》(*Criticism in Society*, London: Methuen, 1987)，頁4，薩依德接受訪談；關於第二點見薩依德，〈旅行中的理論〉(Traveling Theory)，《世界、文本及批評家》，頁226-247。

7　薩依德，《東方主義》，頁5。

它對權力本質及其如何運作的觀念。眾所周知，傅柯認爲權力不只是一種單單以壓制爲基礎，甚至不是(後)啓蒙運動(西方)社會裡以司法制裁爲基礎的一種力，也不是一種像金字塔般從頂端的王室或國家之類建制往下滲的東西。在《性史》(*The History of Sexuality*, 1976)裡，傅柯不取他所說的「壓制性假設」(repressive hypothesis)[8]，而是將權力視爲一種「不具人格」(impersonal)的力，透過多重地點與管道而運作，建構成他所說的「教牧」式(pastoral)體制，透過此一體制將其臣民「重新賦形」(re(-)form)，藉此控制他們，使他們變成權力的對象而遵守他們在社會體系裡的位置。他以一系列研究來證明這項命題，深入心理／性領域，懲罰制度，以及環繞瘋性與理性的論述。在所有這些領域裡，權力的關鍵工具都是「知識」。從這些個案研究，傅柯發展出一項有力的論證，將一切形式的「知識意志」[9]，一切對「他者」或邊緣的文化再現模式，或多或少明明白白關連於權力的施展。第二，薩依德取用傅柯另一論點，亦即「論述」(discourse)——構成權力，以及權力用以施展的媒介——「建構」其知識的對象。傅柯在《規訓與懲罰》(*Discipline and Punish*, 1975)裡說，論述「產生現實；論述產生對象領域與眞理儀式[10]」。在

8　傅柯，《性史》(The History of Sexuality)卷 I，Robert Hurley 譯 (1976，Harmondsworth: Penguin, 1981)，頁10

9　同書，頁12。

10　傅柯，《規訓與懲罰：監獄的誕生》，Alan Sheridan 譯 (1975，Harmondsworth: Peregrine, 1979)，頁194。

薩依德著作裡，銘刻於東方主義中的紀律權力的體制於是將「眞實」的東方轉化成論述的「東方」，甚或以後者取代前者。

　　不過，傅柯與薩依德之間還是有些重要的不同，特別是有關意圖(intention)方面，以及在反抗支配者的形式與可能性方面。在這些層面，薩依德開創對西方方法學的「誤讀式」(catachresis)解讀，成爲許多後來的後殖民理論的一個識別特徵。依傅柯之見，在某種意義上，權力是一套匿名的關係網絡，這網絡只有在它試圖以一切可能的手段將自身極大化時，才有「策略」可言。政府——舉例而言——只是其代理人，而非其作者(當然，對於傅柯，個體——包括作家——只是他們在其中運作的那些體系的「功能」，而不是傳統人文主義所想的主權行動者)。薩依德的看法相反，西方對非西方世界的支配並不是什麼隨意而然的現象，而是一個有意識，有目的，既由制度機構支配，也受個體意志與意圖左右的過程。此外，至少在理論上，薩依德保有一個關於個體能力的觀念，認爲個體有能力規避居於支配地位的權威的拘制，以及這權威在文化再現上的規範性「檔案」：「我獲益於傅柯甚大，但我和他不同，我相信個別作家對構成東方主義這樣一個本來可以說沒有名字的論述形構會留下決定性的印記。[11]」因此，薩依德很明顯重新銘刻了一個行動與意圖的模型，這模

11　薩依德，《東方主義》頁23；比較傅柯，《語言、反記憶、練習》(*Language, Counter-Memory, Practice*)，Donald Bouchard 譯 (Ithaca: Cornell Universily Press, 1977)，頁137-142。

型不只汲源於馬克思主義，也汲源於一個人文主義傳統，從
他對奧爾巴哈(Erich Auerbach)等學者盛讚有加來判斷，他對
這人文主義傳統是深情依舊的。

　　薩依德嘗試將傅柯思考的這些層面與義大利馬克思主義
者葛蘭西的著作綜合起來，認爲文化的(再)生產——「人文
主義」研究與小說寫作只是這生產的一部分，雖然是一個重
要部分——與比較明顯而「公共」的政府及法律之類權力中
介者並駕運作，使階級之間形成一套層系關係。和傅柯一
樣，葛蘭西看來比較關心的不是壓制性的國家權力機器，而
是市民社會如何透過教育與文化實踐之類管道來取得下屬(或
「僚屬」)部門的同意。因此他說，「我們不應該只算到權力
爲了發揮有效的領導而使用的物質力」[12]。(提出此點後，葛
蘭西也警告不要「忽視政治社會、力量、支配的重要」[13])。
葛蘭西對支配動力學的觀念化，對《東方主義》啓發頗多。
例如薩依德說：「至此爲止，我一直在談東方主義的持久與
力量，給東方主義持久與力量的就是霸權，或者應該說，文
化霸權的結果。」[14]

　　權力透過文化關係的「市民領域」這個媒介而運作，薩

12　葛蘭西，《葛蘭西獄中箚記選》(Selections from the Prison Notebooks
　　of Antonio Gramsci), Quintin Hoare 與 Geoffrey Nowell、Smith 編與譯
　　(London: Lawrence & Wishart, 1971)，頁59。
13　同上，頁207。
14　薩依德，《東方主義》，頁7。《文化與帝國主義》的〈帝國與世俗
　　詮釋的關係〉(Connecting Empine to Secular Interpetation)頁56-57，再
　　度承認受葛蘭西啓發。

依德將焦點置於這個媒介上，落實他嘗試為傅柯與葛蘭西所
做的綜合。更特定而言，《東方主義》的急迫目標是要暴
露，在西方以物質與政治使非西方世界屈從的漫長歷史裡，
西方的知識系統與再現系統涉入其中的程度。薩依德特別關
心西方與東方之間的關係，以及在這關係裡擔任中介角色的
論述——這論述，他名之為東方主義。薩依德的「東方主
義」一詞，在他取用之前，此詞主要出現於兩個脈絡之中。
第一個脈絡是，此詞原本用來描述東印度公司的官員，這些
官員反對1820年代到1850年代擁有主導影響力的麥考萊(T. B.
Macaulay)與班丁克(Lord Bentinck)等激進西化派所代表的方
案[15]。這些反對西化派「英國主義者」(Anglicist)的人，與
1780到1830年在印度工作，以「東方主義者」(Orientalist)知
名的學者關係密切。至少在薩依德的文本出現以前，這些學
者一般被理解成熱心印度文化與學問的人，是文化相對主義
者，承認西方對東方文明有種種虧欠[16]。

　　據薩依德看來，主要問題不在於這類學術對東方文化的
認同是否共鳴同情，而在於(他認為)終究而論，西方所有關
於東方的論述都被那股要支配東方領土與民族的意志所決

15　關於此一歷史背景，Gauri Viswanathan有出色的說明，《征服的面
　　具》(*Masks of Conquest: Literary Study and British Rule in India*, New
　　York: Columbia University Press, 1989)。
16　對東方主義者較為同情之見，可看David Kopf，《英國東方主義與孟
　　加拉文藝復興：印度現代化的動能1773-1835》(*British Orientalism
　　and the Bengal Renaissance: The Dynamics of Indian Modernization 1773-
　　1835*, Berkeley: University of California Press, 1969)。

定。薩依德認爲，殖民領域裡的知識追求不可能是「非關利害」的，第一，因爲這追求是建立在一個不平等的文化關係上，第二，因爲這類知識，無論是關於被殖民者的語言、風俗或宗教的知識，一貫都被拿去爲殖民行政服務。從這個角度看來，連威廉‧瓊斯爵士（ Sir William Jones）那種學術，追根究底而言，也表現了一股「要了解，在某些情況下，要控制、操縱一個明顯不同(或另類與新奇)的世界的意志或意圖」[17]。爲了支持他的論點，薩依德分析許多學者與作家，主要是十八世紀至目前，曾受雇爲帝國行政人員或顧問者。薩依德繼踵華爾登堡(Jacques Waardenburg)等前人之作而增益之，證明西方的文化描述、再現及學術文本，與殖民地的管理、監控制度及管理、監控技術之間每每有其親密的關係。因此，薩依德結論說，貝爾(Gertrude Bell)、勞倫斯(T. E. Lawrence)及菲爾比(St John Philby)等人物雖然彼此不同，但都「由於他們對東方與東方人的親密、專家知識，而到東方任職，當帝國的特工⋯⋯政策設計者。」[18]

　　據薩依德所見，東方主義(以他使用的詞義)是爲西方對東方的霸權服務而運作的，基本方式是在論述上產生一個比西方低劣的東方，這種策略強化──的確，部分甚至可以說建構了──西方自認是比較優越的文明的自我意象。其主要作法，則是透過一套具現於刻板體制中的二分法再現系統，

17　薩依德，《東方主義》，頁12。
18　同書，頁224。

先區別東方與西方，然後認定東方與西方各具本質，目標則
是造成一種僵硬的，歐亞有別的意識。結果，東方主義論述
裡的東方，特性是沒有聲音、感官、陰柔、專制、非理性、
落後，不一而足。相形之下，西方被再現爲陽剛的、民主
的、理性的、道德的、能動的、進步的。這套刻板的體制也
不是永遠或必然以如此浮誇否定之詞呈現東方。薩依德指
出，西方有時也誇讚東方的精神性、長命與穩定。但薩依德
形容這些特質被「高估」，他認爲，銘刻於這類母題中的見
地和負面之見一樣曲解，最主要也同樣是西方對東方的投射
而產生的。

　　薩依德列舉紛繁多樣的西方再現之作，來說明這些再現
模式及其所銘刻的權力關係。薩依德的探討，地理範圍極
廣。《東方主義》基本上以西方與中東伊斯蘭世界的關係爲中
心，而廣及東方世界其他相當多部分，有時暗示書中的論點可
以應用於整個被帝國主義化的世界。以他所含蓋的知識與再現
領域而言，薩依德也頗具雄心。在這方面，他如此描述他文本
的範圍：「我立意要檢視的不只是學術著作，還有文學作品、
政治文字、新聞文本、遊記，及宗教與哲學研究[19]。」《東方
主義》起初處理這些林林總總領域與英國和法國的帝國歷史
的關係，接著探討它們對美國所監控的當代新殖民全球秩序
的影響。但薩依德所作探討的歷史範圍甚至還更全面，從美
國在1970年代介入伊斯蘭地區，一直往回探討到古典希臘時

19　同書，頁23。

代，及雅典與波斯的衝突。在這方面，我們必須記住，《東
方主義》「只是」一套三部曲的第一部，另兩部是《巴勒斯
坦問題》（*The Question of Palestine*, 1979）與《報導伊斯蘭》
（*Covering Islam*, 1981）。這兩部著作以令人信服之筆，說明
《東方主義》裡分析的歷史論述繼續不斷影響著西方當前與
中東的交涉。

　　薩依德的論點，力道萬鈞，而他在西方文化形構三個看
似彼此有別的層面之間揭露了親密、同質的關係，更加強他
論證的力量。第一，東方主義指古典時代以來西方論述對東
方與東方民族的再現，這些是首要、基本的再現，西方對東
方的「知識」具現於這些基本的模式與比喻之中。第二，
「東方主義」指這些比喻的構思與呈現「風格」，這「風
格」，薩依德似乎意指某種比表面的修辭或傳統更深層的東
西──也許喚起更多關於政治定位與道德態度的問題。第
三，東方主義指那些將上述基本再現方式加以精緻化、評論
及流通的學術體系。此外，由薩依德強調知識與權力的關係
密不可分看來，東方主義有時似乎也包括至少十八世紀以來
使東方屈服於西方的那些物質結構與過程──軍事的、政治
的及經濟上的。東方主義的形構的每個層面都是彼此補強
的。有軍事征服，就有新的民族與文化可供研究。這研究使
霸權能夠被證實或延伸，方式是──例如──為霸權提供有
關屬民風俗習慣的知識，而這又形成行政政策與行動的基
礎。同時，被殖民者的「基本」再現──例如哈加德（Rider
Haggard）與吉卜林的小說──流通於都會，而助長人們支持

對被征服領土的干預，或助長人們支持將被征服的領土進一步西化。

《東方主義》裡的矛盾

　　《東方主義》問世五年左右，書中的論點大致無人提出爭議——足見其建構內涵的力量與原創性，或者，足證讀者對全書的建構方式何其不熟悉。然而不可避免地，1980年代初期開始出現批判。這些分析逐漸深入，到1980年代末期，不僅薩依德在《東方主義》裡對個別作家或學門的詮釋受到質疑，連其文本的前提——政治上與方法論上的——也受到懷疑。薩依德自己為這些挑戰助勢，從根本上重新思考《東方主義》裡衍釋的，對殖民論述分析的取徑。如前所言，甚至在《東方主義》中，薩依德雖以傅柯之徒自視，卻決非不帶批判性。傅柯的方法論是《東方主義》裡一個非常顯著的特徵，但〈文本性的難題：兩個可為例子的立場〉（The Problem of Textuality: Two Exemplay Positions）一文，與《東方主義》同年發表，文中就顯示對傅柯方法論一些層面的不滿。此文的修訂版取名〈批評：文化與體系之間〉（Criticism Between Culture and System）(1983)，薩依德離棄論述理論，更加決斷。在1985年的〈東方主義再思考〉，1986年的〈傅柯與權力的想像〉（Foucault and the Imagination of Power），及1993年的《文化與帝國主義》裡，薩依德——至少在理論上——更進一步離開《東方主義》中衍釋的傅柯視角。同樣

地，《文化與帝國主義》繼續向葛蘭西這位具有種子意義的現代思想家致敬，但《東方主義》裡發展霸權論點，以之爲中心論點，這論點在《文》裡已不再佔有那麼核心的位置。

　　1990年爲止這段時期出現的《東方主義》評論，累積地暴露書中論點種種根植甚深的矛盾。所以有這些矛盾，主要的解釋是，薩依德企圖取馬克思主義的文化理論傳統，其實在主義的認識論，與認爲權力是壓制之具並代表一定的物質利益的傳統看法，又取傅柯理論，特別以論述與語言爲決定社會現實的首要因素，並認爲權力在其「社會利益」方面是「去中心」、「不具人格」且武斷的，兼綜運用。其次一個矛盾模式，是一項與此相關而不對稱的企圖：薩依德將傅柯的反人文主義與奧爾巴哈所代表的傳統人文主義學術送作堆（《東方主義》盛讚奧爾巴哈是二十世紀西方學者的範式），然後又配上葛蘭西，在意圖—代理人及抵抗支配者的可能性等問題上，葛蘭西占的是一種居間的位置。在阿馬德的《理論上》之前，對《東方主義》最有影響力的批判出自波特（Dennis Porter）、克里佛（James Clifford）及楊格之手，在他們眼中，薩依德未能綜合或諧調這些各自有其自身認識論、社會價值觀及政治認定的文化分析方法，克里佛在《文化的困境》（*The Predicament of Culture*, 1988）說，這導至薩依德的論式中心有一個無時不在的詮釋短路[20]。

20　James Clifford，〈論《東方主義》〉（*On Orientalism*）、《文化的困境》（*The Predicament of Caltnre*），頁26。另見楊格，《白人神話》（*Disorsenting Orientalism*），頁119-140，及波特重印於威廉斯與克萊

這些短路可以綜述如下。首先，《東方主義》討論論述上的東方主義和帝國主義的物質實踐與政治之間的關係，有時出現根本的矛盾，這矛盾即導源於他試圖消除兩者之間的區別。一方面，他說，西方的東方學術傳統及其再現東方的傳統先於，甚至決定了對東方的擴張，例如爲拿破崙侵略埃及奠下基礎。但他在別處又說，後者決定前者，因此「現代」法國東方主義導源於因拿破崙之遠征而可得的新知識。這個問題至終沒有解決，就像《東方主義》與之相連的認識論裡更深層的矛盾至終沒有解決。有時候，薩依德追隨論述理論的邏輯，堅持東方主義所建構的東方與其說是客觀或可靠地再現「實在」的東方，不如說是一個基本上屬於想像或建構出來的空間。另一方面，薩依德也聲稱，西方事實上一貫地將東方做成錯誤的再現，也就是說，他隱然以唯物主義的方式，視東方爲一個實在的地方，獨立於並且先驗於西方的再現。據此角度，東方主義論述就必須理解爲傳統馬克思主義意思裡的一種意識形態知識形式；理論上，改變對東方的意識，就能改正這知識形式。

　　《東方主義》第二個重大的方法論窒礙，出於薩依德自己的立場，亦即他是他所分析的那套體系的批評者。傳統的人文主義批評有個前提，說批評者能置身他所分析的「文本」或論述領域之外，從而對該文本或論述領域提供「非關利害」的解述。薩依德每每強烈否認這一前提。同時，在實

斯曼《殖民論術與殖民理論》，頁150-161。

踐上，薩依德一貫能夠逃脫他所批評的那套無所不包的體系的拘限，但他自己就是那套體系裡的人——西方學院在（新）殖民形式的知識生產裡是共犯。此外，他又能就西方再現東方的歷史提出「客觀」且「信實」的批判。薩依德進據這麼一個超脫體系的得天獨厚空間，部分途徑是訴諸傳統人文主義論點來觀照他自己作爲一個流亡者的「親身體驗」，以及訴諸批評家在他的文化裡占有一個「敏感節骨眼」的觀念[21]——這樣的形構置於李維斯（F.R. Leavis）之類批評家著作之中，也不會格格不入。更大的問題，出在薩依德視東方主義爲人文主義一「系」[22]，同時卻提議重構人文主義，用以超越東方主義那種徒滋窒礙的二律背反與本質論識見，而且他屬意的重建版人文主義，其概要已經預示於一些東方主義者的著作之中。

　　薩依德要人文主義，而且汲源於葛蘭西，卻又反人文主義，這之間的矛盾，在《東方主義》最糾雜的方法論窒礙裡顯示最尖銳。問題出在薩依德所說的「隱性」東方主義和「顯性」東方主義之分。這種二元式分析區分，令人想起一些本質上屬於結構主義的批評模式。馬克思主義的文化分析，傳統上即以底層與上層結構的關係爲樞紐，佛洛伊德的心理分析以意識與無意識的關係（在夢的詮釋中也講「隱性」與「顯性」內容）爲主軸，索緒爾的語言學系統則以語

21　薩依德，《東方主義》，頁15。
22　同書，頁254。

(langue)與言(parole)的關係為中心。在薩依德的圖式裡，「隱性」指東方主義的「深層結構」，其中涉及政治勢位與權力意志，薩依德認為這些是論述裡的恆在因素，「顯性」意指「表面細節」——個人的訓練、文化工作、學者，甚至民族傳統。薩依德的策略論證，其力量大致出自證明東方主義的前一層次是決定力量，壓過後一層次，然而書中並非如此。由此可見，關於東方主義的潛在權力意志到底有多大的決定力量，薩依德的思考裡每每有一股根深柢固的緊張。

　　薩依德試圖將「隱性」與「顯性」東方主義的關係加以理論化的時候，這些矛盾出現於最基本層次上，亦即東方主義的文本應該如何解讀，他自己的看法就依違不定。他將焦點置於「顯性」東方主義時，經營一種以細讀個別文本為主的解讀策略，以突顯個別作家。

> 身為學者，最引我興趣的不是那粗巨的政治真理，而是細節，藍尼(Lane)、福樓拜或雷南(Renan)令我們感興趣的，不是西方人比東方人優越這個(他認為)不爭的真理，而是他在那項真理開啓的廣大空間裡加上細節，透過深刻經營與矯揉加工的作品所提供的證據[23]。

　　然而，薩依德強調他所說的「隱性」東方主義的時候，卻主張切當的讀法「不是分析隱藏在東方主義文本裡面的東

23　同書，頁15。

西，而是分析文本的表面……這個要義無論如何強調，我認為都不算過分」[24]。在實踐上，這些論點造成巨大窒礙，因為按照薩依德的提法，這兩種讀法是二者擇一，而不是彼此辯證相連。我們這就碰到了非此即彼的僵硬抉擇。例如，我們讀吉卜林，是只要看他如何反映了在他那個時代裡居於支配地位的人種誌、人類學及政治思想，如何強化了早先小說就次大陸所做的再現裡對印度的看法，還是看他如何以「獨一無二」的個人風格與識見質疑，甚至挑戰當時居於支配地位的帝國主義意識型態與固有的帝國主義書寫傳統？薩依德在觀念上始終未能好好解決東方主義的「隱」、「顯」層面的關係。薩依德對論述進行分析，在說明好些主題議題時每每出現根本上的矛盾，這的確是部分原因。

　　然而，相對於波特、克里佛、楊格等批評家，我認為《東方主義》論證內部那些每每深刻的弔詭，甚至混淆，其首要來源並不是薩依德抱持了無法相容的認識論立場與方法論程序，雖然這些無疑也是要點。我認為它們基本上導源於薩依德一項往往有些衝突而且未能持穩的認知，亦即殖民論述在運作、目標及情感上其實是有歧裂的。薩依德認知到東方主義本身有分裂，這認知在他的文本一開頭就顯露出來，那段文字說「歐洲文化將自身與東方對立起來，從而增強自己的力量與身分，被如此對立的東方有如一種代理者，甚至

24　同書，頁20。

是一種地下的自我(underground self)」[25]。這是一個有點令人混淆的表述;一方面,文中似乎暗示西方有意識地將東方界定於它自身之外,將東方界定為與它自身根本不同,是他者(Other);另方面,文中顯然將東方的位置放在西方內部,是西方自身體質與身分的一個不能或缺的部分,雖然大致上是一個未獲承認的部分。西方與東方之間的關係始終是一種衝突的關係,你無論偏愛何種詮釋,確實都會發現薩依德構思中的西方是分裂的——有如心理學上的意識與無意識。

薩依德承認西方對非西方所做的再現內部有個二律背反,這認知在他文本裡其實自始至終一再出現。例如,在「隱」、「顯」東方主義這項基本區分之外,他還區分由「文本態度」(textual attitude)與對東方的「親身體驗」所產生的兩種不同論述。《東方主義》將近收尾之處,薩依德並且提出東方主義論述中有他所說的「識見」與「敘述」之間的緊張(這是一項特別重要的識別,我將在下文再談)。在另外一處,他區別了他所說幾種東方主義論述中的「科學的」態度,與其餘東方主義論述所特有的「審美」取徑。另外一些時刻,薩依德——如前所示——點出東方主義有意識的目標、意志或意圖,與他所說殖民形構中「彼此牽連的欲望、

25　同書,頁3,比較傅柯《事物的秩序:人類科學的考古學》(*The Order of Things: An Archaeology of the Human Sciences*, 1996; New York: Vintage, 1973),書中宣布「他者……同時是內在與外來的」(頁 xxiv)。

壓抑、投資及投射」之間的衝突[26]。上述各組二元對立的第一項與第二項是彼此衝突的，產生了彼此非常明顯不同的再現東方模式。這又指向一個直貫整個論述歷史並橫貫各種知識領域的一個無時不在的內在不諧，薩依德這個領會爲巴巴等人的後起之作奠下基礎。

　　薩依德認知到殖民論述的內在衝突，這認知局部反映出《東方主義》在一個更大的問題上支支吾吾，這更大的問題就是「外顯」或「表面」東方主義在多大程度上被「潛藏」或「深層」東方主義決定。但是。這證據也表示早期對《東方主義》的批判需要第二個修正。這些批判雖然認爲《東方主義》在方法上充滿衝突，但在主題層次上，則大多認爲薩依德自己對東方主義的見解由於將一切同質化、全體化，因而複製了他所批評的論述作法。例如，楊格在《白人神話》中聲稱，對薩依德，居於支配地位的論述，其內部的衝突「只可能起於局外批評者的干預，這局外批評者是一個浪漫的疏離者，像拜倫筆下的曼福利德(Manfred)那樣和宇宙的全體性博鬥」[27]。我不作如是觀，我要提出一個論點，亦即薩依德一方面認知殖民論述的異質性，一方面又深信殖民論述本質上是連貫的，他在兩者之間依違不定。

　　關於東方主義是不是統貫一致的論述，薩依德的第一個重大自我齟齬導源於一項事實，亦即這論述是許多不同民族

26　薩依德，《東方主義》，頁8。
27　楊格，《白人神話》，頁135。

文化所生產的,特別是英國、法國與美國。他堅持「潛含」
的東方主義最重要,這堅持有時候導致他淡化各種不同民族
文化之間的差異。例如,十九世紀法國與英國東方主義,與
一個世紀以後的美國東方主義之間,有時候似乎就變成沒有
什麼區分;薩依德提議將這一切視爲「一個單元」。於是,
美國興起成爲超級強權的物質和政治環境雖然大大不同於早
先的強權,薩依德還是認爲自昔至今,使西方繼續支配東方
的是根本上一脈相傳的同一套知識體系。到這裡爲止,對薩
依德的指控是可以成立的,他將發出東方主義論述的不同地
點同質化,壓抑西方帝國主義內部各種文化之間重要的文
化、地理及歷史差異。在這方面,的確可以說,殖民論述有
將所有臣屬民族同質化的傾向,但薩依德影射所有實行殖民
的文化「全都一樣」,自己卻也重蹈此一傾向,只是方向反
過來。

　　波特在〈《東方主義》及其問題〉(Orientalism and Its
Problem)一文裡說,各國產生的帝國論述之間的分別,以及這
些論述所產生的再現模式之間的紛歧,都遠比薩依德所認識
的要大。他沒有詳細探討這個論點,但後來莉莎・羅伊(Lisa
Lowe)在《批評之境:法國與英國的東方主義》(1991)裡做了
實質深入的討論。此書證明法國與英國的東方主義之間的變
異比薩依德所承認的要更顯著得多,如果將目光投向占去
《東方主義》大部篇幅的十九世紀歷史這個相對狹隘的領域
以外,更是如此。羅伊將瑪莉・渥特里・曼特古(Lady Mary
Wortley Montagu)、佛斯特(E. M. Forster)、福樓拜、羅蘭、

巴特這些彼此頗有差異的作者加以比較，說明各國傳統非但
有其不同風格，也有不同的關心主題。此外，她證明各個民
族傳統內部也比薩依德說的更多變化。例如她指出，福樓拜
的寫作事業發展之際，他對東方的觀念發生深刻的修改，她
認為，福樓拜後期筆下的「東方人」，其政治意義在某些方
面與他早期所再現的東方是直接對立的[28]。

　　薩依德的圖式，其根本支撐論點是，關於東方的知識沒
有一個是「純粹」或非關利害的，沒有一個在政治上是清白
的，沒有一個不是海外擴張的共犯[29]。但是，從貝金罕(C. F.
Beckingham)到克里佛的早期《東方主義》批評者都指出，德
國的東方主義學術對薩依德的圖式構成一個特別棘手的問
題。在〈東方主義再思考〉(1985)裡，薩依德帶著幾分氣
惱，直指這些異議膚淺、瑣屑，他這種立場乍看似乎十分公
正，因為《東方主義》清清楚楚局限於處理英、法及美國的
殖民論述。然而，薩依德探討的大半歷史時期裡，並沒有德
意志帝國(連德意志國族也沒有)，這麼一來，他所持東方主
義知識與對海外的權力意志之間有親密關係之論就出現弱
點。的確，薩依德在《東方主義》裡解釋說，他決定不討論
德國學術，原因就在德國不是一個帝國強權，以及──這理

28　另見Anthony Pagden所作區辯，《全世界的主宰：西班牙、英國及法
　　國的帝國意識型態》。

29　見金罕，〈薩依德：《東方主義》，(*Bullentin of the School of Oriental
　　and African Studies*), vol. xlii, part 3, 1979，頁38；及克里佛，〈論《東
　　方主義》〉，頁267。

比較有爭議——英／美／法東方主義「品質、連貫性及分量」皆勝[30]。

　　不過，上述批評家大多忽略一個事實，即薩依德其實承認他討論的各國殖民論述之間有某種幅度的差異，雖然他就這些差異所做的說明有點模糊，而且仍然不離他的圖式。例如他說，「比起法國人，英國作家對於朝聖東方可能帶來什麼，有其更明宣且硬實得多的意識」[31]。稍後，薩依德區分東方主義表現於這兩者的風格變化。英國的傳統以藍尼爲代表，在強調的重點上大體偏向非個人，帶有科學性，以超脫的模式再現臣屬民族，與一種側重分類以利控制的欲望相呼應；因此，這類著作不大專注於觀察者自己的定位或戲劇性角色(使用「他」字，幾乎一成不變)，在引介東方之際，也不大出現風格或方法論上的自我反思。法國的傳統以夏多布里昂(Chateaubriand)爲代表，特色是帶有「審美」性質，並且對臣屬文化進行同情的認同，觀察者是作品題材的一個重要部分，而且比較自覺其文本是一件藝術作品。據薩依德所見，上述對比在歷史上多少是維持一致的。其後一個世紀裡，在吉布(Sir Hamilton Gibb)與馬西農(Louis Nassignon)這些人的作品中產生了類似的一組差異。東方主義這兩支系統間所以有此差異，薩依德用兩個國家介入東方的不同政治歷史來解釋。所以，英國在東方的影響力持續擴張，十九世紀

30　薩依德，《東方主義》，頁19與17。
31　同書，頁192。

到中東旅行的英國人就充滿由此擴張而來的權力意識，法國
的朝聖者則滿懷痛切的失落感，因為拿破崙覆亡後，法國在
中東地區的影響力土崩瓦解。薩依德說，職是之故，在政治
層面，法國東方主義基本上側重於如何發展出伸張文化影響
力的策略，英國東方主義則比較密切且直接措意於實際統治
的物質需要。

　　不過，薩依德明顯有心承認英國與法國東方主義之間的
分別，因而局部答覆了他將所有殖民論述加以同質化的指
責，但他就這些差異所作的解釋還是無法全然服人。他說明
近代西方與伊斯蘭世界的關係，而將北非排除不談，就沒有
理由。(Maghreb)有相當部分落在十九世紀中葉以前法國勢力
範圍之內，如果插到薩依德的圖式裡，他據以比較英國與法
國東方主義的許多認定就會出問題。舉個例子，薩依德的焦
點擺在阿拉伯人與伊斯蘭上，他將會無法聲稱，在克洛莫
(Lord Cromer)主政埃及之時，「就東方的實際空間而論……
英國人是真的在那裡，法國人則不是真的在那裡，除了作為
誘惑東方鄉愚的蕩婦」[32]。到了馬西農時代，由於鄂圖曼帝國
在一次世界大戰敗北，中東大部落入法國控制之下，因此，
法國東方主義偏重「審美」這一點，如果歸因於法國在阿拉
伯世界缺乏直接介入，就不能令人信服。此外，薩依德明顯
比較同情法國的東方主義，這似乎也流於弔詭，因為總的說
來，對以「親身體驗」為基礎的敘事，他私心所想給予的評

32　同書，頁211。

價，要高於那些具現「文本」態度的敘事，然而薩依德說法國東方主義對中東的直接介入比他所檢視的英國作家要少，我們如果接受他這個論點，則法國東方主義必然要比英國東方主義要更以「審美」或「文本」爲主。最後，薩依德譴責東方主義以刻板印象爲能事，但他自己做這些區別，我們也不能不問他是不是蹈其覆轍。在薩依德筆下，英國的東方主義以藍尼爲象徵，特性是抑制、正確、不帶感情、孤獨；相較之下，納瓦爾(Gerard de Nerval)與夏多布里昂似乎是自發、多情的生活享受派，樂於參與東道國的文化。

關於東方主義一致與否，薩依德的第二大吞吐支吾可見於他對東方主義論述的歷史發展所做的分析。他先問：「東方主義內部發生過什麼調整、純化，甚至革命？[33]」有時他好像自問自答，說東方主義論述有明白可辨的階段，甚至根本的移轉。他會這麼說，是可得而預料的，因爲他在方法論上取法傅柯，因而呼應與傅柯知識體歷代變遷之論。其中一個移轉，薩依德定於1312年。如此斷然指定年份，令人驚訝。這個年份，我們只能猜想他意指文藝復興開始。另一個轉移，他和傅柯一樣，定於十八世紀最後三分之一。這似乎標誌了東方主義內部最重要的移轉，因爲當時正是西方對東方的影響在物質上迅速擴大的時期。另外一個移轉定在1840年代，其次一個在十九世紀末，再下來是1920年代與1940年代，到這裡，薩依德說「〔東方主義〕發生如此變化，變得

33　同書，頁15。

幾乎不可復識」[34]。

　　話又說回來，據薩依德道來，殖民論述內部，持續每每似乎比斷裂要強得多，因此，在他筆下，東方主義論述投射給東方一種不變的一致性。這方面，薩依德明顯離開傅柯的說法。傅柯主張西方知識體制的許多變化既劇烈，又不連續。以薩依德之見，十八世紀中葉到十九世紀初葉，東方主義論述之變完全不是質變，而是範圍增加；事實上，「作為一套信念，一種分析方法，東方主義是無法發展演變的。的確，它在義理上是發展的相反。[35]」如前所示，這些聲稱使薩依德能以艾斯奇勒斯(Aeschylus)的《波斯人》(*The Persians*)為東方主義的早期例子，與兩千年後卡特(Jimmy Carter)中東決策綁在一起，顯示西方文化自有載籍至今，東方主義基本上都是不斷重新表述同樣一個內在識見。薩依德然後聲稱「東方主義，以它的後十八世紀形式來說，永遠無法修正自己」[36]，此語當然完全抵觸前一段裡的論點，他在那裡說過，東方主義論述在二十世紀發生根本的改變。

　　東方主義的歷史是否一致的問題，和另一關鍵問題相連，就是一個人可不可能抗拒居於支配地位的秩序及其再現體制。不過，薩依德對這關鍵問題的說法自相衝突，基本原因在於他認知到對東方主義有某幾種抵抗，而不在於他取用的方法論之間發生矛盾(薩依德對「隱」、「顯」東方主義之

34　同書，頁290。
35　同書，頁307。
36　同書，頁96。

間的關係大體上模稜支吾，這些矛盾的確造成他更嚴重支
吾）。葛蘭西與傅柯之間最尖銳的差異，也許就在抵抗的觀念
上。在某種程度上，說傅柯在這方面是個深度悲觀的思想
家，是可以成立的。在《性史》裡，他說「有權力處，就有
抵抗」，但在《規訓與懲罰》裡，他說規訓的權力是「一群
人被另一群人屈服，一種無可反轉的屈服」[37]。他的下一本書
《語言，反記憶，實踐》（*Language, Counter-Memory,
Practice*, 1977），明明白白不將人類歷史視爲向解放進步，而
是視之爲一種「從支配到支配」的循環[38]。相形之下，葛蘭
西——作爲馬克思主義者——想見了臣屬（自我）解放，一些
群體浮現出頭，以及推翻傳統霸權秩序的可能性。的確，葛
蘭西可以看成樂觀，傅柯則相反。葛蘭西認爲，沒有一種專
制是無懈可擊的：「甚至東方的長官階級制度（satrapy）的歷史
也是自由，因爲裡面有個『動』字，是一個展開的過程，那

37　傅柯，《性史》，vol. 1，頁95；傅柯，《規訓與懲罰》，頁222-
　　223。

38　傅柯，《語言、反記憶、練習》，頁151。同時，新殖民主義的現象
　　可以用來堅定傅柯的論點。民族資產階級接用殖民強權的現有形式與
　　建制，剝削第三世界以圖利其原有主子。這一點也提醒我們，傅柯本
　　質上敵視馬克思主義，主因是馬克思主義認爲國家是權力所在，而且
　　他本質上敵視馬克思主義的分析工具辯證法，他認爲辯證法的前提是
　　一種由正反合與進步的線性目的論。見傅柯，《權力／知識》
　　（*Power/Knowledge*），C. Gordon譯（Brighton：Harvester Press, 1980，頁
　　114-115與143-144。此外，他特別敵視意識型態的觀念（以及意識型態
　　作爲前提的主題觀念），而這觀念當然正是葛蘭西的思想核心，一如
　　它是所有馬克思主義者的思想核心，它是社會控制的基要媒介。

些制度的確傾覆」[39]。

　　在一個很大的程度上可以說，關於《東方主義》裡的抵抗問題，悲觀的傅柯視角居於主導地位。就此程度而言，如波特在〈《東方主義》及其問題〉中所說，薩依德的一大弱點是未能考慮，東方主義論述，作為一種霸權的知識形式，是如何自我複製的。這方面，薩依德忽略葛蘭西一個論點，就是，一個霸權原則只有「在擊敗另一個霸權原則之後才勝利……不探討這勝利的理由，寫出來的就是一部描述外在的歷史，沒有突出其中的必然與因果環節」[40]。有時候，薩依德認定東方主義論述反正一直就在那裡，他作此認定，好像拋棄了唯物主義的方法；換句話說，他未能解釋東方主義如何興起或為什麼興起，也未能解釋居於支配地位的東方主義論述形式與識見必然經過了哪些鬥爭，才成其支配地位，並且至今維持其支配地位。例如，印度的東方主義者(依薩依德之前的界定)對東方文化的見解比較正面得多，這見解被麥考萊與英國主義者遠更敵意的看法取代，導致維斯瓦納坦(Gauri Viswanathan)在《征服的面具》(1989)裡描述的殖民地治理政策根本改變，薩依德的圖式就沒有能力解釋這場取代是如何發生的。波特如此結論：「霸權是具體歷史節骨眼裡的一個過程，是上層結構衝突的一個演化境域，在這衝突的境域

39　葛蘭西，《獄中箚記續選》(*Further Selections from the Prison Notebooks*)，Derek Boothman譯、編(London：Lawrence on Wishart, 1995)，頁351。葛蘭西對東方專制的刻板看法，我暫時略過不談。

40　同書，頁358-359。

裡，權力關係不斷被重新肯定、被挑戰、被修正，這樣的意
識，在薩依德書裡付之闕如。[41]」薩依德做了些嘗試，解釋東
方主義在十八世紀末如何取代早先的典範[42]，但這項嘗試也沒
有真正認知新版東方主義是伴隨什麼「鬥爭」而浮現，或新
版東方主義如何壓制了對東方的其他見解。少了這一點，最
不幸的後果是東方主義變成一種了解非西方世界的永久、必
然，甚至「自然」模式。

　　薩依德對殖民關係裡的權力運作採此決定論的看法，首
先導至他沒有能夠將帝國文化「內」部的抵抗或矛盾充分納
入考慮。他有時候說，就是對殖民主義批評最力者，諸如馬
克思，也逃不過「潛藏」東方主義的決定，因此，「到頭來
勝出的是浪漫主義的東方主義者，馬克思的社會經濟理論見
解被古典的標準〔東方〕形象淹沒了」[43]。薩依德譴責東方主
義論述搞文化本質論，但在這些節骨眼上，《東方主義》似
乎就在重新銘刻他所譴責的那些文化本質論形式。的確，
《東方主義》裡有一處，將西方觀察者呈現在本體論層次，
亦即沒有能力信實地或同情地再現東方：「因此可以說，每
一個歐洲人，就他關於東方所能說出來的話而論，都是種族
主義者、帝國主義者，而且幾乎完全是我族中心主義者」[44]。
就是夏多布里昂與納瓦爾之流，亦有此累；他們個人認同伊

41　波特，〈《東方主義》及其問題〉，頁152。
42　薩依德，《東方主義》，頁117-120。
43　同書，頁154。
44　同書，頁204。

斯蘭民族，但也「偏邪」地再度銘刻東方主義的見地，功不抵過。現代的東方主義者也有類似的共犯行為，因此吉柏雖有「非比尋常的同情與認同力量」，但他「走回頭路，回歸於東方主義者為東方人代言的老習慣」[45]，同情的力量全被壓倒。

　　薩依德不聽葛蘭西的警告，引起的進一步問題是，有充分證據顯示西方的論述本身就記載了它的侵奪受到抵抗的歷史，而薩依德未能考慮這些證據——底層研究(Subaltern Studies)一批史家之作可為這段歷史的證明，他們的研究，數量與細節兩皆可觀。即使更晚近一點，西方已大體支配了東方的時候，我們也可以察覺到東方主義的再現模式出現顯著的彈性，與彈性相應的，是論者認知西方的權力受到被殖民者各種程度與種類的抗爭，我在《吉卜林與〈東方主義〉》(*Kipling and Orientalism', 1986*)裡提出，在十九世紀的印度，英國就伊斯蘭與印度教所做的建構出現明顯移轉，因為感受到各個範疇的印度屬民對帝國的控制構成的威脅，這些建構隨不同時期所感受的威脅而改變。例如，1857年的印度起事，根本改正了過去一世紀裡「穆斯林貪婪狼吞」，「印度人溫和」，沒有男子氣、馴和、容易駕馭的刻板印象[46]。同樣

45　同書，頁263。

46　關於「叛變」如何影響英國對印度屬民的觀感，另見Jenny Sharpe，《帝國的寓言：殖民文本裡的婦女形象》(*Allegories of Empire：The Figure of Women in the Colonial Text*, Minneapolis ： University of Minnesota Press, 1993)。薩依德一貫忽視殖民論述裡的焦慮。關於這焦慮，見Sara Suleri，《英屬印度的修辭》(*The Rhetoric of English*

的，大致上主要由印度教組織的民族主義運動在十九世紀最
後二十五年逐漸壯大，伊斯蘭被視爲具備抵消其煽動性的潛
力，這時候，東方主義所再現的伊斯蘭和世紀上半葉就有可
觀的差異，而且更正面得多。同時，受過教育的都市印度教
徒逐漸被建構成一個新的刻板，是喜歡煽動的，狡獪的幫
辦。更晚近一點，羅伊說明，在茱莉亞·克莉絲蒂娃(Julia
Kristeva)與巴特等法國理論家眼裡，毛澤東的中國由於眞的好
像是世界上唯一逃過被西方權力決定的地方，就被視爲烏托
邦。同理，1980年代美國興起反日本的情緒，就出現一種新
的再現體制，和這新再現體制明顯相連的，是他們愈來愈意
識到，相對於東方的競爭者，西方的經濟被削弱[47]。由以上證
據可見，西方一直都在與東方的權力(再)折衝，從未將東方
構思成絕對已定。

　　相形之下，薩依德心中有個悲觀的傅柯主義者，導至他
有時候提出一種所有權力都寓於殖民者這邊的殖民政治關係
模型。於是，《東方主義》有一段文字說，帝國論述的運作
只受到「東方微乎其微的抵抗」[48]。這頗可爭議的說法，導至

　　　India, Chicago：University of Chicago Press, 1992)；Hulme，《殖民遭
　　　遇》(*Colonial Encounters*)；摩爾─吉爾伯特《吉卜林與「東方主
　　　義」》(*Bart Moore-Gilbert, Kpling and 'Orientalism'*, London: Croom
　　　Helm, 1986。

47　關於亞洲當前經濟力量所產生的新東方主義論述，請看Dave Morley
　　　與Kevin Robbins，〈科技─東方主義：外國人、恐懼症與未來〉
　　　(Techno-Orientalism: Foreigners, Phobias and Futures)，《新形構》，
　　　16, Spring 1992，頁136-156。

48　薩依德，《東方主義》，頁7。

薩依德幾乎將東方主義論述受到的「外」來反對抹滅無餘。
的確，《東方主義》提到臣屬民族所作的反論述時，處理方
式經常失之率易，薩依德描述東方來的旅人所提出的見證，
就是如此：「東方旅人〔到西方〕是向一個先進文化學習，
並且為之目瞪口呆。[49]」薩依德在這方面受到尖銳的批評，在
西方以外之地工作者對他的批評尤其犀利。帕塔克等人1991
的〈東方主義的囚牢〉一文，與阿馬德的《理論上》即為例
子，他們指出，東方主義有其抹除反對聲音的意志，薩依德
幾乎完全只注意殖民者的論述，這作法是他複製東方主義那
股意志的可憂例子。薩依德自己點出，東方主義一般都發揚
被殖民者被動、無言、沒有抵抗能力的觀念。有個殖民主義
的比喻，說殖民者「彷彿從一個特別有利的位置審現被動、
感官、女性，甚至沈默仰躺的東方」[50]，薩依德似乎只看表
面，就接受了銘刻於此比喻中的權力關係。帕塔克和她的共
同作者說：「《東方主義》協助從白人文本救出的歷史是獨
白式的；無助於我們將打亂帝國主義敘述霸權的其他敘述救
回來。[51]」薩依德在〈東方主義再思考〉裡答覆這些批評，說
這些批評無關宏旨。薩依德明白「被東方主義剔掉的，大部
分正是那抗拒其意識型態與政治侵奪的歷史」，但他仍然為

49　同書，頁204。

50　同書，頁138。

51　帕塔克，〈東方主義的囚牢〉，頁215。關於殖民論述如何促成一種
　　反論述，見Suleri，《英屬印度的修辭》　Pratt，《帝國的眼睛》
　　及我在下兩章討論的史畢瓦克與巴巴著作。

他在《東方主義》裡的取徑圓說，他提醒讀者，該書的焦點是西方關於臣屬民族的論述；因此，他重申他早先的一個論點說，在帝國的論述中，東方「不是歐洲的對話者，而是其沒有聲音的他者」[52]。

不過，說薩依德未能記下「任何」抵抗東方主義論述權威的跡象，也是不對的。首先，他的確看出一些外在的抵抗，那就是臣屬民族對帝國主義與新殖民主義愈來愈有組織的反對。《東方主義》全書第一頁意識到一段漫長的鬥爭歷史過程達於頂點，帝國主義的時代即將告終。稍後，薩依德說，在十六世紀，「權力中心西移，如今到二十世紀末葉，權力中心似乎重新往回東移」[53]。第一次世界大戰的結果(儘管土耳其落敗，西方據有土耳其的帝國財產——這方面的明顯糾結，薩依德沒有處理)，東方主義的權威加速碎裂，東方愈來愈「似乎對西方的精神、知識及帝國權威構成挑戰」[54]。的確，到二十世紀中葉，對東方主義的這股挑戰大為成功，薩依德於是放膽作了一些概括之論，不惜授人的柄，後來，帝國的史學家麥肯齊等人就以此指他的學術精確性有問題。薩依德主張，到1955年，「整個東方已從歐洲帝國獲得獨立」(他這個論點非但不確，而且當然抵觸薩依德文本結尾「東方主義在戰後獲勝」的全面陳述)[55]。關於對東方主義的

52　薩依德，〈東方主義再思考〉，頁17。
53　薩依德，《東方主義》，頁205。
54　同書，頁248。
55　同書，頁104-323。

抵抗，薩依德的敘述再度失卻過程意識，也不曾分析被殖民者如何對東方主義的權威折衝與挑戰，他如果多取葛蘭西而少聽傅柯（或留意殖民地檔案），可能即無此失。薩依德處理對東方主義的挑戰，始終沒有充分還其本來脈絡，這挑戰因此也顯得突如其來，薩依德沒有顯示其理論，也沒有意識到這挑戰的多樣形式。

第二，薩依德有時候說，對東方主義的挑戰不僅具現於被殖民者的集體解放運動，或像他自己這樣的非西方學者之中，也體現於某些東方主義學者之中，從十九世紀的夏多布里昂到今天的美國中東研究學會（American Middle East Studies Association），皆屬之。據此而論，薩依德又顯露了他自身立場的不一致，因爲他察覺到霸權論述本身內部是有緊張的。

薩依德既然承認可能有馬西農這樣的「好」東方主義者，那麼他其實就是承認殖民文化「內部」出現了對東方主義主導體制的抗拒。據此角度看來，《東方主義》一個十分明顯的弔詭，是東方主義內部似乎以反對方式運作的東方主義學者的數目。納瓦爾與福樓拜之外，薩依德稱許的還包括十八世紀的塞爾（George Sale）、歐克里（Simon Ockley）與惠斯頓（William Whiston），十九世紀的沙席（Antoine-Isaac de Sacy）與藍尼，二十世紀的吉柏、華爾登堡、柏爾克（Jacques Berque）及羅丁森（Maxime Rodinson），他們說明「受傳統東方主義學術訓練的學者與批評家完全有能力從舊意識型態的束

縛中掙取自由」[56]。此外，現代東方主義確立於十八世紀以來，明顯有一個份量大而且具連貫性的反論述存在，這反論述的特徵是對臣屬民族有一種「同情的認同」。的確，薩依德說，現代東方主義的一項特性，就是能「選擇性地與自身以外的地區和文化認同，〔這認同〕磨減了自我與身分的固執，這自我與身分原先走進極端，成為一個面對成群蠻人，嚴陣以待的信徒共同體」[57]。在這幾處，就薩依德重「外顯」東方主義而薄「潛隱」東方主義而論，他的意思——完全抵觸我前面一點勾勒的論點——是一個文化能以非強制，甚至非評斷性的方式再現另一文化，即使涉及不平等的權力關係亦然。他如是斷言：「我當然不相信那種設了限的命題，說只有黑人能寫黑人，只有穆斯林能寫穆斯林，等等。[58]」其實，有好幾種較為負面的東方主義論述就不是西方白人所特有，觀薩依德對哈杜里(Majid Khadduri)(「一個名氣不小的東方主義者」)、哈馬迪(Sania Hamady)及舒比(E. Shouby)之作的尖刻評語，可以得知[59]。

解讀《東方主義》

由上述證據可見，在有關東方主義的多項重要問題上，

56　同書，326。
57　同書，頁120。
58　同書，頁322。
59　同書，頁48、309-311，及320。

薩依德自相扞格與衝突之處比早先批評家指出的還要更多。
但是，在某些方面，他的確又將殖民論述的運作同質化、本
質化、全盤化。在兩大議題上尤其如此。第一項是性別
(gender)在東方主義中的位置。由於這問題已有許多位批評家
詳細討論[60]，我就集中討論較少獲得注意的第二項。這個問

60　對於殖民論述的性別本質，薩依德的確有某種程度的認知。《東方主
　　義》說，這本質助長一種特別屬於男性的(更不用說男女分明的)世界
　　觀念，在東方主義(為了明顯的政治原因)專門研究東方男性的情況
　　下，尤其如此。其次，薩依德觀察到，在西方得不到的性經驗，與東
　　方之間有其持續不斷的聯想。東方女性被建構成被動、屬於感官。
　　「心甘情願」。第三，東方主義本身是一種特別屬於男性的建制實
　　踐。最後，薩依德將東方主義與陽性視角關連起來，「彷彿從一個特
　　別有利的位置審視被動的、種子似的、女性的，甚至沈默仰躺的東
　　方」(頁208)。
　　多位女性主義批評家指斥薩依德對性別的處理不充分。在其《誘惑
　　解讀與文化研究》(*Seductions: Studies in Reading and Culture*; London:
　　Virago, 1990)裡，Jane Miller抱怨薩依德複製他所指責於殖民論述的
　　男性主義，而且一個女讀者只有抹滅或擱置她自己的性別，《東方主
　　義》對她才有用益。Sara Mills的《差異論述》也說，在薩依德建立的
　　架構之內，不可能充分考慮殖民主義裡的性別問題。
　　關於殖民論述的性別化，後起之作從三大方面質疑薩依德的模型。第
　　一，帝國與殖民地的關係並不如《東方主義》說的那樣一貫以男性主
　　義形象表現。例如，Jenny Sharpe的《帝國的寓言》認為，殖民形構
　　的性別化有其言外之意，是有變數的(被殖民者既被刻畫成被動、無
　　助的少女，也每每被刻畫成抵抗的亞馬遜族)，薩依德不但忽視此
　　點，而且殖民者有時被女性化，在殖民權威遭受壓力，像印度1857年
　　起事時，通常如此，薩依德也忽略這一點。勞倫斯(T. E. Lawrence)在
　　《智慧七柱》裡自敘在德拉(Der'aa)監獄的時日，於性別變化有所著
　　墨，Kabbani在《歐洲的東方迷思》(*Europe's Myths of Orient*)對此加
　　以討論，可以比較，這種反轉有其悠久的歷史，可看Peter Humle的
　　〈多喻的人　早期殖民論述裡的性與流動性比喻〉(Polytropic Man:
　　Tropes of Sexuality and Mobility in Early Colonial Discourse)，Barker等

編，《歐洲與歐洲的他者》，vol.2頁，17-32。

第二，晚近的女性主義質疑，在複製帝國主義方面，白人女性扮演的角色是不是像《東方主義》暗示的那麼微小。晚近女性史學的一個新方向，也是設法重視西方婦女參與帝國的歷史。例子包括Helen Callaway的《性別、文化與帝國》(*Gender, Culture and Empire,* Urbana: University of Illinois Press 1987), Mararet Strobel的《歐洲婦女與第二大英帝國》(*Eurspean Women and the Second British Empire,* Bloomington: Indiana University Press, 1991)，及柏頓(Ahtoninette Burton)的《歷史的負擔：英國女性主義者、印度婦女及帝國文化，1865-1915》(*The burdens of History: British Feminists, Indian Women and Imperial Culture, Greensborough: University of North Carolina Press,* 1995)。此外，晚近的女文學批評家也大力重視女性的殖民論述，從而顯示《東方主義》的另一局限，就是未能認知西方女性在殖民文本性的生產裡扮演的角色。

第三、《東方主義》暗示，白人女性如果在帝國中現身，也只是帝國主義意識型態共犯，而沒有向那些意識型態挑戰。女性主義批評質疑此一暗示。例如Callaway主張，在被殖民的奈及利亞，白人女性對男性帝國主義的支配論述構成一種微妙的挑戰，方法是為種族之間「協助建造相互了解」(頁240)，為去殖民化鋪路。文學批評家的辯論核心是，女性的殖民論述與男性殖民論述能夠分開的程度多大。Mary Louis Pratt在《帝國的眼睛》(1992)裡說，女性關於非西方世界的遊遊書寫，在形式、主題及政治定位上明顯有別於男性，印證其說者包括Sara Mills的《差異論述》與羅伊的《批評之境》。羅伊說明曼特古的作品裡「浮現一種含納不同社會的女性共同體驗的女性主義論述」(頁32)。西方與東方是二元分裂的、西方男性與女性之間是「自然」聯盟的、西方男人與女人比土耳其女性優越——在早期的男性遊遊土耳其之作裡，以上三點被視為不證自明的真理，但是，以此「認同的修辭」(rhetoric of identification)視之，三點都成問題。

愈來愈多晚近之作也認為，薩依德有下意識的陽剛主義，這陽剛主義是一種狹隘的異性主義。Suleri在《英屬印度的修辭》裡說明，在關於東方的論述裡，「陰柔的新郎」(effeminate groom)是個多麼古老持續的比喻。這領域的其他重要之作有Bristow，《帝國的男孩》，及Christopher Lane《統治的激情：英國的殖民寓言與異性戀慾望的弔詭》(*The Ruling Passion: British Colonial Allegory and the Paradox of*

題，是薩依德將西方多種建構非西方世界的文化再現模式統
併爲一。表面上，薩依德的確承認構成東方主義的各種知識
領域之間有某些變化差異。在《東方主義》接近尾聲一段還
沒有人充分討論的文字裡，他做了一個重要的識別，就是他
說的「視境」(vision)與「敘事」(narrative)之別：

> 這個「共時性的本質主義」(synchronic essentialism)的
> 靜態系統，我稱爲視境，因爲它認爲整個東方可如圓
> 形監獄般同時一覽而盡。這系統受到時時不斷的壓

Homosexual Desire, Durham: Duke University Press, 1995)。目前有人
從「同性戀研究」(queer studies)的角度，加強注意佛斯特與史考特
(Scott)等個別作家，見Tony Davies與Nigel Woods編，《印度之旅》
(A Passage to India)裡的一些論文(Buckingham: Open University Press,
1994)；與Danny Colwell，〈我是你母親，也是你父親：保羅‧史考
特與帝國認同的瓦解〉(I am your Mother and Father: Paul Scott and the
Dissolution of Imperial Identity), Moore-Gilbert《書寫印度》，頁213-
235。關於殖民論述裡的女性「同性社會」(homosocial)領域——或
者，是否應該說「雌性社會」(gynosocial)？——可看羅伊《批評之
境》第一章(談Lady Mary Wortley Montagu)，及Nancy Paxton，〈殖
民後宮的秘密：性別、性及吉卜林小說中的法律〉(Secrets of the
Colonial Harem: Gender, Sexuality, and the Law in Kipling's Novels),
Moore-Gilbert，《書寫印度》頁139-162。殖民論場裡，性別形構的研
究日益增加。例子包括Mrinalini Sinba，《殖民男性：十九世紀晚期
「男人氣」的英國人與「陰柔的」孟加拉人》(Colonial Masculinity:
The 'Manly Englishman' and the 'Effeminate Bengali' in the Late
Nineteenth Century, Manchester: Manchester University Press, 1995),
Graham Dawson，《士兵英雄：英國的冒險、帝國，及男性的想像》
(Soldier Heroes: British Adventure, Empire and the Imagining of
Masculinities, London: Routledge, 1994)。階級在後殖民批評中的位置
則有限制多，請看第五章。

　　力，壓力來自敘事，亦即如果東方的任何細節被顯示
　　爲動態的或發展的，非共時性就會被引入這系統之
　　中。原先似乎穩定的事物——東方是穩定與不變的永
　　恆的同義詞——這時看來就不穩定……簡言之，敘事
　　將一個對立的觀點、視角、意識引入視境的一元網之
　　中；它侵擾視境所認定的那些寧靜的阿波羅式虛
　　構……61

　　從某個角度來看，上段文字可以理解爲「潛」「顯」東
方主義之間充滿辯難問題的關係的重新表述。這裡有必要先
提出幾點說明。首先，薩依德似乎有個意思，說「視境」先
於，並且獨立於其中介，因而構成某種先於個別文本之再現
的本質。(更概括而言，他對權力與論述之間的關係的看法也
是如此)。其次，薩依德所謂「敘事」，指的不是文學敘事，
而是歷史的書寫，他說，法律、政治經濟與人類學等論述使
用的是共時性的視境，與此「敘事」對立。他並沒有眞正詳
細拓展這個論點，理由呢，我們不得不說是因爲這項識別本
來就站不住腳。歷史並不具備薩依德賦予它的這種優越，檢
視英國主義運動裡的一些歷史大作，像米爾(James Mill)的
《英屬印度史》(*History of British India*, 1817)，即可明見。這
部具有種子意義的文本，索引裡有一條是「印度人」
(Hindus)，條下細分一連串超歷史的、本質化的範疇，諸如

　61　薩依德，《東方主義》，頁240。

「他們的虛偽⋯⋯殘忍⋯⋯怯懦⋯⋯貪婪」，全是刻板之詞，米爾自己的編輯群在1840年就曾表示不滿，說他刻畫印度人的方式「侮蔑人性」[62]。

薩依德雖然看來認為歷史書寫可以免於被「視境」（或西方權力意志）決定，但他認為其餘所有種類的殖民文本性(textuality)都由東方主義「視境」中介而一致、相等地運作。《東方主義》大致上用心以遊記的書寫來證明這一點。薩依德其實區分了各種不同的遊記書寫，如前所言，遊記書寫的重點有「科學的」與「審美的」，藍尼與納瓦爾各代表一個極端，柏頓代表中間立場。藍尼寫現代埃及，特色為「純粹、強力、巨大的描述」而「妨礙敘事的動勢」，勞倫斯的《智慧七柱》亦有此病[63]。同時，薩依德暗示，文本愈突出自身為「審美」之作，如納瓦爾之例，則「個人的——至少非東方主義的——意識愈有發揮的境地」[64]，而使文本能挑戰或跨越薩依德認為銘刻於「科學」殖民遊記書寫典範中的「視境」。

在這裡，薩依德似乎有承認「審美境域」能東方主義「視境」相抗之勢，但有個關鍵要點是，這些範疇並非你所想像的那樣清楚各別。基本原因在於，「審美」遊記書寫模

---

62 米爾，《美屬印度史》九卷，第四版，H. H. Wilson編(London: Cox and Bentley, 1840-1848)，卷ix，1848，頁32-33。威爾森的評語在第一卷(1840)，頁viii。

63 薩依德，《東方主義》頁162與239。

64 同書，頁158。

式每每相當倚重前人屬於「科學」模式之作——例如納瓦爾
與福樓拜援引藍尼:「藍尼等東方主義者所作,文學界群起
剽用」,例如納瓦爾的《旅記》(*Voyages*)有個特點就是「偷
懶借用大段大段藍尼的文字」[65]。此外,「審美」旅遊書寫模
式的一大焦點是念茲在茲皆「觀察中的自我」,但一般仍然
受到一股強大的意念塑造,就是介紹東方的現實時,以權威
自居。例如夏多布里昂流露出「帝國的自我毫不諱言其力
量」,在柏頓,支配的需求「實質上凌掩」他個人風格的特
異之處[66]。

　　但是,如波特在〈《東方主義》及其問題〉所言,即使
像薩依德那樣斷然認為「視境」領域具備擬紀錄片的遊記書
寫形式,也是頗可爭議的。波特以馬可波羅與勞倫斯之作為
焦點,說明他們的論述雖然有根本上的風格同質性,但作品
中對非西方民族還是有彼此互相衝突的視境。前者大致上是
各個作者混用許多不同文類的結果,後者則是作家或他的敘
事角色定位每每十分複雜的結果。例如勞倫斯,他身處一種
雙重而彼此矛盾的位置,即介入帝國民族之間的戰爭,又側
身阿拉伯人對土耳其的反殖民獨立戰爭之中。對文學研究者
最有意思的一點也許是,波特認為這種矛盾基本上來自勞倫
斯運用了好幾種不同的「文學」語言與風格。他分析《智慧
七柱》一些段落,提出一個論點說,在這些段落裡,指符多

65　同書,頁168與184。
66　同書,頁173與197。

於意符，產生了一套複雜的意義，這些意義不能一竿子界定為替所謂的東方主義權力意志服務。波特認為，勞倫斯「文學感性」的這些表現點出一種「潛在上不對意識型態負責」[67]，薩依德的分析模型無力處理。波特祖述阿杜賽（Althusser），認為這類書寫所以有反霸權的可能性，是因為審美作品相對於其社會中居於支配地位的意識型態，擁有「相對的自主」。作品演出霸權價值，內在卻與之保持距離，而顯出這相對的自主。

波特引證的那幾段文字，本身可能不盡足以使讀者相信他的論旨，甚至不能使人盡信《智慧七柱》是「文學產品」。不過，波特此文的優點是點出，《東方主義》中展開的那種「意識型態」批判基本上是主題取向，因而大體上昧於各種文本性裡明顯可見的種種複雜與不穩，尤其是「文學性」的殖民論述。薩依德的確提出一問：「小說寫作與抒情詩……如何終於為東方主義那種廣泛的帝國主義世界觀服務？[68]」然而，這個問題由於放在那樣的框架中提出，當然就無從考慮到，相對於東方主義論述的司法或政治成分，或帝國主義物質實踐，西方文學可能曾經偶爾有過批判功能。因此，無論文學的用意與目的為何，薩依德都硬是將文學視為東方主義論述的又一例，和東方主義論述的其餘例子一致且同質。他的原則是可嘉的，亦即提醒讀者說文學的文本是在

67　Porter，〈《東方主義》及其問題〉，頁160。
68　薩依德，《東方主義》頁15。

世界裡、世界上活動的，不過，將吉卜林1901年寫的小說
《奇姆》方便視同1820年代禁止燒死印度寡婦為犧牲的法律
告令，或者視同提維諾特(Dr. Thievenot)十八世紀關於印度的
旅行書寫，當成殖民主義「視境」的同等例子，至少就表面
上看，是問題重重的。在《東方主義》稍早一個地方，薩依
德表示將會比較廣泛地考慮想像文學(Imaginative Literature)
在東方主義論述裡的位置，結果在這方面卻著墨殊少。英印
詩人萊爾(Alfred Lyall)獲得稍縱即逝的一提，而且是談他和
克羅莫在埃及的行政政策合作時順帶一筆，吉卜林也總是被
視為意識型態者，始終不曾被視為藝術家。在這方面，薩依
德再度犯下他所病於東方主義之弊──未能正視文學證據：
「對地區專家遠更重要的是『事實』，對這些實事，文學文
本或許是個干擾。[69]」

　　就《東方主義》強調「潛性」東方主義的決定作用大於
「顯性」東方主義而論，薩依德的殖民論述理論的確就像他
指出的東方主義之病，具有「一個封閉系統那種自限自足，
自我強化的性格，在此系統裡，事物基於沒有任何經驗事實
能撬鬆或改變的本體論理由，而是那個樣子，一度那個樣
子，也永遠那個樣子」[70]。在這些關口上，《東方主義》看起
來像極了一個巨大的共時結構，其一成不變的視境遇到西方
任何以東方為題的文本，都發現一股一成不變的權力意志──

69　同書，頁291。
70　同書，頁70。

—無論文本的歷史脈絡或背景,不問文本特有的論述模式(人種學、法律或文學),也無論文本來自什麼文化或代表什麼文化。薩依德指出殖民論述有將東方題材同質化的傾向,他自己重蹈這一傾向,特別明顯的是他的目光愈來愈全體化,以印度與印尼——甚至日本——一個一個證實他的論點。的確,薩依德在書尾提出「東方主義遍及全世界的霸權」[71],就顯出他離開全書開頭的原初觀念已經多遠:他當初觀念中的的東方主義,是一種專門用來處理中東的阿拉伯人與伊斯蘭的論述。這些證據說明,賈叟爾(Ferial Ghazoul)說薩依德是「典範性的後現代主義者」(paradigmatic postmodernist),阿馬德說他是後結構主義的一個示例[72],皆欠中肯,說他是堅守不變的結構主義者,也許是恰當。

眾所周知,解構對結構主義提出多方面挑戰。結構主義者壓制或剔除一些東西,使其結構或敘事能由一個中心來維繫、周全而連貫。德希達與索爾(John Searle)爭論,曾作此說法:

> 我的讀法並不專門或優先「集中」讀取那些看來最「重要」、「中心」、「攸關重大」的點。我反而是

71 同書,頁328。

72 賈叟爾,〈阿拉伯—伊斯蘭傳統在薩依德著作裡的迴響〉(The Resonance of the Arab-Islamic Heritage in the Work of Edward Said),史普林克編,《薩依德:精選讀本》(*Edward Said: A Critical Reader*, Oxford Blackwell, 1992),頁158,阿馬德,《理論上》,導論,頁13。

去掉集中，對我「重要」的是居次、特異、旁側、邊緣、寄附、界線上的狀況，這些是很多事情的來源，例如帶給我樂趣，但也使人能洞見一個文本系統的大體運作方式……索爾特意忽略「邊際」情況，我覺得驚異，因爲只要你想掌握具有本質重要性的條件，這些情況永遠是最確實而且決定性的指標[73]。

下一章我們會看到，薩依德對德希達絕少共鳴。不過，德希達方法的這個層面十分有用，可以用來了解《東方主義》的殖民論述理論如此系統井然，令人印象深刻，這系統卻是如何構成，以及其對稱安排及權威是壓制了多少東西才建立起來的。

現在，我要討論一下中世紀與初期文藝復興文學(我完全不是此中專家，而且這離我自己的興趣領域再遠也沒有了，但我覺得仍然值得一試)。這文學對薩依德的主要論點當然是邊際之物。中世紀與初期文藝復興文學主要是在《東方主義》討論但丁的時候，以非常濃縮的樣子出現。薩依德將但丁呈現成不僅表達了他那個時代典型的對伊斯蘭的敵意，也表達了更漫長的東方主義論述傳統的核心視境。我要討論的文本——《羅蘭之歌》(The Song of Roland)薩依德也提到了，但也是順帶性質——在另外至少三個層次上對薩依德是邊際性的。第一，這些文本是文學作品，薩依德——如上所

73　德希達，〈有限公司abc……〉(Limited In., a b c), glyph 2, 1977，頁209。

言——甚少注意的一種文類。第二，其中三個文本來自德國與義大利，薩依德不大理會的國家(容我在這歷史脈絡裡以此詞稱呼這兩者)。第三，它們寫作的時期，薩依德浮面滑過了事，因為他要集中處理歐洲已經上升凌越東方的後十八世紀帝國主義時代。然而薩依德自己也說了，「從第八到第十六世紀，伊斯蘭支配著東方與西方」[74](相較之下，西方支配東方只是近250年來的事)。對伊斯蘭的焦慮在這些文本裡都明顯可見，尤其《羅蘭之歌》，裡面大量突出基督徒面臨四十萬穆斯林大軍的事實，這支大軍追逐查理曼，眼看就要直搗法蘭西心臟。

薩依德說，在《地獄》(約1308年著筆)裡，但丁對伊斯蘭抱持相當負面之見。此言大抵無疑是對的，但是，基於好幾項理由，他的詮釋有必要精確一點。薩依德沒有記下一項事實，穆罕默德被擺在那樣的處境裡，原因在於他是一個異端，他分裂「真教」，分裂「原」教。如希金斯(David Higgins)所言，此中反映了，但丁相信穆罕默德曾是基督徒，而但丁的時代也常見人說穆罕默德當初本來是基督徒[75]。其中隱含的意思就是，至少從歷史上看，伊斯蘭被視為與基督教有關連，而非單純是某種徹底的「他者」或異教。此外，薩依德雖然

74　薩依德，《東方主義》頁205。Kabbani說：中世紀阿拉伯人的歐洲遊記反映出，阿拉伯人由軍事優越而出生文化優越感。但她同時也說，薩依德就東方主義所作的詮釋，可以應用於同時期歐洲人對伊斯蘭的再現。見《歐洲的東方迷思》頁2、14與20。

75　但丁，《神曲》，C. H. Sisson譯，希金斯編(Oxford: Oxford University Press, 1993)，頁559。

承認穆罕默德並沒有被關在地獄第八層的最低谷，甚至也沒有到地獄最低層，但我們還可以指出，書中認為穆罕默德的罪並不比柏特蘭‧德‧柏恩(Bertran de Bom)更可恥(或不可恥)，此人在亨利二世時代煽動造反。的確，在地獄裡被打到比他們更下一層的，有但丁自己的親戚(傑利‧德‧貝洛Geri de Bello、一個偽幣製造者(卡波奇奧Capocchio)和一個敗家子(阿希亞諾的卡西亞Caccia of Asciano)。只比穆罕默德高兩層的，是史瓦比亞的斐特烈二世(Frederick Ⅱ of Swabia)，他1227年率領十字軍拿回耶路撒冷。另外，薩依德自己也承認，有幾位穆斯林，諸如薩拉丁(Saladin)、阿維羅(Averroes)及阿敏塞納(Avicenna)，被認為與其他「有德的異教徒」如蘇格拉底、柏拉圖、亞里斯多德同一層次。凡此種種都表示，但丁作品對伊斯蘭比薩依德承認的要更複雜，有更多言外層次。

　　更重要的是，薩依德所稱但丁對伊斯蘭做的惡魔化刻畫，即使在但丁自己的時代這個有限範圍內，也不能說代表了「西方所有思考過東方者」的看法。舉個例子，薄伽丘的《十日談》(The Decameron，約1350)再現的薩拉丁，非常不同於後世將他說成「那個狡猾的東方人」或「東方專制君主」的刻板視境。《十》書第三天的第三個故事談他完全光明正大與梅契澤德克(Melchizedek)打交道(「儘管」後者是猶太人)，盛稱他「非比尋常的寬厚大度」。第十天的第九個故事重現這個主題，薩拉丁——這裡再度稱他為「出色有為的

統治者」[76]——大方回報某次十字軍出征中被俘的托雷洛早先對他的招待。(再現的政治關係在這裡比較複雜一點。薩拉丁在一趟微服刺探之行中初遇托雷洛，這一點可能坐實「狡獪的東方人」之說，不過，托雷洛自己也用計騙得薩拉丁進屋，薩拉丁得知他俘虜的人的身分，對之寬宏大度，也算抵消狡獪之說。)

中世紀方面，也可以明顯看到類似的再現模式衝突。《羅蘭之歌》(約1100年，大致相當於攻下耶路撒冷的第一次十次軍)將查理曼斷後部隊的落敗歸咎於占領西班牙北部的穆斯林背信忘義，就這一點而論，《羅蘭之歌》具東方主義性質。按照史實，羅蘭中了(同屬基督教的)巴斯克(Basque)機會主義者埋伏。查理曼介入穆斯林西班牙控制權的內爭，失利而由庇里牛斯山撤退，公元778年在薩拉戈薩(Saragossa)遭到遠更嚴重的敗績，《羅蘭之歌》集中著墨於隆塞瓦里斯(Roncesvalles)之禍，可以視為試圖轉移世人對薩拉戈薩之敗的注意。全詩一迭聲強調與查理曼為敵的穆斯林狡猾欺詐，有時甚為單調，但詩中也一再認知一些穆斯林的正面特質。馬西爾(Marsile)「像一位道地的男爵」，詩人並如此讚嘆巴利甘：「啊，上帝，何等高貴的男爵，他要是基督徒多好！[77]」再者，查理曼最後雖然戰勝穆斯林(這敘事上的轉折也出於一

76　薄伽丘，《十日談》，G. H. McWilliam編與譯(Harmondsworth: Penguin, 1995)，頁765。

77　《羅蘭之歌》，Glyn Burgess編與譯(Harmondsworth: Penguin, 1990)，頁89與129。

廂情願，而非正確史實），但全詩視境對基督教這邊有強烈批評，這批評，查理曼自己也未能全免。隆塞瓦里斯之禍，首要肇因是羅蘭義父甘尼隆（Ganelon）為報復其親人所受輕侮而與穆斯林合謀。此外，詩中再現羅蘭的方式強烈暗示他的英雄氣質被他的魯莽高傲抵消殆盡，意即有此魯莽高傲，大禍勢所必然，奧利佛（Oliver）自始即勸諫查理曼不可派固執而缺乏外交技巧的羅蘭與馬西爾訂約（這一點再度隱含對查理曼的批評）。交戰之後，奧利佛再三請求，但羅蘭一再拖延，不肯吹號向查理曼報警。羅蘭空口大言勝利在即，其實是陷士眾於絕地，讓他們喪命比他們強大太多的部隊之手。這段災難，奧利佛毫無疑問，歸罪於羅蘭。

在《羅蘭之歌》裡，穆斯林（雖然他們軍事技巧較高）一般屬於比查理曼徒眾低一級的文明（不過，請記住，馬西爾的軍隊裡有斯拉夫人與亞美尼亞人，以及一位叫做金髮朱法洛Jurfaleu the Blond的高手）。馮・艾森巴赫（Eschenbach）的《帕西法爾》（Parzifal，約1200年著筆，在1204年第四次十字軍之前不久）則未作這種等級分別。在此作裡，「饒舌」穆斯林菲雷費茲（Feirefiz）與帕西法爾（至少）相當，是與帕西法爾相配的對手。賈文（Gawan）與亞瑟本人都承認菲雷費茲了不起，而歡迎他進入宮廷。這方面，帕西法爾在非基督徒之間也不是獨一無二的。第一個向貝拉卡妮（Belacane）求婚的伊森哈特（Isenhart）是宮廷美德的表徵，作者特別強調他「於背信之道

欠學」[78]。札札馬克(Zazamac)的國王同樣高貴，巴格達國王則對追隨者寬厚大度而以「有福者」知名。他的追隨者包括賈木瑞特(Gahmuret)。在此本文中，「狡猾」至少是均勻分配的。賈木瑞特死於奸計，但他也曾拋棄摩爾女王貝拉卡妮，使她心碎，自己溜回歐洲。

　　馮·艾森巴赫的再現手法，在文化政治上牽涉複雜。一方面，有人可以說菲雷費茲高貴是由於他有白人血統，因為後來發現他是帕西法爾的同父異母兄弟(可與但丁對伊斯蘭的看法並觀，即伊斯蘭是一個真教內部分裂而成)，亦即他是賈木瑞特與貝拉卡妮所生，賈木瑞特在一次十字軍行動中遇見貝拉卡妮，並且為她抵抗維里德布蘭(Vridebrant)的基督教軍隊。(伊森哈特自己曾是黑人，又是蘇格蘭王的表親，賈木瑞特則為巴格達的統治者戰死，這些，後期的薩依德可能稱為伊斯蘭與基督教之間「交織的歷史」。)最有意思的，或許是馮·艾森巴赫寫出帕西法爾與菲雷費茲那場極富象徵意義的決鬥，藉此探討伊斯蘭與基督教和好的可能。文本中強調兩個決鬥者還不曉得他們之間具有的深層統一，藉此為啟示兩人的真正關係作準備：「誰想稱他們為『兩』人的話，儘可說『於是他們相鬥』。然而他們只可名為一個。我的兄弟與我為一，就如一個好男人與他的好妻子是合一的。[79]」決鬥無果，雙雙同意一吻休戰。在看起來純粹名義上皈依基督教

78　艾森巴哈，《帕西法爾》，A. T. Hatto編與譯(Harmondsworth: Penguin, 1980)，頁26。

79　同書，頁369。

後，菲雷費茲與雷潘瑟・德・秀伊(Repanse de Schoye)結婚
(他打從來到之後，一直是圓桌女郎們極為渴慕的對象)，伊
斯蘭與基督教終歸好合。菲雷費茲清楚說明他「皈依」的真
正動機：「我為了妳而受洗，希望洗禮幫助我贏得愛。」[80]

上述的化嫌言和，提出尊重文化差異與和平共存乃西方
與非西方世界前途所在(當然，要除去菲雷費茲與雷潘瑟出發
去統治印度！)，可謂遙啓後期薩依德之作。另外有一點，也
增加對調和的強調。《帕西法爾》和許多後殖民小說一樣，
自視為西方傳統——諸如英雄之歌(chanson de geste)——與非
西方敘事之間的混糅之作。馮・艾森巴赫的敘事角色說，帕
西法爾的故事源出阿拉伯，他得之於法文翻譯。他詳言此一
起源，大力強調摩爾／阿拉伯文化之精深。《十日談》也有
這種起源上的混糅。據麥克威廉斯(G. H. McWilliams)考證，
「《十日談》故事最顯而易見的前身是中世紀初期起源於東
方的故事集，薄伽丘在世之年，這些故事集的翻譯本在整個
西歐流通。[81]」麥克威廉認為，薄伽丘使用一個故事包含許多
故事，設計靈感來自梵文的《五卷書》(*Panchatantra*)。據麥
克威廉之說，薄伽丘由一個拉丁譯本學到這種設計，那個拉
丁譯本「根據一個希伯萊譯本而來，希伯萊譯文所本，則是
梵文原作的一個六世紀古波斯文譯本」[82]。另外一個更重要的
來源，是東歐一系列廣被翻譯的故事，通稱《七個智者》

80　同書，頁404。
81　《十日談》，頁lxii。
82　同書，頁lix。

(*The Seven Wise Masters*)。麥克威廉不惜工夫，不僅提出《十日談》與這些早先作品在形式上類似之處，也指出其主題關連。例如，死神的幽靈逼近的時候，次次都有一個故事展開，將之擋住。上述種種「借用」，都不能用來證明作者們盲目深信西方文化優越，這些西方作者向非西方文化借用東西，似乎反而說明這些作者認知到非西方文化至少在某些方面和他們是平起平坐的。

　　由以上的分析——十分濃縮——可見西方就伊斯蘭所做的再現可能比《東方主義》認為的要複雜很多。以這時期的想像文學及至少這些地區而言，東方主義不能一成不變地視為一種主宰論述，甚至也不能整個劃一地視為西方權力意志透過知識與再現而做的整體連貫的、了無變化的表達——儘管其中當然記下了西方與非西方之間衝突的程度與直即性(就十字軍時代產生的文本而言，這是可以預料的)。由這些作品中的欲望投射與食言背誓可以得知，西方對東方的視境，較為精確的形容是好惡交雜，而非單純只知二律背反與本質化。這時代的早期歐洲文學如此，後來的時代往往亦然，縱而不同的民族傳統，橫而其他領域的文化描述，率皆如此，就是西方在政治上最具支配性與壓迫性時亦然。

超越《東方主義》：文化、帝國主義、人文主義

　　《文化與帝國主義》(1993)裡的文章，將《東方主義》許多論點加以延伸和修正。一方面，《文化與帝國主義》大

幅擴展文化與帝國主義歷史之間關係的討論,因而容納了範圍較廣的地理地區、社會形構與文化形式(包括歌劇),並且比《東方主義》遠更詳細注意當代的發展。(性別議題的篇幅有值得一提的增加,但增幅或許還是不足。)比較特別一點的是,在薩依德繼續處理殖民論述方面,重點明顯從非文學形式轉向文學形式,並且處理都會文化的正典,而不是帝國時期的旅行寫作之類比較邊際性的作品。最引人注意的,也許是後來的薩依德更加留意非西方的文化生產形式[83],《東方主義》幾乎整個忽略這個領域,因為如上文所說,《東方主義》將被殖民者構思成支配論述中的「無言的對話者」。《文化與帝國主義》討論了──例如──非洲小說、加勒比海批評,以及「底層研究」歷史學。(不過,這裡必須一提,標題〈抵抗與對應〉的一章,討論最多的是葉慈。)

　　和《東方主義》比起來,《文化與帝國主義》的建築遠遠沒有那麼刻意系統化,雖然薩依德的目光更全面。在《世界、文本及批評家》(1983)裡,薩依德事實上盡棄提出《東方主義》那種全體化架構與解釋之圖,自謂此作──「一種比較短的、調查性質的,根本上持疑的形式」[84]──是研究他感興趣的那種問題的最佳媒介。因此,《文化與帝國主義》

83　不過,這在薩依德並不是一個全新的起點。Tim Brennan 提醒我們,薩伊德在1970年代中期就已為文討論阿拉伯作家。見〈心繫之地,被占領之土:薩依德與語言學〉(Places of Minds, Occupied Lands: Edward Said and Philology),史普林克,《薩依德》,頁76。

84　薩依德,〈世俗批評〉,《世界、文本及批評家》,頁26。

的最佳讀法，是視之為一系列環環相扣的文章，而不是一篇統貫發展的論文。傅柯對《文化與帝國主義》有其特殊影響，《世界、文本及批評家》則提出兩項重要理由，說明薩依德為什麼對傅柯漸感不安。薩依德說，第一項理由是，傅柯為了強調一個文本的世俗關連，剝掉〔個別〕文本中隱奧、與外隔絕的(hermetic)的成分」[85]，不正當地將各種不同的論述全部同質化。也就是說，薩依德逐漸正視都會文學正典與帝國主義的關係，以及使文學有別於其他論述的各種「隱奧」傳統與意義模式，傅柯已不可能繼續幫他了。

　　《世界、文本及批評家》另外一層意義是，薩依德愈來愈相信他必須超越殖民時代西方文化與非西方文化的不平等與對立關係，傅柯每每偏向決定論與悲觀論的權力運作看法在這裡構成難以克服的窒礙。於是，在《文化與帝國主義》問世前很久，薩依德就深信，他愈來愈有心推助當前世界前進，進入新的，較少衝突的關係之中，而這可能有賴於將歷史變化納入考慮，但傅柯於歷史變化不置一詞。此外，批評(或藝術本身)明顯不可能在這個新世界秩序的開發上扮演一個角色，如果——像傅柯某些文字所言——必須拋棄意志與意圖這兩個範疇，以至批評家或藝術家根本沒有能力向她／他工作其中的霸權體系的各種運作挑戰的話。所以，到了《文化與帝國主義》，在論述「檔案」(discursive 'archive')與個別作品、作家、民族傳統之間——或物質基礎與文化上層

85　同書，頁212。

結構之間——關係的問題上,薩依德的立場——至少乍讀之下——已斷然從《東方主義》中的說法轉向上述各組的後項,就無足為奇了。

由此可見,《文化與帝國主義》在風格、語氣、方法及主題焦點上的改變,首先可能就要歸因於薩依德政治視角有了根本上的移轉。依照《東方主義》對未來世界歷史的視境,西方與非西方關係的特徵將會繼續是全面的分裂不合與衝突,這是殖民史產生的暴力必然帶來的持續後果與反應。在《文化與帝國主義》的構思裡,則本來居於支配與被支配地位的國家的歷史、文化與經濟將會愈來愈有系統地彼此依存和重疊。薩依德看出,這是全球經濟日益整合的部分效應,在這整合中,西方繼續上升,仍在非西方世界之上,但薩依德列出一系列證據,證明戰後時代物質與文化方面去殖民化的成效,至少在某些程度上平衡了他對西方繼續上升之勢的感受。在薩依德心目中,現下史無前例的全球困境需要一種新的解放論述,這新的解放論述大致上可由法農提供的線索來發展,將會把西方與非西方世界從先前的敵對狀態釋放出來。對於促成西方與非西方世界以相互認知與尊重為基礎來和解,薩依德這部著作有廣義的樂觀,但不是天真的樂觀。不過,要達成這樣的和解,西方必須接受世界資源公平重分配,並且面對過去介入海外的歷史事實。同樣的,非西方必須避免「歸咎政治」(politics of blame),歸咎政治是配合去殖民化而生的論述的特徵。

薩依德在《文化與帝國主義》中最根本的見解,也許是

說當代世界現在有一種趨近「共同文化」的境地，而這共同
文化的根就在彼此共有的殖民與帝國主義經驗之中。為了證
明這見解，薩依德提出一個論點，即此中需要一個「人文主
義」研究的創新典範。他為此提出「對位」說(counterpoint)。
此事有許多層次，主要是一種機動、折衷的方法，專門用來
對付薩依德在以東方主義為代表的西方學術中發現的二律背
反視境，不以任何「專門化與分離主義的知識」為其指導邏
輯，而是汲源於範圍廣大的作品，包括比較語言學、女性主
義、後結構主義、馬克思主義，以及艾略特與阿諾德(Matthew
Arnold)在英國、史畢哲(Leo Spitzer)與奧爾巴哈在歐陸所代表
的較為傳統的人文主義學術。對薩依德，對位法的價值在於它
橫貫學門界線與諸種論述領域之間的固有區分，將文化連同
政治與歷史解讀為彼此密切相關的領域，《東方主義》也是
如此作法，但目標與結果都和現在大異其趣。薩依德現在比
較側重文化之間的關連，而非其區別，例如，他開啟西方正
典與非都會的生產之間的「對話」。葉慈(及艾略特)的詩與
塞瑟爾(Césaire)的作品對讀，卡繆的小說則置於阿爾及利亞
人的小說脈絡之中。(《文化與帝國主義》還將西方正典中一
些十分不相及的部分帶到一塊，為乍看了無關連的作家——諸
如珍‧奧斯丁(Jane Austin)與吉卜林——找到關連，說明他們
個個都屬於一種不斷被英國介入海外的經驗所塑造的文化[86]。

86　「對位法」受益於「國協」文學研究裡早已建立的比較方法，但貫婁
　　爾主張對位法的觀念另外有其非西方起源，見〈阿拉伯——伊斯蘭傳
　　統在薩依德著作裡的迴響〉，史蒂林克編《薩依德》，頁161以下。

　　薩依德視境從《東方主義》到《文化與帝國主義》的一個決定性移轉，在抵抗支配者的問題上可以明顯見得。《文化與帝國主義》在遠比先前更大的程度上承認都會存在著對帝國主義的抗拒，雖然薩依德正確地強調，一直到被殖民者自己開始解放鬥爭以前，這抗拒在廢奴到二次世界大戰之間這個時期一般都了無成效。不過，全書一再稱揚惹內(Jean Genet)等人，他們「實質上過界到另一邊」[87]。在晚近都會反對西方支配的進一步證據方面，薩依德引美國中東研究學會等學術團體的自我改革為例；他說，美國中東研學會早先直接、陰險地配合美國國務院在中東地區發揮「影響力」的方案。這些抵抗活動大致局限於西方的文化領域，不過，在以大衛森(Basil Davidson)1950年代以來就非洲所做歷史研究所代表的那種學術，與卡布拉(Amilcar Cabral)等解放領袖的物質鬥爭之間，薩依德還是找到互補的關係。

　　在抵抗支配者方面，《文化與帝國主義》的認知程度也遠大於《東方主義》，處理了當代去殖民化的歷史，對民族主義論述做了範圍頗廣的分析，過程中記述了許多鬥爭。薩依德承認文化民族主義在結束帝國時代這件事上的關鍵角色，但他有所不安，擔心文化民族主義有礙於未來所賴的西方與非西方和解。他疑慮民族主義可能很容易複製從前帝國強權文化那種二律背反與本質化的視境，這疑慮構成《文化與帝國主義》裡一些極有意思的部分，也就是書中在各種不

87　薩依德，《文化與帝國主義》導論，頁xxii。

同的反殖民與後殖民批評家之間尋找識別的部分。薩依德稱
讚恩古吉(Ngugi)與清維朱等「文化民族主義者」之作，並且
承認「拒斥主義」(rejectionism)在對殖民化的鬥爭中是一個
重要階段，既不能單純視為岐誤來一筆勾消，也不能跳過不
做。然而，薩依德認為，最好的前進之路明顯寓於一種文化
批評模式，這模式反映，應該說支持現代世界各種愈來愈交
織的歷史所產生的混糅，並且避免以固定的本體範疇──無
論是種族、族裔或民族認同──為基礎的認同觀念。薩依德
認為，文化計畫寄繫於這類模型，有永遠固著於對抗姿態之
虞。

在實踐上，薩依德最看重移民或被放逐到都會的「第三
世界」知識分子，他形容其為「內航」(the voyage in)。他根
據兩項命題而重視這類批評家。第一，這類知識分子的意識
具有反對的特質，這特質的表現特徵是他們撥用居於支配地
位的都會論述，反過來以這些論述還治西方，解構西方在他
們所從來的地區遂行主宰的企圖。同時，「去家」(unhomed)
的後殖民批評家由於「穿疆過界」(border crossing)，而免於
許多走民族主義路線的「第三世界」批評家被認為陷在裡面
的死胡同。薩依德現身說法，以他本人的「親身體驗」說明
這些有利之處，時而令人想起《東方主義》之說：「在某個
意義上，這使我能夠生活在兩邊，嘗試在其間發揮中介作
用。[88]」為了強調相互關連與異體受精(cross-ferilization)，薩

88　同書，頁xxvi。

依德比較了兩對批評家——C. L. R.詹姆斯與安東紐斯(George Antonius)，及古哈與阿拉塔斯(S. H. Alatas)。薩依德欣賞四人大力向歐洲中心主義挑戰，但分明比較偏愛前兩人。首先，這是因爲詹姆斯與安東紐斯和比較廣的政治鬥爭更有直接的關連，後面一對則基本上是在學術研究上關心方法論問題。其次，第一對——借用薩依德有點弔詭的說法——「光明正大地依靠西方」，第二對則薩依德認爲其述作有拒斥主義性質，其「〔思想上的〕分離重複了去殖民化的基本姿勢」[89]。最後，安東紐斯與詹姆斯是樂觀的，他們相信解放敘事的說服力，阿拉塔斯與古哈則採取暗色反諷的模式，其「存疑詮釋學」(hermeneutics of suspicion)表達著悲觀主義。

薩依德自己對文化民族主義的懷疑，使他提出一些出人意表的論點。其中一個是爲奈波(部分)平反。在後殖民批評裡，奈波每每被視爲將西方傳統上對第三世界的負面或貶損視境內化，本質上是個「褐皮膚的英國人」。此外，對文學作爲直接的政治表達，薩依德大致是存疑的，《文化與帝國主義》比較忽略「第三世界」的創作，或許可以由此得到解釋；和他對都會或「移民」正典的注意相形之下，他的確忽略第三世界。阿馬德所言可能中肯，他說，薩依德偏愛西方的「高文化」，源於前者在意識型態上有其相對的獨立，也有其相對的美學距離，後者則與解放鬥爭的政治比較直接相連。的確，薩依德1989年有一次接受訪談，就說，正典容或

89　同書，頁297與302。

是(新)殖民歷史裡的共犯，他還是沒有興趣丟棄正典，甚至沒有興趣將正典重新仍然表述——應該說，面對愈來愈大量的非都會文化生產，他無意這麼做。薩依德秉持傳統的人文主義理據：「對我笨笨地視爲『偉大藝術』的這些東西，我有這股奇怪的眷戀。」史普林克(Michael Sprinker)逼問，請他界定他這話的意思，薩依德有點彆腳地回答：「〔正典〕作品有一種內在的興趣，一種內在的豐富。」[90][91]

　　非洲有些批評家，尤其阿奇比，指康拉德等西方正典人物是種族主義，後期的薩依德爲康拉德辯護，提出的論點就《東方主義》的作者而言，幾乎不可想像。他承認康拉德並未完全免於以東方主義風格再現他者的共犯嫌疑，例如他沒有看出臣屬民族的抵抗徵兆，但《文化與帝國主義》說，《黑暗之心》(*Heart of Darkness*)之類作品因爲與其現實背景有「複雜的關連」，是令人感興趣、有價值的藝術品。薩依德強調複雜性，明顯有心將直露的宣傳排出正典之外。吉卜林也因此得救。據薩依德之見，「很少人比他更帝國主義、更反動」[92]，但作爲藝術家，吉卜林仍然足與普魯斯特、亨利·詹姆斯及喬治·艾略特(George Eliot)等大家一較短長。在這些段落裡，《文化與帝國主義》似乎將西方正典作品視爲支配

90　這對古哈似乎非常不公平。他與一批西方批評家合作致力於底層研究史學。他本人在研究期間大多住在澳洲，折衝於主流與「底層」史學模型之間，堪稱範例(至少我認爲如此)。

91　Jennifer Wicke與Michael Sprinker，〈訪談薩依德〉(Interview with Edward Said)，史普林克《薩依德》，頁250與252。

92　薩依德，《文化與帝國主義》導論，頁xxiii。

者內部的一個「抵抗空間」（Space of resistance）；正典作品具備「複雜性」，表示它沒有被「潛在」的權力基底機械地決定，無論這基底寓於論述檔案之中，或寓於（新）殖民主義的物質關係之中。

這樣的說法，與《文化與帝國主義》中強烈呼應《東方主義》的其餘論點似乎極難合轍。（後作事實上自稱是前作的「續篇」。[93]）薩依德在《文化與帝國主義》裡雖然留意比較「文學性」的文本，但書中一些地方又弔詭堅持政治領域與文化領域不可能有所區分，兩者非特彼此相連，究極而言更是同一回事[94]，就這項堅持而論，此作在主題與意識型態上和《東方主義》連貫一致。薩依德探討西方的「高」文化，大致是以他——取法雷蒙・威廉士——對「高」文化裡的「態度結構與參考結構」（the structures of attitude and reference）的分析為組織原則，這些結構無論有意或無意，都為帝國計畫鋪路並背書。薩依德認為，還原這參考架構，我們就不會「大費工夫去衍釋卡萊爾（Carlyle）與拉斯金（Ruskin）的美學理論，而疏於注意他們的理念如何成為協助壓抑次等民族的權威」[95]。他有意彰顯，這些權力關係體現於都會正典最不可能的部分之中。為了彰顯這一點，他對奧斯丁的《曼斯菲公園》（*Mansfield Park*)作了忒具意味的解讀，說明小說「大宅」（像英國文學中許多類似場景一樣，象徵英格蘭本身）社會經濟裡具體而微的

93　〈帝國的文化操持〉（The Cultural Integrity of Empire)同書，頁126。
94　〈帝國與世俗詮釋〉，同上，頁67。
95　〈帝國、地理與文化〉（Empire, Geography and Culture)，同上，頁12。

階級與道德價值,和貝特蘭(Sir Bertram)在安地瓜(Antigua)的
農場裡那套充滿壓制性的政治經濟密切相繫:「使前者室家
安詳,享有那樣令人心儀的和諧的,是後者的生產力與管理
紀律。[96]」依照傳統讀法,這些是屬於物質層面之事,位於全
書主題邊緣,薩依德將之帶入討論核心(一種可以連上德希達
及馬赫雷(Pierre Macherey)等馬克思主義批評家的手法),由
此建構一個大致上具備說服力的論點,說這部乍看最無政治
關懷的傑作也是「入世」的。

　　《東方主義》與《文化帝國主義》相續相通,最明顯之
處或許當推困擾前者的那些問題繼續重現於後者。例如,從
〈東方主義再思考〉(1985),經過《文化與帝國主義》某些
段落,到1995年的〈東方不是東方:東方主義即將告終〉
(East Isn't East:the Impending End of Orientalism),費力收回
《東方主義》裡西方人本體上就沒有能力對非西方獲得「眞
正」的知識或具有同情的知識這項認定。但另一方面,《文
化與帝國主義》有時候又重複《東方主義》那種「西方主
義」。薩依德從拉斯金的史雷德(Slade)演說集裡摘引一個特
別令人不快的種族看法爲例,指出這類態度,「看看十九世
紀任何文本,幾乎都俯拾即是」[97]。就此點而言,《文化與帝

96　〈珍·奧斯丁與帝國〉(Jane Austin and Empire),同上,頁104。B.C.
　　Southam質疑薩依德對奧斯丁的解讀,見〈Bertrams的沈默:奴役與
　　《曼斯菲公園》紀事,(The Silence of the Bertrams: Slavery and the
　　Chrondogy of Mansfield Park),《泰晤士報文學副刊》17 February
　　1995,頁13-14。
97　薩伊德,〈帝國的文化操持〉,《文化與帝國主義》,頁126。

國主義》強烈維持先前的一個觀念，即個別的西方作家或藝術品逃不過被居於支配地位的意識型態決定，永遠都帶著一個標記，標示這作品是在一個(新)殖民關係體系的脈絡裡生產的。薩依德處理西方正典內部的個別作品，例如《曼斯菲公園》，其取徑背後就是這項理據。然而薩依德給予這些作品如此的代表分量，卻引人嚴重疑問。《曼斯菲公園》，比較精確地說，是奧斯丁全集裡一部特別、甚至例外之作，薩依德以之爲奧斯丁作品的典型，大可商榷。接下來問題更大，薩依德用單單一位作者的這一部作品做成概括之論，說整個十九世紀文學有一套完整發展的，關於帝國的觀念體系。至少在這方面，薩依德似乎重新肯定他早先在《東方主義》裡的傅柯立場：「(雖然)是在論述之外產生的文本，(但)眞正要爲這些文本負責的，是論述，其物質的存在或重量。」[98]

　　薩依德詮釋威爾第(Verdi)，這問題更嚴重。這詮釋的論證結構，與他分析《曼斯菲公園》類似。薩依德以《阿依達》(*Aida*)爲威爾第所有作品的代表，復以威爾第的作品代表整個十九世紀歌劇。終於，歌劇被解讀成整個歐洲「高」文化支撐帝國的一個例子：「《阿依達》，就如歌劇形式本身。……既屬於文化史，也屬於海外支配的歷史經驗。[99]」(凡此種種，其實根本抵觸薩依德在卷首提出的論點，他在那

98　薩依德，《東方主義》，頁94。

99　〈帝國作用：威爾第的《阿依達》〉(The Empire at Work: Verdi's Aida)，同書，頁137。

裡說《阿依達》是例外之作，即使在威爾第的作品之間，也
是例外之作。)薩依德的歌劇高論(無根之論)明顯張大其詞，
即使在比較局部的層次，他對《阿依達》的解讀也往往無以
服人。例如，他過度執文求實，指《阿依達》寓含西方恐懼
埃及在衣索匹亞的擴張主義野心，這個論點就抵觸埃及指揮
官拉達米斯(Radames)毫無疑義是個同情，甚至英雄，角色。
薩依德《阿依達》有帝國主義文化政治之說，還有其他值得
懷疑之處。首先，當時義大利新近成爲獨立統一的民族國
家，著名的詠嘆調〈啊我的祖國〉(Opatria mia)提醒大家，在
反外來支配的鬥爭中，威爾第向來是一位重要的先頭人物。
第二，威爾第敵視歐洲帝國主義，是他對加富爾(Cavour)之
後的義大利政治漸生不滿的一大原因。威爾第素來敵視英國
統治印度，義大利在伊利垂亞(Eritrea)的野心也令他驚駭，以
至於他歡迎義大利1896年阿都亞(Adue)的慘敗。巴登(Julian
Budden)對老去的威爾第即有此評語，「無論他曾經如何修正
他早年的政治觀，他都至終維持馬志尼(Mazzini)任何民族都
沒有權利統治別的民族這個信念」[100]。像薩依德將《阿依達》
解讀爲無非「東方主義」的歌劇支部，簡化了這齣歌劇在歷
史脈絡與作者生平脈絡裡十足的複雜性。
　　最可爭議的，或許要數薩依德分析西方文化在帝國主義

---

[100] 巴登，《威爾第》(*Verdi*)，London: Dent, 1985，頁150。Budden認爲
威爾第對帝國主義把抱敵意，V. G. Kiernan支持其說，見Harvey J.Kaye
編《帝國主義及其矛盾》(*Imperialism and its Contradictions*, London:
Routledge, 1995，頁178。

中的共犯性質之後，試圖將分析延伸到形式與文類的問題，特別是關於「小說的興起」(rise of the novel)的辯論。薩依德斬釘截鐵咬定小說的興起與西方帝國主義的發展親密相連：

> 我要大膽的說，沒有帝國，就不會有我們今天所知道的歐洲小說，的確，我們如果研究促成歐洲小說興起的那些衝力，就會看出，構成這小說的敘事模式，與形成帝國主義傾向的複雜意識型態狀貌，是趨同合流的，這合流決非偶然[101]。

這段表述失之模糊，合流的兩項裡，哪一項是決定的力量，絕非完全清楚，而部分原因在於薩依德用字措詞一再模稜欠明(《曼斯菲公園》是「一部背景設在英格蘭的小說，靠一個加勒比海島嶼維持其風格」[102]，可以與此並觀)。有時候，薩依德似乎聲稱小說這個文類是帝國的附產品；有時候，他的主張又相反，例如他援引布雷克(Blake)「帝國跟隨藝術，而非如英格蘭人所想的反過來」[103]。《東方主義》談東方主義論述的影響，與建造及維持帝國所需的物質條件之間的先後輕重關係，支吾見絀，《文化與帝國主義》依然如

---

101 薩依德，〈敘事與社會空間〉(Narrative and Social Space)，《文化與帝國主義》頁82。
102 〈珍‧奧斯丁與帝國〉，同書，頁115。
103 〈重疊的領土，交織的歷史〉(Overlapping Territories, Intertwined Histories)，同書，頁13。

是。

薩依德將小說的論述連上殖民，其論證基礎是他認為兩者優先關心的都是空間化（spatialization）與空間的控制。這觀念有意思，但他言之過當，《克拉莉莎》（*Clarissa*, 1748）與《湯姆·瓊斯》（*Tom Jones*, 1749）的討論就是一例。據他之見，兩個文本都是「帝國威臨與控制海外的計畫的國內伴奏，是一種實用敘事，敘說在空間裡擴張與活動之事，這空間一定要在被積極棲居享受之後，其紀律或限制才會被接受」[104]。這個表達鬆散，觀念構成也鬆散的論點，在薩依德討論喬治·艾略特與艾蜜莉·布朗特（Emily Bronte）時再度出現，而且更難令人信服，在薩依德討論《吉姆》時更可以說完全瓦解。他無疑邀引我們不要將吉卜林這個文本當小說讀，要看成傳奇（romance），我們這就想到，傳奇這個文類的歷史基礎並不在帝國，與帝國也沒有明顯的歷史關連，而且其特徵也許是比小說更關乎旅行與空間。（薩依德在下文又反而主張，從十二世紀侵略愛爾蘭起，帝國主義就已是英格蘭文化裡的一股影響力，據此說法，小說的興起與帝國之間的關連就更偶然。）將《魯賓遜漂流記》（他有點太沒有疑問，視之為西方小說開山之作，置之於帝國與空間化的層次裡解讀，或有令人信服之處，決定這部小說與整個小說文類的許多其他可能因素卻硬是被忽略了[105]。於是，《文化與帝國主義》

104　〈敘事與社會空間〉，同書，頁83-84。
105　比較薩伊德有其寓意，但終究失之簡化的現代主義系譜，〈現代主義箚記〉（A Note on Modernism），同書，225-229。

開首說要提供一個比較富於彈性的模型來討論底層與上層結構的關係，或檔案與個別文本、作家的關係，卻每每又像《東方主義》一樣，派給底層與文本特殊地位。因此，詹默罕穆德的批評是有些道理的，他說，儘管在《東方主義》之後對問題作了顯然相當深刻的再思考，「在關於一個主體與具有決定作用的社會政治情況之間關係如何的問題上，薩依德支吾模稜，變成以沒完沒了的拐彎抹角來拒絕解決這個問題。」[106]

《文化與帝國主義》雖然看來比《東方主義》易讀，在許多方面卻比《東方主義》更難解如謎。書中種種矛盾失貫，起因有一部分無疑在於全書是由上下數年的演講與文章點點滴滴集成。職是之故，要在當前後殖民理論與批評分裂的大辯論裡為此書找個位置，是一件難事。一方面，這個文本有時候強烈證實《世界、文本及批評家》裡對傅柯的明顯幻滅。的確，《文化與帝國主義》有個地方指控傅柯完全拋棄政治問題[107]。《東方主義》與薩依德自己的一些接班人援用了「高」理論的其他層面，《文化與帝國主義》也嚴抨這些層面，指責「高」理論一貫忽略(新)殖民主義問題，以及──這一點先啓阿馬德之論──未能迎戰完全投合雷根

---

106 詹默罕穆德，'Worldhiness-without-world, Homelessness-as-Home: Toward a Definition of the Specular Border Intellectual', 見史普林克，《薩依德》，頁100。

107 薩依德，〈合謀、獨立與解放〉(Collaboration, Independence and Liberation)，《文化與帝國主義》，頁336。

(Reagean)與柴契爾時代的世界。但是，他又盛讚傅柯留意系
譜學(genealogy)問題。(的確，薩依德兼舉傅柯與雷蒙・威廉
士而稱揚之，再度試圖調和兼融馬克思主義與論述理論。)此
外，在好幾個地方(例如討論康拉德與卡繆的時候)，薩依德
明明白白再度肯定論述理論那種拘守傳統的認識論。薩依德
將兩位作家失敗之處，歸因於他們沒有能力向銘刻於「非洲
主義」論述檔案中的「文本態度」(textual attitude)挑戰，所
以他們無論如何批評西方如何遂行其支配權力，都沒有能力
在西方的支配之外想像一條出路。

　　然而同時，《文化與帝國主義》和馬克思與文化唯物論
思考的關係也是曖昧不明的。一方面，書中再度確定作者得
力於葛蘭西之處(雖然《文化與帝國主義》提到霸權之處不
多)，而且援引霍布斯邦(Eric Hobsbawn)與基爾南(V. G.
Kiernan)等人的馬克思主義史學，與之相輔。薩依德分析交織
的文化史底下的經濟與政治現實時使用的視境，以及他意識
到歷史上的一些問題可以歸結為關於土地與領土的鬥爭，現
在則是剩餘利潤的鬥爭，也都有濃厚的馬克思主義色彩。這
些時候，薩依德穩據一種現實主義的認識論，其特點是留意
權力鬥爭的結構與建制形式。然而，《文化與帝國主義》卻
又重提《東方主義》反對馬克思之論，而且指責雷蒙・威廉
士在其批評中未能注意帝國主義問題。此外，薩依德一面強
調對當前的文化關係必須有一個全球性的觀念，一面卻明明
白白拒斥阿馬德等馬克思主義者主張的那些有系統的，全體
化的解釋模型。

這種折衷主義或許是《文化與帝國主義》的長處兼弱點。折衷主義進一步明顯可見於薩依德繼續汲源於《東方主義》裡角色曖昧的人文主義傳統。全書開頭就是一項看似非常之舉，將艾略特與法農並列，而且艾略特到終篇都是一個重要的參考點。的確，薩依德本能上似乎偏愛左傾的文化分析典範，但他十分樂於(毫無猶豫)援引保守批評家之作，諸如費爾豪斯(D. K. Fieldhouse)的帝國史學，或馬丁‧葛林(Martin Green)的「帝國文學」研究。薩依德繼續力言相互關連與調和的重要，在過程中做了許多眞正發人深省的參考對照，但他有時候幾近重新銘刻舊人文主義「共同文化」(common culture)模型中牽涉的一些難題──只是不是在一個國家的層次，而是在全球層次。有時候，他不能不令我們想起阿諾德在《文化與無政府》(*Culture and Anarchy*)中的計畫(事實上，《文化與帝國主義》好幾次提到阿諾德，雖然只是順帶一筆，而且提法不盡然是正面美言)。面對全球衝突與日俱僧的急迫問題，薩依德認爲，強調一個共同「傳統」(heritage)的價值，將有助救濟。阿諾德看到菲利士丁人(Philistines)與野蠻人(Barbarians)之爭，薩依德看到全球許多地方(包括西方)各種文化民族主義者各執一端。不過，薩依德不是要英國文學轉益兼綜法國與古典文學，而是將西方正典與非西方文化捉置一處。這「共同文化」的執行者，則類比於阿諾德所說的沒有階級的「外國人」(aliens；放在當前脈絡裡來看，此詞甚具反諷涵義)，基本上沒有很強烈的國族關連，他們──無論他們人在何國何地──已「出航過界」

(voyage over)而達到一種超國族的文化認同。

　　薩依德提出「新人文主義」為新的解放論述的前提與目標，其基本識見不能與歷史上的西方人文主義混為一談，這一點很清楚，但是，比起阿諾德在一個不同時代裡用一個限制更大的參考架構提出的方子，薩依德的處方是不是就沒有那麼脆弱，則不甚清楚。關鍵難題在於如何建構一個共同文化，這共同文化承認並尊重正當的差異，但並不保持政治現狀，而是由共享文本來構成一種擬精神境界，並訴諸此一境界所體現的「更高」真實，從而化解現實、物質的利益衝突。阿諾德的圖式，基於其所選擇的那些文本，以及對文化所下的定義，實際上大致重新肯定中心的文化與意識型態權威，其所重新構思的國族文化也因而將婦女、勞工階級和地區少數族類的地位打了折扣。薩依德由於不願將西方的文化正典加以重新表述或加以延伸(而他一直都大力強調，在西方對世界其他地方的支配裡，西方的文化正典是相當大的共犯)，他所構思的國際層次的共同文化極可能確定，甚至產生，一大系列的邊緣與局外人。

　　我對薩依德的批評做了這麼一場嚴格的批判，但我希望這是同情的批判。(我和現今在這個學術領域工作的其他大多數人一樣，從他獲益良多。)薩依德的重要性，為許多批評家所共見，在結論裡，我要肯定他們這個看法。薩依德的影響力在諸多學術領域顯著可索，只有少數當代文化批評家堪與比擬。在比較文學、人類學、社會學、區域研究、政治學及英國文學上，薩依德的理念都引起廣泛的興趣與驚奇，啟發

數量可觀的繼起之作。史普林克有此一評：「這些領域裡的
專家對他的介入每多批評，但整體而言，他們無法忽視他，
也不能輕易打發他。[108]」薩依德在其悠長而出色的生涯中所
提諸多問題的重要性，由此可見。其中最富挑戰性的一個問
題，就《東方主義》問世以來後殖民理論——更廣而言，後
殖民批評——所走的方向而論，確實是最富挑戰性的。這問
題是，再現文化差異的時候，可不可能不訴諸本質論的認同
模式，或者，可不可能不將不同的文化化約成彼此可以互換
的東西，變成一套由武斷做成的對等物構成的系統。更緊迫
一點，薩依德追問，「真」知('true' knowledge)——或者，以
非強制、非化約的方式再現「他者」——是否可能。在這些
探討背後，有一項更深層的關心，薩依德如此表達：「人類
的現實似乎真是分裂的，但是，將人類的現實分裂成截然不
同的文化、歷史、傳統、社會，甚至種族，我們還禁得住後
果，還能人性地活下去嗎？[109]」薩依德以他自己的方式，就
我們時代一些最迫切的議題提出這類大問，並且使這些議題
在當代西方的文化辯論中始終位居前線，他因此至今盛譽不
墜——無論他為了他自己為這些問題提出的答案而受到什麼
樣的批評。

---

108 史普林克，《薩依德》導論，頁2。
109 薩依德，《東方主義》，頁45。

三
史畢瓦克：解構的轉折

　　出身印度而在美國工作的批評家史畢瓦克，其著作對後殖民的文化分析形式構成極為可觀且極為創新的貢獻，她的論文也是此一領域中最難捉摸，最複雜與最具挑戰性之作。的確，連《史畢瓦克讀本》(*The Spivak Reader*)的編者也承認，「史畢瓦克的文章每每使人體驗到無法克服的困難，並且〔可能〕使人過度意識到自己的無知或愚鈍，以及理論的無用」[1]。為了彰顯史畢瓦克著作的獨特性質，也許可以由點出她的批評與薩依德互成對比之處來入手。兩人的差異，從史畢瓦克的寫作方式，她的寫作題材、批評方法及她所鼓吹的價值，可以看出來。

　　首先，史畢瓦克的風格有時候從根本上挑戰薩依德遵守的那些固有學術論述傳統。史畢瓦克在《在別的世界裡》有個地方描述說，她嘗試以傳統的學術模式寫作，備感挫折，只好改採一種比較適合她的氣質與目的模式。雷伊・周(Rey

---

1　史畢瓦克，〈價值問題散思〉(Scattered Speculations on the Question of Value)，《史畢瓦克讀本》(*The Spivak Reader*)，頁107。

Chow)曾形容史畢瓦克的書寫特質為「粗糙而沒有完工」，這特質有一部分導源於她謀篇成書往往有一種臨時性，而且不拘形式，她自己也指出，《局外於教書機器之中》(*Outside in the Teching Machine*)有些地方採用「沉思推敲的風格」(musingstyle)[2]。《後殖民批評家》(*The Post-Colonial Critic*)則以一系列訪談出之。(弔詭的是，這不拘形式每每無助於使她的著作更容易了解；書中許多訪談可以看出，她的對談者想了解她的論點，十分吃力。)

就是史畢瓦克比較正式之作，往往也有「事件」般的支離破碎感，這一點她自己也承認：她形容一個國際架構裡的〈法國女性主義〉(French Feminism in an International Frame)，稱之為這些「碎片般，掌故軼聞般的篇什」[3]。所以如此，部分原因在於，她作為一位批評家，無論其人自身，或走筆論事，都採取干預主義(interventionism)的立場——甚至帶有戰鬥的特性；戴維斯(Robert Con Davis)與葛洛斯(David Gross)形容她的作法像「執行任務」(performative)[4]，

2　Rey Chow，〈理想主義之後的倫理學〉(Ethics after Idealism)，*Diacritics*, 23.1, Spring 1993，頁7；史畢瓦克，〈再談女性主義與解構：折衝〉(Feminism and Deconstruction, Aagin: Negotiations)，《局外於教書機器之中》，頁122。

3　史畢瓦克，〈國際架構裡的法國女性主義〉，《在其他世界裡》(London: Routledge, 1987)，頁135；史畢瓦克的風格可能有得一些法國女性主義書寫的非正統模式，如形容該模式是「隨筆兼散文一詩」。

4　戴維斯與葛洛斯，〈史畢瓦克與底層氣質〉(Gryatri Chakravorty Spivak and the Ethos of the Subaltern)，James S. Baumlin與T.F. Baumlin編，《精神氣質：修辭與批評理論新論文》(*Ethos: New Essays in*

頗中要點。另外，史畢瓦克出其奇思，將大不相同的事題並
列討論，也有關係。例如1986年的〈帝國主義與性差異，
(Imperialism and Sexual Difference)，將波特萊爾、吉卜林和
十八世紀東印度公司檔案共聚一文，史畢瓦克自己說，她選
中這些文本，有點機緣湊巧。史畢瓦克的著作的片斷特質，
另外還有個來源，就是她的理論策略，特別是她以解構爲旨
的「持恆批判」(persistent critique)部署。這種方法與《東方
主義》那種全體化、構起一套系統的「建築」形成鮮明對
比，要爲「跟隨〔受分析的文本的〕修辭──借喻法──而
行，無論終底於何處」[5]，有時候跟入死胡同，然後循來路退
出。傳統的學術性敘事，目標是連貫地構築，以至於收尾結
篇，到收尾之時，全文已就討論中的特定文本或理論難題獲
致整體而確定的「眞理」。對這種傳統方法，史畢瓦克格外
存疑。

在主題層次上，薩依德與史畢瓦克也有同樣清楚的差
異。廣義而言，早期的薩依德(早朝的巴巴亦然)以殖民論述
爲主要的注意對象，史畢瓦克的重點相反。史畢瓦克在殖民
論述的分析上有些精采之作，像1985年的〈席爾穆爾的拉
尼〉(The Rani of Sirmur)、1985年的〈三個女人的文本與一種
帝國主義批判〉(Three Women's Texts and a Critique of

Rhetorical and Critical Theory), Dallas: Southern Methodist University
Press, 1994，頁70。
5　史畢瓦克，〈一言以蔽之：訪談〉(In a Word: *Interview*)，《局外於
教書機器之中》，頁21。

Imperialism），及1986年的〈帝國主義與性別差異〉，但史畢
瓦克最具特徵之處是她以各種反論述（counter-discourse）為注
意的焦點。她因此而涉入極為紛然多樣的工作，諸如印度底
層研究群的史學，與阿爾及利亞女性主義者馬莉—艾美‧艾
莉—魯卡斯（Marie-Aimee Helie-Lucas）合作，並從事對後殖民
創作的批評，尤其在視覺與語文媒體方面——例如狄巴（Aissa
Djebar）、魯西迪及庫雷西（Harif Kureishi），而且分析並翻譯
馬哈斯維塔‧戴維（Mahasweta Devi）的孟加拉語小說。

　　史畢瓦克要求，後殖民分析最要緊的，是處理（後）殖民
主義的文化時，應該體現「對異質性的持恆認知」[6]，她範圍
廣泛的興趣與此要求是一致的。因此，〈席爾穆爾的拉尼〉
警告，論者不能以印度為整個東方的典型（這與《東方主義》
相反，《東方主義》以中東為東方的典型），殖民形構內部的
差異不能忽略（與薩依德相反，至少在《東方主義》某些地
方，薩依德認為西方的東方主義是全體一致的）。史畢瓦克並
且主張，歷史上的壓迫經驗有其變化，這些變化必須顧及
（《東方主義》將所有臣屬民族的經驗同質化）。史畢瓦克認
為，居住於都會的移民與留在第三世界的後殖民臣屬民族之
間；散居漂泊（diaspora）的模式與階級之間（例如1850年以前的
奴隸出口，與1945年以降的自願移民之間）；散居漂泊的群體
的文化關連、位置、經濟功能及社會地位之間；第三世界社
群的階級或種族認同之間；以及後殖民時代散居異域者以都

6　史畢瓦克，〈底層研究：解構史學〉，《在其他世界裡》，頁211。

會語言爲媒介的書寫，與「本地」語言的傳統書寫之間，在在有其差異，有時甚至衝突，忽視這些差異與衝突，十分危險。爲了強調（後）殖民主體的異質性，史畢瓦克特別堅持「女性主體」自成一個分析範疇，她的著作也始終講究以性別來區分（後）殖民主題。《東方主義》對婦女在殖民者與被殖民者中的地位都只給予有限的注意，《文化與帝國主義》也留在一種基本上屬於男性／男性主義的觀念地平線之內，但性別議題是史畢瓦克的中心關切，既縱貫她整個生涯，也橫貫她的所有興趣。

早期的薩依德與史畢瓦克在政治視境上也有重大差異，可從兩方面來說明。《東方主義》視殖民歷史爲不帶間斷的壓迫與剝削敘事，史畢瓦克傾向於就西方支配的影響提出一種比較複雜的看法（《文化與帝國主義》亦然）。她從未低估帝國主義的破壞性衝擊，但她堅持必須也認知其積極影響，她在著作中再三以獨特的弔詭，形容其爲一種「使人有爲的暴力」（enabling violence）或「使人有爲的侵犯」（enabling violation）[7]。同理，對當前國際分工的種種不公，她一直是最嚴厲的批評者之一，但她認爲當代「社會化的資本」（socialized capital）促進文明的力量是無從否認的。這一點的首要證明，是她自述她如何崛起爲今日人文學領域的領袖人物之一時，承認「是帝國主義的文化結構使我有所作爲」[8]。相

7　史畢瓦克，〈連繫於差異之中：Alfred Arteaga訪談〉（Bonding in Difference: Interview with Alfred Arteaga），《史畢瓦克讀本》，頁19。
8　史畢瓦克，〈女性主義與批判理論〉（Feminism and Critical Theory），

形之下，對於西方激進分子與(原有)被殖民者之間的結盟潛力，《文化與帝國主義》的看法比《東方主義》寬大得多，史畢瓦克則不是如此，對這類結盟的物質影響與政治意義，她遠遠沒有那麼樂觀。對西方的「善意」，她的嚴格批判審視或許有過於其他任何後殖民批評家。史畢瓦克斷定，帝國主義的敘述大都承諾要為被殖民者帶來救贖，西方的後殖民介入，用意無論是自由主義─人文主義，或是傅柯與德勒茲(Gilles Deleuze)的反人文主義，都有一個特性，就是其中體現那種承諾的視境。史畢瓦克的著作在這方面最可注意的一點也許是，對於在第一世界的女性主義與第三世界或後殖民女性主義之間找出任何方便的或內在的契合，她都持疑。的確，史畢瓦克認為，第一世界的學院女性主義處理第三世界的性別問題時，特別經常──雖然是無意識地──有愈幫愈忙之虞。

最後一項主題上的差異是，史畢瓦克的著作一貫關心教育的作法(與政治)，這個領域，薩依德(及巴巴)的著作絕少處理。史畢瓦克許多最出名的文章談論了教學環境及其所牽涉的問題。例如，〈帝國主義與性差異〉(1991)與1986年〈如何講授一本文化不同的書〉(How to Teach a Culturally Different Book)，探討講授文學中的殖民論述時遇到的困難，在討論文本時，如何對其中的價值觀加以批評，又不在無意

《在其他世界裡》，頁90；史畢瓦克，〈與暴力結構折衝〉(Negotiating the Structures of Violence)，《後殖民批評家》(Post-colonial Critic)，頁147。

識中複製那些價值。特別值得一提的是，她的著作尋求將非西方的文化生產引入西方學院，過程中並未略過非西方的文化生產對都會正典與研究模式的挑戰，故而沒有淪於使所謂「第三世界」文學永遠「底層化」（subalternization）[9]。在比較晚近的書寫裡，史畢瓦克詳研一系列途徑來促進她所說的真正的「超國族的文化研究」，尤其是在研究所層次，她提出的措施十分多樣，包括逐漸脫離對單一作者的研究，擴大必修語言的範圍，納入非西方語言，多注意非文學媒介與「通俗」文化形式，以及更有效地將批判理論整合於後殖民研究。這類建議每每對文學研究等傳統學術形構的諸多認定帶來挑戰，例如她說：「將文學『讀好』，本身是一種可疑的善，的確，有時候會在其意識型態框框內產生害處及『美學』冷感」[10]。（此話意思是，專門注意培養新批評）提倡的那種細讀技巧——〈席爾穆爾的拉尼〉聲稱，遲至1985年，細讀（close reading）仍是文學研究的主導取經——可能會造成讀者怯於處理文本的物質脈絡：文本從廣大的物質脈絡浮現，而且史畢瓦克認為文本有回應其物質脈絡的特性——至少有某種程度的回應。）

　　就批評方法而言，薩依德與史畢瓦克的對比同樣明顯。

9　史畢瓦克，〈底層階級的一個文學再現：來自第三世界的一個女性文本〉，《在其他世界裡》，頁241。

10　〈女性主義與批判理論〉，同上，頁84-85；關於「非關利害的解讀」，她的評論見於〈三個女人的文本與一種帝國主義批評〉，頁276。

首先，與早期的薩依德(及巴巴)對照之下，史畢瓦克一貫、審慎地承認，身為一個在西方工作而批評(新)殖民主義的人，她的特殊地位有其曖昧之處，她並且明明白白表示，由於置身於「一個以在意識型態上生產新殖民主義為務的工作場所」，她有「共犯」身分[11]。《東方主義》時或暗示，在分析模式與對象之外，有一個不沾不滯的空間，後殖民批評家拜其「親身體驗」或文化出身之賜，獨能優遊於此空間之中，史畢瓦克拒絕這種想法。因此，史畢瓦克著作中一個再三出現的母題是，要與西方的文化建制、文本、價值及理論作法「折衝」(negotiation)，而非簡單拒斥了事。這決不是說，史畢瓦克對這些建制與作法的態度是不帶批判性的。不過，她在1991年的〈新殖民主義與知識特務〉中解釋，對付敵人，往往必須到他們的地盤上，以他們自己的方法還治他們，至少首先必須如此。又由於她認知到「社會化資本」至少有其潛在的益處，史畢瓦克批評之作另一個再三重視的母題是她認知到，後殖民反論述──無論是批評或創作──的特徵是「持恆批判你不能要的東西」[12]。

　　史畢瓦克著作初看所以似乎難以捉摸而且零碎不整，在相當程度上導源於她在方法論層次上從事的「折衝」，以及拒絕為了倡用任何一門批判學派或文化／政治敘述而偏廢其餘。史畢瓦克的理論淵源極為複雜。例如她翻譯德希達的

11　史畢瓦克，〈底層研究〉，《在其他世界裡》，頁234。
12　史畢瓦克，〈新殖民主義與知識特工〉，頁234。

《書寫學》(1967; 1976譯)，而在法國的文化理論1960與1970年代興起於英美學術界這件事上扮演重要角色。但是，《在其他世界裡》雖然承認德希達對她具有種子意義的影響，她還是堅持「我不是解構主義者」[13]。她對馬克思主義的關係同樣難以論定。一方面，她向莎拉・達紐斯(Sara Danius)與史蒂芬・強森(Stefan Jonsson)坦承「我並非真的是馬克思主義文化批評家」，另方面，她卻對楊格說「我是老式的馬克思主義者」[14]。如此左閃右躲，部分可以理解為想藉此引人注意她運用這些理論的非正統方式。例如，她提過她「在馬克思的角落與縫隙裡工作」，她有心「翻譯佛洛伊德……換個途徑」，她還主張「有些事物必須誤讀(catachretized)」，解構主義是其中之一[15]。

葛林布拉特(Greenldalt)與甘恩(Gunn)合作的《重新劃界》(1992)，宗旨是演證前二十五年裡興起的批判理論與文化理論對英語文學研究的衝擊，史畢瓦克由於兼通多種方法學，她的著作被放在五個標題底下討論——就我所知，比其他任何批評家都多。由於她如此多門兼優，麥加比(Colin McCabe)稱她是「女性主義者馬克思主義者解構主義者」。(a

---

13　史畢瓦克，〈底層之談〉，《史畢瓦克讀本》，頁308；史畢瓦克，〈策略、身分、書寫〉，《後殖民批評家》，頁45。

14　達紐斯與強森，〈史畢瓦克訪談〉，頁31；史畢瓦克，〈新殖民主義與知識特工〉，頁244。

15　史畢瓦克，〈新殖民主義與知識特工〉，頁31；和德希達一樣，史畢瓦克對於將馬克思「激進化」、對於「開放」的馬克思，俱感興趣。

feminist Marxist deconstructivist)[16]。這標籤堪稱貼切,卻不宜視爲暗示史畢瓦克有意將這些不同的論述綜合成一種新的,內在連貫的文化批判形式,譬如一種可能被過度簡稱爲「後殖民理論」的東西。的確,史畢瓦克堅持,批評家必須在「沒有一個可以全體化(totalizable)的分析立足點」的情況下工作」[17]。此外,史畢瓦克的批評,另一特點是她有意「像釘樁圍地般標出(stake out)〔各種〕理論的局限」[18]。〈席爾穆爾的拉尼〉即是一例,文中從階級與性別的角度分析拉尼的身分,各種角度的分析是彼此分別演出的,部分是爲了說明這些分析角度彼此不相通,部分是爲了強調拉尼的多重認同具有不能化約的異質性。更特定一點說,〈席〉文談到「帝國主義的主題學」(the thematics of imperialism),揭露西方理論對帝國、種族與族裔等問題特有的盲目,而點出西方理論的危機。她有志「將馬克思的文本打開,開向他的歐洲範圍以外」[19],用意在此。

史畢瓦克的理論淵源裡,有些顯示她在某種程度上和薩依德之作有其相續互通之處。〈席爾穆爾的拉尼〉大量援引傅柯的論述理論,描述她所說臣屬民族與領土在殖民統治下「入世」(worlding)的一件典範式案例。透過——例如——地理與人種誌的「地圖繪製」(mappings)技術,席爾穆爾被建構

16　Colin McCabe,史畢瓦克《在其他世界裡》前言,頁ix。
17　史畢瓦克,〈法國女性主義〉,同上,頁149。
18　史畢瓦克,《局外於教書機器之中》前言,頁X。
19　史畢瓦克,〈底層研究〉,《在其他世界裡》,頁211。

成英國所要的「真實」，史畢瓦克所說的「入世」，不只指
此過程而言，還說明當地人民如何反過來被「說服」用那個
版本的現實取代他們自己原有了解與構造他們社會世界的模
式。史畢瓦克的分析，從官方殖民檔案取出她所謂「三個隨
機抽樣的他者化(Othering)例子」，分析方式大致呼應薩依德
一個論點：東方主義是西方建構殖民地的一個手段，這建構
方式與被建構的那些領土的「現實」(本地居民所理解的現
實)幾乎八竿子打不著。本章稍後將會說明，史畢瓦克特別有
興趣探討這些過程對被殖民者的主體構成及(後)殖民認同問
題的影響。

　　史畢瓦克與薩依德在方法論上還有進一步相通之處，就
是兩人對馬克思主義都有興趣，尤其對葛蘭西的著作。史畢
瓦克獲益於葛蘭西之處，最明顯可見於她對底層人的分析，
此詞透過底層研究群史家群取用，始源是《獄中箚記》，葛
蘭西在書中以此詞描述農村勞動與無產階級。古哈在《底層
研究選》(1988)的〈前言〉中解釋，他和同事借用「底層」
(subaltern)這個觀念來稱呼印度社會的非精英部分，他們基本
上是在鄉間，從赤貧的鄉紳，到「中上級」農民，皆屬之。
在〈底層人能說話嗎？〉等文章裡，史畢瓦克延伸詞義，及
於「更下」的社會階級，他們由於在更下層，因此殖民史學
與第三世界民族資產階級的史學都更看不見他們；她尤其關
心「所得僅夠生存的農民、沒有組織的農民勞動、部落種

族,以及街頭或鄉下的零所得工人(zero worker)」[20]。更特定
而言,她的著作針對女性底層受支配的地位而發,認為她們
由於在經濟上處於劣勢,在性別上又被壓制,而加倍邊緣
化。的確,史畢瓦克有時候似乎希望將男性都市無產階級排
除於底層範疇之外,將此詞限用於第三世界「都市次無產階
級」的婦女;在她比較晚近的著作裡,此詞的範圍又進一步
延伸而包括女性都市居家工作者,無論是第三世界的或都會
的,這個焦點上的改變,使〈底層人能說話嗎?〉等較早的
文章顯得意義深長──此點容後再說。

但是,這些共同的理論淵源,不能掩蓋一項事實,即薩
依德與史畢瓦克對他們共同汲源的理論有非常不同的詮釋。
例如,關於馬克思主義的社會與文化批評,兩人每每採取十
分不同的理路。前一章說過,《東方主義》對馬克思就殖民
主義所作的詮釋,採取高度批評的立場,說馬克思有關印度
的文字不只受東方主義論述決定,到頭來更是那些論述獲得
進一步鞏固的一股助力。史畢瓦克和薩依德(及巴巴)形成強
烈對照,她一貫尋求肯定古典馬克思主義分析對當代後殖民
著作的用處(她大概就是由於這一策略,而免於阿馬德在《理
論上》對薩依德與巴巴發動的那種攻擊)。的確,史畢瓦克談
她與馬克思主義的關係,前面指出她的陳述看起來自相矛
盾,我們如果記住,她認為正統的馬克思主義政治經濟傳統

20　史畢瓦克,〈底層人能說話嗎?〉(1988),威廉斯與克萊斯曼,《殖
　　民論述與後殖民理論》,頁211。

比雷蒙‧威廉士與詹明信等人的「文化主義」馬克思主義流
派更有用，矛盾就解決了。對「微電子資本主義」時代
(micro-electronic capitalism)國際分工的經濟結構及其「上層
結構」文化／政治後果，史畢瓦克比薩依德(及巴巴)給予更
多深入細節的注意。不過，史畢瓦克當然也曾獲益於某幾種
修正主義的馬克思主義──由她汲源於葛蘭西，可知其概。
她又留意「噤制的來龍去脈」(itineraries of silencing)，亦即
政治、文化、文學敘述如何將某幾種經驗或知識排除或邊緣
化以獲致連貫性與權威；她這方面的興趣從馬赫雷獲益良
多，特別是《一個文學生產的理論》(*A Theory of Literary
Production*, 1978)，以及後來的〈文本不言而言〉(The Text
Says What It Does Not Say)等文章。

　　〈底層人能說話嗎〉擴大探討社會下層人能不能為他或
她自己說話，還是注定只能以必然扭曲或「有利害關係」的
方式被認知、再現、代言，史畢瓦克將馬克思主義從《東方
主義》所做的那種批判裡救出來，此文是她的重大努力之
一。薩依德在《東方主義》裡倡言葛蘭西與傅柯的方法論趨
同一致，此文破解其說，辦法就是取各種馬克思主義批判來
覆案傅柯(與德勒茲)。由此角度，史畢瓦克對他們提出三大
批評。第一，她堅稱，德勒茲取「工人的鬥爭」為其政治理
論與實踐的組織原則，卻由於其無意識的歐洲中心主義而造
成缺陷，以至德勒茲「忽視國際分工，這忽視也是後結構主

義政治理論常有的一個標誌」[21]。史畢瓦克接下來說，傅柯與德勒茲看重微觀的(micrological)抵抗結構，亦即由地方衝突決定，透過志願組合而運作的結構，輕忽階級利益、全球資本主義與民族國家組合的宏觀(macrological)與「客觀」決定因素。史畢沒有完全否認微型抵抗模式的效用，但她力言它們不能抹煞更大的權力模式及其他潛在的抵抗基點與模式。

　　第三，史畢瓦克重新引入「意識型態」這個觀念，以便向傅柯與德勒茲的主體(subject)建構挑戰。她認為，他們按照一種簡化的「慾望」經濟來建構主體。據她所見，這種作法以類似自由主義人文主義的方式，將主體性、動因與認同弄成連貫而清晰的東西：「以欲望之名，他們重新將一而不分的主體引入權力論述[22]。相形之下，史畢瓦克的主體理論既汲源於古典馬克思主義「分裂且失所的主體」(個體與階級認同兩個層次上的主體)，也汲源於阿杜賽(在阿杜賽的著作中，去中心的主體全賴意識型態維繫，也全由意識型態給予主體性的幻覺)。據史畢瓦克之見，德勒茲與傅柯棄絕意識型態理論，復將慾望與利益之間必然不對稱的關係加以簡化的解決，才會認為「邊緣者」能有抵抗性的行動，有充分的自我知識，能為他／她自己說話，不必經過他人中介。兩人「沒有疑問地將受壓迫者這個主體英勇化(valorization)」，因而無

21　同書，頁67。
22　同書，頁69。前章註38說過，傅柯大體上敵視馬克思主義，對意識型態的觀念又特別敵視。

可避免地流於「一種本質主義的，烏托邦的政治」[23]。

更令人注意的一項差異，是薩依德與史畢瓦克對德希達的態度。廣義而論，薩依德重傅柯而輕德希達，史畢瓦克倒過來，至少就她1990年以前的著作是如此。她在〈底層人能說話嗎？〉提出這個論點；

> 我發覺，比起傅柯與德勒茲那樣直即、實質介入較多「政治」議題，〔德希達的〕形態論（morphology）更見工夫，更有用……他們的作法可能有使美國學院派成爲熱心激進派的危險影響[24]。

然而這並不是說史畢瓦克對德希達著作的每一層面都加以不帶批判的背書，此所以她主張解構這個字必須「誤讀」。她試圖「既運用又超越」德希達，基本作法是拿非西方的問題與困境來覆檢他的理念。不過，在後殖民領域裡的其他人對德希達發動攻擊後，史畢瓦克的工作可以從另一角度理解爲致力爲德希達平反，恢復他在後殖民分析上的用場[25]。更特定一點說，她的著作是有備而來，要反駁薩依德在

23　同書，頁69與71。

24　同書，頁104。

25　特別請看麥克林托克與尼克森對德希達的抨擊，'No Names Apart：The Seperation of Word and History in Derrida's "Le Dernier Mot du Racisme"，收於蓋茲《「種族」、書寫與差異》，頁339-530。史畢瓦克的〈三個女人的文本〉一文也收於這本文集之中，因此，她在文字裡雖然沒有直接談到這項爭論，但她曉得有此爭論，是不必懷疑

《世界、文本及批評家》裡對德希達的詮釋。

　　如第二章所言，薩依德對1980年代初期以降「激進」文化與批判理論的走向感到不安，《世界、文本及批評家》是他這股不安的第一個有系統表達。薩依德推重德希達的解構分析是值得一提的計畫，並且免了他的罪責，說他一些門徒的著作裡出現「新正統」，過不在他。然而他對德希達提出多項批評。首先，他指控德希達提倡一種「負面神學」，未能就世界提供「正面知識」。薩依德的意思是，德希達比較關心的是修辭性(rhetoricity)，以及文本性與意義的可能性的條件，而不是文本對它們外面的世界說了什麼、及文本就其外在世界說了什麼。薩依德指德希達忽略積極知識，這知識指的是文本如何中介、折射或壓制那些產生它們的權力脈絡。薩依德形容這是「一種極為明顯的自我限制，一種非常抑制人，令人不良於行的自我紀律。[26]」薩依德的進一步批評是，德希達將他自己置於他所描述的文本性之外，好讓他以自己的書寫來就其他作家與哲學家提供權威、「客觀」的分析。薩依德說，「我們必須問。……他怎麼能有系統地置身於logocentric世界之外，而其他作家怎麼就硬是無法如此」[27]。

　　傅柯早先對德希達有個分析，在新版《瘋狂與文明》

的。麥克林托克與尼克森論點的要旨隱含於其文章的題目之中，亦即，種族隔離制度的出現與演進受到一些現實物質條件決定，德希達沒有注意這些物質條件。

26　薩依德，〈批評：文化與體系之間〉，《世界、文本及批評家》，頁214。

27　同書，頁189。

（*Madness and Civilization*, 1972)的附錄裡，標題〈我的身體，這紙，這火〉(My Body, this Paper, this Fire)，此文本身是為了答覆德希達在《書寫與差異》(*Writing and Difference* 1967)裡對傅柯的批判，史畢瓦克論傅柯的時候，相當倚重德希達這書。薩依德批判德希達，理路貼緊傅柯的答文。由此可以見得，薩依德雖然有前章所說的那些擔心，但他明顯厚傅柯而薄德希達。薩依德認為，兩人都向支配文化的正統提出挑戰，都倡發雄心勃勃的思想計畫，但薩依德指出一個關鍵差異，即「德希達的批評入乎文本之內，傅柯則入乎其內，又出乎其外」[28]。薩依德說明這個論點，方式是討論兩人對aporia的處理。薩依德說，對德希達，這是一個純屬形式的問題，傅柯則認為aporia最令人感興趣的一點在於它啟露「由於別的東西被強加在思想上」而無法被思考的事物[29]。最重要的是，薩依德偏愛傅柯，因為傅柯關切「排斥的過程，亦即文化指定並孤立其對立物與反面物，以及文化指定並英雄化其自身權威的過程」[30]。因此，就文化描述被用來產生或確認特定與具體的政治歧視這點而論，薩依德認為傅柯比德希達更能使人了解文化——尤其(新)殖民文化是一張知識與權力連結而成的物質網絡。

　　薩依德的批判有幾個問題。如第二章所言，《東方主義》自己就使用底層／上層結構的模型，其中暗示權力以某

28　同書，頁183。
29　同書，頁214。
30　同書，頁216。

種純粹、未經中介、可以理解的形式存在,先於而且獨立於中介(特別是在文本性之中)。第二,薩依德自己讓正確的那種批評家享有特殊的系統獨立性,說這種批評家反正就是能存在於「支配文化的權利」與非個人的(impersonal)紀律與方法(savoir)之間[31]。(《東方主義》的一大理論正是說,批評是一種建制性的行為。)更重要的是,薩依德可以說在好些重要方面誤解德希達,其中之一是誤會「沒有『文本外』這回事」(there is no outside-the-text),此語其實是要求擱置文本與脈絡(context)之間的傳統區分,而不是薩依德推斷的,要加強這區分[32]。

在後殖民理論中實踐解構

對德希達的這類抨擊,取法於傅柯與德希達的辯論甚多,在這樣的背景下,〈底層人能說話嗎?〉宣布有意糾正史畢瓦克所說的一個常見誤解,這誤解是「傅柯處理現實的歷史,現實的政治和現實的社會關係;德希達則是不可解,

---

31　同書,頁22。

32　例如德希達的《有限公司abc》,頁198,及 "Biodegradables: Seven Diary Fragments",《批評探討》,15.4, 1989,頁841。此外,結構主義認為批評家能客觀地超脫分析對象,德希達一向用心否認這一點。見〈人類科學論述裡的結構、訊號與遊戲〉(Structure, Sign and Play in the Discourse of the Human Sciences),《書寫與差異》(*Writing and Difference*), Alan Bass 譯 (1967; London: Routledge & Kegan Paul, 1978),尤其是頁280-81。

隱奧和文本主義的」[33]。史畢瓦克試圖指出「德希達著作中對
第一世界以外的人有長期用處的層面」。爲了便於討論，史
畢瓦克將解構應用於後殖民議題。這應用可以分成兩條理路
來談（當然，對一個解構主義者，這兩條理路的區分是不能成
立的）。一方面，她視解構爲一種「消極科學」（negative
science），其目的不在產生「積極知識」，亦即不在於確立一
個文本或問題的「權威眞理」；此外，它既不能理解爲（和——
——例如——《東方主義》有時採取的方式相反）一種意識型態
批判的形式，也不能理解爲「揭露謬誤」。史畢瓦克的重點
是要揭露一個敘事，政治、文學、歷史或理論敘事透過什麼
認定、策略與修辭而被建立與中介。此外，史畢瓦克規撫其
師保羅・德・曼（Paul de Man）在《閱讀的寓言》（*Allegories of
Reading*, 1979）裡的作法，同樣有興趣探討文本的修辭或風
格，無論是殖民論述或當代的文化分析模式，如何岔擾與觸
牴它們的邏輯或主題命題。這些岔擾產生她所謂的「認知的

33　史畢瓦克，〈底層人能說話嗎？〉，頁87。德希達否認自己走非歷史
　　主義。見〈然而超乎……（致麥克林托克與尼克森的公開信）〉（But
　　Beyond……Open Letter to Anne McClintock and Rob Nixon），Peggy
　　Kamuf譯，蓋茲，《「種族」、書寫與差異》，頁339-353。在
　　Biodegradables一文裡，他說解構其實是最歷史的方法。見頁821。不
　　過，德希達對後殖民分析的意義，始終甚受爭論。持疑甚至敵意的立
　　場，包括R. Radhakrishnan，〈族裔認同與後結構主義的延異〉
　　（Ethnic Identity and Post-Structuralist Differance），收於詹默罕穆德與
　　Lloyd，《少數論述的性質與脈絡》，頁50-71；與Rosemary Jolly，
　　〈解放的彩排：當代後殖民論述與新南非〉（Rehearsals of Liberation:
　　Contemporary Postcolonial Discourse and the New South Africa），*PMLA*,
　　110.1, January 1995, 頁17-29。

失敗」(cognitive failures)，她有很多文章分析這些失敗，但否認自己意圖「建議一個正確的認知動作的公式」[34][35]。

這種「認知批判」(cognitive critique)有個中心要素，就是史畢瓦克習慣「逆讀」(reading against the grain)，取一文本所聲言的邏輯，或者其表面意義，反其道而解讀之。她的作法，是注意一個文本的「切線」(tangents)；在〈三個女人的文本與一種帝國主義批判〉裡，史畢瓦克集中處理次要角色、次要情節或乍看屬於邊緣性的母題，從而帶出各種正典十九世紀女性文本觀念架構裡無意識地種族化的本質。具有同等特色的，是徙置變形(reconstellation)或誤讀的技巧。前面一詞，史畢瓦克意指將整個文本「抽離其本來脈絡，置於完全不同的論證之中」[36]。例如1988年的〈底層社會的一個文學再現〉一文，取戴維(Mahasweta Devi)所寫故事Stanayadini中的「底層社會材料」來檢測多種「精英」西方理論論述，而揭露這些論述的局限與缺失。誤讀較為局部、戰術性，將特定的意象、觀念或修辭策略揪離它們在一件敘述裡的位置，用它們開啓新的意義區域(往往與它們在傳統上理解的意義與功能正好相反)。前面提過，她從根本上重新界定葛蘭西對底層的觀念。同時，在〈底層人能說話嗎？〉裡，她 取德希達著作裡的「他性」(Otherness)一種非常特別的定義，在一種末世學意義中衍釋的「他者」，加以重新構思，用來批評都

---

34 史畢瓦克，〈底層人能說話嗎？〉，頁87。

35 史畢瓦克，〈底層研究〉，《在其他世界裡》，頁202。

36 〈底層階級的一個文學再現〉，同書，頁241。

會對(後)殖民他者的概念。

　　不過，從另一角度看，史畢瓦克認為解構有一個更具直接肯定性的模式。她認為解構本身定然無法提供一個政治方案的基礎──〈席爾穆爾的拉尼〉說，解構「的願望不是要主持〔新〕社會之建立，而是當牛虻」，她還警告說「根據解構的內建激進主義提出主張」是不智的[37]，但她仍然認為解構在多方面具備使人在政治上有所作為的潛力。首先，她認為解構具有一些特質，而這些正是薩依德不時看重於傅柯的特質，也就是解構有一種潛力，能使人更加意識到被排除或被邊緣化的社會成分，而且可能在其解放(「發聲」)裡發揮助力。因此，她留意一個理論或文本如何為了成為連貫或權威的敘事而壓制或忽略某些社會層面，又注意居於支配地位的社會階層如何以霸權方式運作，兩者是彼此搭配的。她在這兩方面的關鍵作法是追蹤一個敘事使某一(些)階層默不得語，將之寫掉(或勾銷)的過程[38]。更明顯的是，史畢瓦克以解構來顛覆支配論述賴以正當化其權力的二元系統。史畢瓦克並且深信解構的「矯正」潛力，亦即解構具有「政治防護」(political safeguard)作用，也就是防止政治方案與文化分析複製它們聲稱要破壞的那些認定。史畢瓦克稱之為「決裂暗藏

37　史畢瓦克，〈席穆爾的拉尼〉，頁147；故畢瓦克，〈馬克思與德希達的局限與開放〉(Limits and Openings of Marx and Derrida)，《局外於教書機器之中》，頁821。

38　史畢瓦克，〈後現代條件：政治的終結〉(The Post-modern Condition: The End of Politics)，《後殖民批評家》，頁31；比較德希達(Biodegradables)，頁821。

有重複」(repetition-in-rupture)(例如將東方英雄化以凌掩西
方,作爲撤廢東方主義霸權的手段),其危險是你會留在敵人
所界定的邏輯之內(《東方主義》時或如此)。史畢瓦克認
爲——如後期的薩依德——倒轉一定要有(這個階段是不能跳
過不做的),但接下來必須將對立項置換:「沒有如此拉開距
離以補之,一個立場和它的反立場……將會不斷將彼此正當
化」[39]。對史畢瓦克,亦如對德希達,直接的反霸權論述比
「切線」(tangential)或wild的游擊戰處理模式更容易被支配者
取消,甚至被重新撥用。也基於這理由,她支持「折衝」與
「批判」模式,從支配者內部瓦解支配者。

據史畢瓦克之見,反霸權論述裡有兩個區域發生重新銘
刻支配者的意識型態的情形,是認同的定義,和進行研究的
主體所扮演的角色。先談第一個問題:據史畢瓦克視之,德
希達去中心主體的觀念極爲有用,能預防後殖民鬥爭在批判
對「認同」、「歸屬」及「起源」的傳統理解之餘墮入某種
基本教義政治。依史畢瓦克的看法,自我或主體不能理解爲
天生(innate),也不能理解爲既予(given),而是論述地
(dircursively)建構起來的,因此必然是「去中心的」:

> 一個主體效應(Subject-effect)可以簡要描述如下:看來
> 能作爲主體而運作者,可能是一張巨大而不連續的網

39　史畢瓦克,〈底層階級的一個文學再現〉,《在其他世界裡》,頁
　　250。

絡(廣義的「文本」)的一部分，構成這網絡的繩索可
以叫做政治、意識型態、經濟、歷史、性、語言，等
等……這些繩索構成的各種不同的結和形態——由許
多異質的決定因素決定，這些因素又取決於無數環
境——產生了一個能運作的主體的效應[40]。

這個「分散」(dispersed)主體的定義，主源是德希達，史
畢瓦克另外援引拉岡(Lacan)的理論，描述主體透過語言中銘
刻的秩序而浮現，去中心是必然結果。她也援引傅柯，說明
文本性銘刻作者與讀者及——延伸之下——主體，主體位置
必然是多重的。因此，文本就是「自我失去界線之處」，而
「他者在自我中的痕跡」[41]使認同與意識永遠不會充分自顯。

所以，存在主義的起源與歸屬觀念裡，所有認同的定義
都是固定的，史畢瓦克盡舉而拒斥之，就不足為異了。但
是，《後殖民批評家》嚴抨尋「根」者，乃是根據另一論點
而發，即，任何談「純粹」或「原本」的後殖民(或底層)意
識與身分的概念，都無從建立其主體的身分。忽視(後)殖民
主體的構成中涉及的「知識論暴力」(epistemic violence)，就
是以天真烏托邦的方式抹除(新)殖民權力漫長且暴力的有效
運作歷史。史畢瓦克，「印度人」(Indian)一詞就是殖民論述
的產物，作為一個身分範疇，它牽涉到外力勢力進行主體建

---

40 〈底層研究〉，頁204。
41 史畢瓦克，〈翻譯的政治〉(The Politics of Translation)，《局外於教
　　書機器之中》，頁180與179。

構的特定物質歷史，這歷史沒法一廂情願化掉：「『亞洲人』(Asian)之類」名稱並不寄繫於認同之中，而是不斷重製符碼以確保認同的場域」[42]。在這方面，史畢瓦克強烈呼應普拉卡西(Gyan Prakash)的論點，即後殖民主體被殖民主義及其遺產徹底「加工」過[43]。不過，第三世界在尋求其非西方的認同上，有趨於「基本教義」式觀念的傾向，但這傾向也並不是第三世界專有的特徵。有人憧憬「純正」的第三世界主體，史畢瓦克認為這情懷有一部分源自西方，西方許多「激進派」(像以純正「少數民族」產品為貴的消費者)一片好心，希望他們注意的主體愈「純粹」愈好。這和殖民論述對「高貴的野蠻人」(noble savage)那種弔詭的眷戀當然是可以並觀的，「高貴的野蠻人」被「拯救」(或者甚至連根拔起)，方法正是將西方的文明模式強加在殖民地上。

史畢瓦克依照「分散」與「文本」模式做認同的理論化，一個重要結果是她不接受只有後殖民主體能處理後殖民性(postcoloniality)。這個論點，她斥為「本土主義」(nativism)或「倒過來的我族中心」。史畢瓦克承認後殖民主體至今大致上仍被都會代言，但她認為不能以此認定她／他

---

42 〈銘刻：忠於尺寸〉(Inscriptions: of Truth to Size)，同上，頁211。此外，史畢瓦克認為，將「印度」或「亞洲」之類名稱拜物化，視之為「純粹」的本質，會破壞民族或族裔起源的大敘事內部的重要階級與性別區分，並且無視於各種不平等：太強調前者，牴觸她一項要求，這要求就是：持恆地承認「個別」認同的異質性。

43 Gyan Prakash，〈後殖民批評與印度歷史學〉(Postcolonial Criticism and Indian Historiography)，《社會文本》(Social Text)，31.2，1992，頁8。

對她／他自身的困境就特具洞見。據史畢瓦克之見，在印度的英語系所工作的印度人，並不比在西方的英語系所工作者更特別能掌握「印度的現實」。因此，她強烈維護「精英」（即「西方」）批判理論在分析後殖民與底層素材上的用處，而抗拒「本土主義」所持，這方面唯「地方」的理論或知識模式能有效適用的論點。在〈新殖民主義與知識特工〉裡，史畢瓦克諷刺因為她們認為「女性主義」是個起源於西方的論述而拒絕「女性主義」一詞的第三世界婦女。有些「進步」的西方人說，他們因為缺乏所需知識，所以不應該處理（後）殖民性這個題材，史畢瓦克認為這是遁辭：

> 我們要求的是……霸權論述的持有者將他們的立場和他們自己去霸權，學習設身於別人的立場，而不是簡簡單單說：「對不起，我們是非常好的白人，所以我們不為黑人代言。」這就像在人家門檻前捶胸頓足，掉頭一走，事情又老樣子下去[44]。

在1985年〈底層研究：解構史學〉（Subaltern Studies：Deconstructing Historiography）裡，史畢瓦克詳細討論這類論點的實踐影響，以及具有「矯正」作用的解構所能帶來的潛在同種療法式救濟，方法是檢驗底層研究群的一項嘗試。這項嘗試是，復原底層在殖民時期裡的意識表達。研究群的修正

44　史畢瓦克，（*The Intervention*訪談），《後殖民批評家》，頁121。

主義史學探索印度從帝國時期到獨立民族國家的發展，使用的分析模式不是強調其中的過渡，而是強調其衝突與失續。史畢瓦克文章開頭對這種史學方法稱讚有加。修正主義史學強調社會下層作爲歷史動因的角色，從而突顯「霸權」（即殖民與民族資產階級）史學的危機，史畢瓦克也承認這種作法的重要性。然而，史畢瓦克雖然與這個研究群互通，而且明顯與之共鳴，她仍然批評他們的嘗試方式，他們尋求復原社會底層的聲音時，將這些底層從殖民形構與本地社會的其餘階層——例如本地精英——分隔開來。然而底層人與這些階層是必然關連的，雖然相連的程度各各有別。普拉克西認爲，社會底層，就他們被支配者的霸權所建構的程度而言，當然不可能是自主自律的[45]。據史畢瓦克之見，造成問題更嚴重的是，研究群認爲社會下層有其「純粹」或「本質」的意識形式，將殖民論述與實踐擱開不談，就能獲致這意識的眞相。事實上，底層作爲一個社會範疇，其臣屬地位是被殖民論述與實踐所建構的。這些因素其實促發了一個「認識論的折裂」（epistemic fracture），意思是底層只作爲「有意圖的抵抗主體」（intending subject of resistance）而進入殖民文本性（colonial textuality），例如依殖民官員或史學家之命而進入，而殖民官員或史學家是基於自身爲先之利，將動機（與主體

---

45 普拉克西，〈後殖民批評與印度歷史學〉，頁9。這樣的批評並不完全公平。古哈承認，他的焦點是底層經驗，視之爲一個可能「自主的領域」，但精英與底層之間也有「大量重疊之處。見《底層研究選》的〈前言〉，頁40-42。

性)賦予底層。據史畢瓦克之見，底層研究群未能充分考量這「認識論的折裂」，而且重新銘刻資產階級／人文主義的底層動因模型，透露了研究群複製殖民主義本身基礎知識體制某些層面的程度。因此，「我們必須看出，他們的作法有與殖民困境決裂之處，也有重複那困境之處」[46]。

　　底層研究群雖然有其「認知上的失敗」，史畢瓦克還是為其寬解。首先，她減輕她的批評，理由是相較於民族主義史學集中討論地方精英，以及西方習慣上留意可以直接為第一世界所了解的第三世界團體，研究群嘗試探討最邊緣社群的經濟。第二，史畢瓦克認為，「純粹」（且可能）的底層意識是一項必要的「理論虛構」（theoretical fiction），由此出發，才能批判居於支配地位的殖民與民族資產階級史學。她指出，馬克思、葛蘭西與德希達自己使用各種「虛構」的建構，都富於生產性。因此，主權主體(sovereign subject)這個觀念是「產生行、知、存有的條件」[47]。在她最常被引用的一段文字裡，她說，基於此故，底層研究群在其著作中部署這麼一個主體，或許是有正當性的：「因此，我要將之解讀成為了審慎計慮之下可得而見的政治利便，而策略性地運用實證主義的本質主義(positivist essentialism)。[48]」但是，「策略性地以本質主義為掩護」雖然可以，而且史畢瓦克自己也經常這麼做，但這觀念必須時時「壓在橡皮擦底下」，不可誤

46　史畢瓦克，〈底層研究〉，《在其他世界裡》，頁202。
47　史畢瓦克，〈一言以蔽之〉，《局外於教書機器之中》，頁10。
48　史畢瓦克，〈底層研究〉，《在其他世界裡》，頁202。

爲「普遍眞理」。

如前所言，史畢瓦克處理「調查的主體」所扮演的角色
及其政治意涵時，也體現她所說具有「矯正」功能的解構。
在〈底層研究：解構史學〉裡，史畢瓦克說，研究群創構一
個受壓迫者能說話的空間，而誤以爲能夠規避這樣創構的影
響。在這方面，研究群陷入〈三個女人的文本與一種帝國主
義批判〉指出的問題：「然而，驅動我們的如果說是對失落
的起源的懷戀，那麼，我們也陷入一種危險，就是抹煞『土
生者』(native)而出之以『眞實的卡利班』(the real Caliban)，
忘了他是一個劇本裡的名字，一個被可以詮釋的文本〔建構
了卡利班的帝國主義論述〕包著的難解的空白。⁴⁹」〈底層人
能說話嗎？〉以西方「激進」理論的脈絡，更有力地發展此
一論點。德勒茲與傅柯自認「透明」，易言之，他們能夠不
被整個西方對第三世界的剝削系統所決定──西方的知識模
式與知識建制(諸如大學及文化理論)其實深深牽扯在那系統
裡；他們作此自認，以便「善意地」介入，促進底層爲了取
得更多承認與權力而做的鬥爭。史畢瓦克找出他們這種認定
的矛盾。她認爲這是西方再現手法的一個典型例子，亦即爲
底層經驗代言，或代表底層經驗──這與過去西方在正式帝
國主義時代爲底層建構主體地位的過程一脈相承(雖然看起來
是向這過程挑戰)。

爲了論證此點，史畢瓦克將傅柯與德勒茲的著作並置臚

49　史畢瓦克，〈三個女人的文本〉，頁264。

列，說明德勒茲論述十九世紀初葉印度禁止寡婦殉葬之事時，如何擅用爲受壓迫本地婦女代言的特權。德勒茲關鍵布局就像席爾穆爾的拉尼——是建構一個印度女性的角色，來證明帝國強行其「現代化」、「解放」及「進步」體制有理，這過程同時也鞏固了大英帝國文明較爲優越的自我意象——這文明比遭受「墮辱」的本地婦女和她的本地壓迫者都優越。史畢瓦克在〈三個女人的文本與一種帝國批評〉裡指出，《簡愛》中的傳教士聖約翰・里維斯(St John Rivers)說他傳教有理，因爲他的計畫既有助印度的「解放」，也有助使他自己的族類變得更好。這類態度一直持續到本世紀，即反對殖民統治者亦然。史畢瓦克舉作家兼傳教積極人士愛德華・湯普森(Edward Thompson)爲例。史畢瓦克認爲，湯普森儘管有時強烈批評帝國主義，仍然經常「撥用印度婦女，以拯救她於〔印度的父權〕『體制』爲己任」[50]。

　　寡婦殉葬論述中的撥用過程，有個核心作法是派一個「聲音」(voice)——代表自由意志與行動力——給底層婦女。以英國人而論，英國人認爲這聲音是向帝國主義者求助解放，本地男性則認爲這聲音自願遵循殉葬之俗。〈底層人能說話嗎？〉認爲兩種看法都不能視爲信實代表女性底層社會的「眞正」聲音。史畢瓦克指出，英國人連他們所「拯救」的人的姓名都不會拼，經常把專有名字翻譯成普通名詞。另方面，她指出，在印度社會裡，執行寡婦殉葬的嚴格

50　史畢瓦克，〈底層人能說話嗎？〉，頁101。

程度，和寡婦持有的財產數量成正比──因此，貧窮婦女往往可以免受較富有婦女之苦。在這兩種寡婦殉葬的論述裡，底層的聲音都被腹語化；「被代言」，史畢瓦克說，我們「從未遇見婦女聲音意識(voice-consciousness)的證詞」[51]。於是，在殖民主義與本土家父長制之間(在當代而言，可能換成民族主義與地方家父長制之間)，「婦女這個人消失，不是消失於空無之中，而是消失於劇烈的穿梭之中」，「第三世界的婦女」就這樣陷在傳統與現代化之間，沒有了位置[52]。

　　據史畢瓦克所見，傅柯和德勒茲都沒有充分知覺，他們以「善意」的現代西方知識分子來介入，給「邊緣者」主動力，讓他們作見證，自己就成了撥用的歷史的一員，兩人也沒有充分知覺，他們就邊緣者作為邊緣者所下的定義，強化了他們自身作為底層經驗詮釋者的威勢：「左派知識分子開列種種具有自知的，政治上狡黠的社會底層的名單，這些名單的平凡瑣屑在此流露無餘；這些知識分子再現他們，結果把自己再現得透透明明」[53]。無論是作為帝國時期「我族中心主義的鄙夷」的對象，或作為今天「誇張的敬佩」的對象，底層的功能(與主體地位)基本上始終是由西方建構的。史畢瓦克認為，傅柯與德勒茲建構底層的方式，與主流男性西方心理分析論述生產「婦女」的方式是類似的，她對傅柯與德勒茲的批判，具見於此精采的類比之中：

51　同書，頁93。
52　同書，頁102。
53　同書，頁70。

如莎拉・寇爾夫曼(Sarah Korfman)所示，佛洛伊德以婦女爲代罪羔羊，充滿曖昧，這曖昧性是一種反動形構，造成這反動的是一股自始就在而且持續不斷的，要給歇斯底里者一個聲音的欲望，要將她變成歇斯底里的主體的欲望。男性／帝國主義的意識形態形構將那欲望塑造成「女兒的誘拐」(daughter's seduction)，這形構是建構了一成不變的「第三世界婦女」的那個形構的一部分⋯⋯因此，面對「底層能說話嗎？」，和「底層(作爲女性的底層)能說話嗎？」這些問題時，我們致力在歷史裡給底層一個聲音，將會雙重可能陷入佛洛伊德的論述所陷入的危險[54]。

　　將傅柯之說應用於分析邊緣社會，或以傳統的經驗方法分析，有其窒礙之處，史畢瓦克認知到，將德希達的《書寫學》不加修飾地應用，也可能出現同樣的一些窒礙，但她也認爲，作爲從事研究的主體，德希達表現了一種批判性的自我知覺，能預防走入傅柯與德勒茲那種死胡同。她主要是分析《書寫學》裡一段文字，來支持此一論點。華波頓(Warburton)與萊布尼茲(Leibniz)等西方學者用中文來描述一種「普遍語言」(universal language)的原理，德希達解剖他們就中文所做的用法。爲了一個他們認爲所有人類都能受益的「更高目標」，他們將中文的專有特質「寫掉」(即使他們是

54　同書，頁92。

仰慕中文的)。這例子是用來警告當代西方知識分子，談他者
的文化的時候聲稱客觀或不涉利害，至今都有危險。據史畢
瓦克之見(再度與薩依德在《世界、文本及批評家》裡的詮釋
形成強烈對照)，德希達細心注意自身立場的種種弔詭，為
「如何防止我族中心主義的主體〔特別是西方觀察家〕由選
擇性地界定一個他者而樹立自己」這個問題提供了解決辦
法：55

> 相形之下，將思想或思考中的主體變成透明或隱形，
> 似乎掩飾了一種無情的承認，亦即以同化他者來承認
> 他者。為了防範這種情況，德希達不乞靈於「讓他者
> (們)自己說話」，而是「訴諸」或「呼喚」「完全的
> 他者」(tout-autre，與一個自我鞏固的他者相反)，「將
> 那內在的聲音——他者在我們內裡的聲音——變得欣
> 狂」56。

依史畢瓦克之見，比較好的作法不是如德希達已有批評
的，以「承認」來同化他者，也不是像傅柯與德勒茲那樣，
「善意地」派給他者一個身分，而是以底層的經驗為「不可
理解的空白」而保存之，用來顯示西方知識的眼界與局限。

55　同書，頁87；見《書寫學》頁74-81，德希達在這裡討論十八世紀一
　　種描述性的「普遍語言」的計畫。德希達指責歐洲哲學犯了我族中心
　　主義，但他自己也重蹈此病，因為他視之為一種獨屬歐洲的問題。
56　史畢瓦克，〈底層人能說話嗎？〉，頁89。

後殖民框架中的「透明」女性主義

　　對反霸權的文化分析模式，史畢瓦克的進一步批評是它們未能充分注意性別問題。例如，關於社會底層研究群的史學，她的評論是「婦女被當成象徵性的交換對象的重要工具性」[57]有時被忽略，她並且指責，傅柯與德勒茲的著作對「帶性別的主體」(sexed subject)同樣缺乏留意。但是，為了糾正這種「性別盲目」(gender-blindness)，史畢瓦克在西方女性主義的介入中也沒有找到多少安慰。的確，她對傅柯與德勒茲等人的批判，其要素早已預示於一些論文之中，像〈一個國際框架中的法國女性主義〉與〈三個女人的文本和一種帝國主義批判〉，兩篇文章處理西方女性主義的「透明性」，並討論西方女性主義表面上為底層婦女執言，其實是一種帶有（自我）利害動機的介入。引起〈一〉文的，是伊蘭‧馬爾克斯(Elaine Marks)與伊莎貝爾‧德‧寇蒂夫宏(Isabelle de Courtivron)合編的文集《新法國女性主義》(*The New French Feminisms*, 1981)，史畢瓦克由此宣布要研究「世界上的特權社會」如何「支配其他社會」[58]，以及「激進」女性主義在那論述中的位置。

　　史畢瓦克討論女性後殖民知識分子相對於（西方）文化理

57　史畢瓦克，〈底層研究〉，《在其他世界裡》，頁217。
58　〈法國女性主義〉，同書，頁150。

論的定位性(positionality)，由此正切式地(tangentially)論證她的看法。文章開頭，史畢瓦克指認(認同)一位年輕的蘇丹學院女性，並且以她具體而微地說明，屬於支配地位的西方知識論述與學術方法——這裡指「結構功能主義」(structural functionalism)的「客觀」方法——如何誘惑非西方的學院中人，使其進入可能是明目張膽的歐洲價值與認定之中。在這方面，這位蘇丹講師透露了史畢瓦克自己的思想軌跡：「在這位蘇丹同行的研究裡，我看到我自己在意識型態上受害的一個諷諭。[59]」史畢瓦克描述，在美國念研究所的時候，她發現「獻身於女性主義是諸多〔政治〕劇本裡最好的一個」[60]。但是史畢瓦克說，她最初對「國際女性主義」的熱衷，不久變成對國際女性主義一些(大致上未經檢驗的)認定的懷疑，對國際女性主義隱然以普遍範疇自居來談女人、向女人發言，她尤其存疑。史畢瓦克認為，「國際女性主義」其實是已開發的西方世界的一個論述，論述之事也是西方世界，國際女性主義與第三世界婦女的接觸，底下藏著一種往往帶有施恩意味的使命，要為「處於不利地位」的姊妹們說話。

在這方面，克莉絲蒂娃受到史畢瓦克最詳細的批評。她的《關於中國婦女》(*About Chinese Women*, 1977)特別引起史畢瓦克敵意。在史畢瓦克眼中，克莉絲蒂娃對東方底層婦女的興趣是個典型例子，最足以說明第一世界婦女知識分子涉

59　同書，頁134。
60　同書。

入第三世界是以自利的方式行之，亦即，是第一世界婦女知識分子自我建構的一個過程。所以，克莉絲蒂娃面對其研究對象時，她好奇探索的「與其說是她們，不如說是她自己」：

> 我概括將她和那群思想家歸在一起，這或許也是那群思想家的一個特徵。他們雖然偶爾有興趣探討西方、形上學、資本主義的他者，但他們反覆關心的問題是執念般的自我中心問題：我們如果不是官方歷史與哲學所說的我們，那我們(不)是誰，又怎麼(不)是誰？[61]

史畢瓦克認為這類問題部分出在克莉絲蒂娃的方法論有缺陷，例如她信靠東方與「印歐世界」的二元對立系統，據史畢瓦克之見，這導至克莉絲蒂娃強化東方主義論述裡認為中國人的生活遠古以來一成不變的常見刻板看法，尤其在中國人的性別模式，及宗教的力量與經驗方面(她將傳統符碼顛倒過來，卻沒有置換那些刻板看法)。史畢瓦克認為，克莉絲蒂娃為了使整個東方接近其二元對立項中的一項，置非西方文化的多樣性於不顧(例如印度文化)。史畢瓦克進一步指出，克莉絲蒂娃無視於檔案證據，以臆測為歷史事實，而且

61　同書，頁137　關於克莉絲蒂娃處理中國女性，其他分析可以比較 Lowe，《批評之境》第五章，及雷伊‧周，《書寫漂泊：當代文化研究裡的干預戰術》（Writing Diasprra: Tactics of Intervention in Contemporary Cultural Studies）。

論事全憑翻譯集子與西方論文(的確,克莉絲蒂娃處理中國家族結構的角色,被指為主要取材於單單一個文學批評的學術圈子,而且倚重佛洛伊德理論一些頗有問題的層面)。史畢瓦克認為,這導至克莉絲蒂娃一個天真至極的看法,說中國婦女由於數千年來保存了前族長制的權力形式,因此在毛主義底下並沒有被(進一步)邊緣化。

最後,史畢瓦克將克莉絲蒂娃的「研究」歸入西方企圖為了自身各種目的而撥用中國文化的漫長歷史。這是德希達在《書寫學》首先提出的歷史。史畢瓦克結論說,從好的來看,這被誤導的介入可以理解為「殖民主義者的善意」的又一例。但是,據史畢瓦克之見,更精確的詮釋是,這是後1968巴黎一種後馬克思主義智識型構的一個必然演進階段。這一點比什麼都更明白顯示克莉絲蒂娃之作本質上與真正的「國際女性主義」了無關係。依照史畢瓦克這種詮釋,克莉絲蒂娃此作代表了一個幻滅後的轉向,亦即在1968年事件失敗之後,轉向「個人主義式的前衛,而不是轉向任何可以稱為革命集體性(revolutionary collectivity)的東西⋯⋯如何對『沒有臉孔』(faceless)的中國婦女說話的問題,在這麼一個充滿派性的衝突性裡是沒有辦法提出來的」。[62]為了糾正克莉絲蒂娃的缺失,史畢瓦克建議一種十分不同的取徑,來趨近第三世界婦女;「學院(西方)女性主義者必須向她們學習,學習對她們說話,並且領會她們對政治與性的了解並不只是

62　史畢瓦克,〈法國女性主義〉,《在其他世界裡》,頁140。

等著由我們比較優越的理論和經過啓蒙的同情來改正的。[63]」
簡而言之，特別是在碰到種族差異的情況時，西方女性主義
者——身爲女性——一定要學習不要再有優越之感。

　　但是，史畢瓦克認爲婦女的經驗與關於婦女的論述都有
其「巨大的異質性」，論者對此必須有更大的認知，因此她
自己配合這項要求，在法國女性主義裡區分出不同的成分。
所以，西方當前試圖識知東方的時候出現問題，法國女性主
義的理論有些是「這問題的一部分」，但其餘成分仍可能提
供「某種近似解決的辦法」；這一點，增加了她對「那個令
人厭倦的民族主義」說法的一貫反對立場，那個說法主張
「只有本地人能了解現場」[64]。因此，史畢瓦克認爲「症狀解
讀」(symptomatic reading)的女性主義模型可用。艾蓮·西蘇
(Helene Cixous)等人從德希德衍釋的解構主題學(deconstructive
thematics)發展出這類模型，有的則是對其反動而發展這些模
型。史畢瓦克認爲，要產生她所說的探討，這類模式是可用
的一種手段，這些模式之中，對本質論或生物主義式婦女身
分模型加以批判者，又特別可用。最重要的是，她以她巴洛
克式的用詞，形容一些西方女性主義論述「處理對陰蒂的壓
制，視之爲過度壓制婦女的通例」[65]，史畢瓦克尋求將這些論
述從它們的「本來」(original)脈絡中「翻譯」(translate)出
來，在第三世界底層婦女非常不一樣的物質條件上應用並修

63　同書，頁135。
64　同書，頁135-136。
65　同書，頁152。

正——例如她那位年輕蘇丹同行所研究的那些情況。史畢瓦克論定，除非完成這種「翻譯」，否則即使最好的這類理論也無法「逃過第一世界女性主義對第三世界的內建殖民主義」；反之，做這樣的「翻譯」，就是「促進我們共同但有歷史特殊性的命運意識」[66]。

在〈一個國際框架中的法國女性主義〉裡，史畢瓦克集中處理歐陸理論，但她開頭即強調，在處理底層婦女方面，英美版與法國版女性主義批判在政治層次並沒有多少差異。在〈三個女人的文本和一種帝國主義批判〉裡，史畢瓦克相當詳細發展她這個立場。全文以類似薩依德的方式開頭，指出都會文化與海外權力之間的相連關係一直沒有人作有系統的探討。的確，史畢瓦克還先啓《文化與帝國主義》，她擴大對殖民論述的分析範圍，從一般認爲與帝國主義的再現與介入直接有關係的文本，擴展到乍看與這些問題只有切線關係的正典。因此，〈三個女人的文本〉，集中討論「主流」十九世紀英國婦女的小說，顯示其爲重述「帝國主義」定理的共犯。

史畢瓦克的論證，先集中於重新解讀《簡愛》（1847）。此作構成當代英美女性主義的「崇拜文本」（cult text）。她認爲，當代女性主義高度評價《簡愛》，部分是由於未能將勃朗特的女性主義計畫置於其歷史脈絡之中。簡而言之，她們

66　同書，頁53　對西方馬克思主義／女性主義，史畢瓦克有大致與此相同的批判，見〈底層階級的一個文學再現〉，《在其他世界裡》，頁251-258。

強調簡(Jane)是勝利的原型女性主義者與自主的個人(主義者)，忽略了這些使都會婦女有力的新身分之構成所強加於「本地女性」(native female)的角色。例如，將被賤辱的(dgraded)本地婦女建構成有待「拯救」的主體，就爲善心的西方婦女創造了一個角色(例如作爲傳教者)，這角色提供一個新的公共空間或公民角色，讓她自己在其中浮現。史畢瓦克主要由分析貝莎・梅森(Bertha Mason)在《簡愛》裡的功能，來衍釋這個論點(薩依德在《世界、文本及批評家》中對此已有指涉，只是作法非常濃縮[67])。史畢瓦克認知貝莎是加勒比海白種克利歐(Creole)，並且是以蓄奴爲財富基礎的農場主階級成員，但她以誤讀的方式解讀貝莎，指她在文本中的位置是被殖民的主體(「來自殖民地的女人」)，而引來她這種解讀的，部分是勃朗特這部小說不但強調她出身西印度群島，也強調她的深色五官與「動物」(animal)特質。史畢瓦克認爲，只有抹煞這個反抗的殖民女性主體，「簡才能成爲英國小說〔及後來英美批評中〕的女性主義個人主義女英雄」[68]。

史畢瓦克批判西方原型女性主義在《簡愛》裡無意中流露的政治性，部分方法是拿勃朗特這個文本，與珍・里斯(Jean Rhys)在《遼闊的藻海》(*Wide Sargasso Sea*)對此文本所作的「重寫」(rewriting)兩相比較。在某些層次，史畢瓦克認

---

67 薩依德，〈伊斯蘭、語言學與法國文化〉，見《世界、文本及批評家》，頁273。

68 史畢瓦克，〈三個女人的文本與一種帝國主義批判〉，蓋茲《「種族」、書寫與差異》，頁270。

爲，在對種族「他者」的處理上，當代女性主義是十九世紀
女性主義的一種推進。因此，里斯的文本描寫安東妮特
（Antoinette）與提亞（Tia）和克莉斯多芬（Christophine）的關係，
更明白說明「個人與人類的認同這麼親密的事情也會被帝國
主義的政治所決定」[69]。這方面，史畢瓦克的論述基礎是分析
貫串《遼闊的藻海》全書的鏡子與夢境母題，而特別集中探
討這些母題如何使安東妮特與黑人女僕提亞的主體地位彼此
同列。史畢瓦克認爲，里斯這部小說的長處是，它說明這個
他者是無法「自我化」（selfed）的（無法獲致連貫的主體性或認
同），「因爲帝國主義的折裂……介入其中」[70]。安東妮特被
「寓言式地」解讀爲被殖民的主體（她的位置自始曖昧，介乎
英國帝國主義與前黑奴之間），她的地位只要是「羅契斯特」
（Rochester）這個角色（代表都會）的他者，她就被迫調整她的世
界觀與認同意識，去配合殖民者的角度。這自我異化的過程使
安東妮特根本失去方向，而且由於她「迻譯」（translation）到
英格蘭——倒走「中央航線」（middle passage）——而更加惡
化。在英格蘭，安東妮特爲「羅契斯特」所迫，成爲貝莎·
梅森這個新角色，無法因應她被派到的各種互相衝突的主體
位置，遂成禍事。安東妮特縱火，是對支配者的反叛，令人
想起從前的奴隸在西印度群島對她自己家族農場的攻擊。據
史畢瓦克之見，在這些方面，《遼闊的藻海》就貝莎的危機

69　同書，頁269。
70　同書。

提出的病源論，十分不同於勃朗特的貝爾莎陷入的那種由生物學決定（由於與她家族中遺傳／種族混合所致）的「瘋狂」：「里斯至少用了心，沒有使這個來自殖民地的女人爲了她姊妹而被當成一隻發瘋的動物來犧牲。」[71]

史畢瓦克認爲，在此個例層次上，里斯認知到性別化的被殖民主體在認同形構（identity formation）上的窒礙，但《遼闊的藻海》也顯示，即使這位最敏感的當代西方女作家，在處理「再現」種族上的他者的困難時，能力也終究有限。一方面，史畢瓦克稱讚里斯創造了克莉斯多芬這個被殖民的女性主體，在帝國法則決定的種種限制內，這個主體能對「羅契斯特」撥用安東妮特的父權過程提供批判和抵抗。（這一點可能看來弔詭；然而嚴格而論，克莉斯多芬並不是一個能發言的底層人──如史畢瓦克指出的，她屬於「好僕人」的範疇。）不過，在這一點上，史畢瓦克的論證有點曖昧。一方面，克莉斯多芬突兀離開文本，「既沒有敘事上，也沒有性格上的解釋或道理」[72]，史畢瓦克認爲里斯有暴力之嫌。另方面，她又似乎認爲里斯「不」讓克莉斯多芬扮演一個更大或更直接的反抗角色，正好救了她自己，因爲她如果這麼做，就會掉入陷阱，把克莉斯多芬變成一個具備連貫、可以運用的主體性的「有意圖的抵抗主體」。

在此文第三節即結論中，史畢瓦克重新思考瑪麗·雪萊

71　同書，頁270。
72　同書，頁272。

(*Mary Shelly*)的《科學怪人》(*Frankenstein*, 1818),提出探討
這些問題的進一步角度。選擇此作與前兩例比較,乍看令人
驚訝。雖然「《科學怪人》裡有很多附帶的帝國主義情愫」
(例如克勒瓦爾到印度成就事業之圖),但「帝國主義的論述
場域並未產生毫無疑問能夠與此作的敘事結構相互對應的意
識型態要素」[73]。不過,史畢瓦克堅持,以政治上有用的方
式,重新徙置這個文本在帝國主義內部的位置,仍是可能
的。史畢瓦克提出一個後殖民視角,方法是以寓意方式將
「怪人」解讀成被殖民的主體,就像貝莎・梅森。於是,富
蘭肯斯坦(Firankenstein)「建構」怪人的實驗就成為殖民的他
者怎麼樣被構成的一個例子,其中體現了「被理解為社會使
命的帝國主義的黑暗面」[74]。《科學怪人》不讓怪人享有繁殖
的權利,這一點就以特別尖銳的形式體現了殖民主義的曖昧
性(以及其所代表的整個啟蒙運動計畫的曖昧)。富蘭肯斯坦
拒絕讓「怪人」獨立(在南美的新生活,又沒有能力將「怪人
/被殖民主體變成他自己的馴化版(依照東方的薩菲(Safie)所
提供的「西化」模型來變),於是尋求抹滅它,其作法令人想
起帝國權力面臨頑抗的「民族主義」或「基本教義派」本地
人時的壓制手法。

　　正如史畢瓦克在法國女性主義者的著作之間作了區辨而
使西蘇免於她批判的鋒刃,她在這裡也主張瑪麗・雪萊的文

73　同書,頁274。
74　同書,274。

本與她在文中分析的其餘作家大有不同。和勃朗特與里斯不同，瑪麗·雪萊區分出不同的種族他者與壓制層次——如前文所暗示，薩菲是阿里爾(Ariel)式角色，代表被殖民的精英，「怪人」則是排拒主義者(rejectionist)的卡利班式角色。更重要的是，據史畢瓦克之見，瑪麗·雪萊嘗試使後面一種他者的主體地位保持開放或「空白」(blank)(「怪人」沒有名字)、「不受圈圈限制」(uncircumscribed)，因而不受再現它的文本及帝國形構的「社會文本」控制。(史畢瓦克可能有點太過率爾小看「怪人」替代性地接受的「教育」裡牽涉的主體構成過程。)這一點暗含於史畢瓦克對「怪人」的第二個誤讀之中，她將「他」與華爾頓(Walton)的姊妹同列，這個姊妹作為他的收信人，一直攸關富蘭肯斯坦的敘事，但也是在此敘事之「外」。所以，和里斯的克莉斯多芬相反，「怪人」並非單純被排除於容不下「它」的(「社會」與文學)文本之外，而是一直盤旋於其論述不及之處，不斷成為一種令論述不得安寧的反知識(counter-knowledge)。瑪麗·雪萊「提醒我們，絕對的他者是無法被自我化的，怪人有其不能用『適當的』手段圍堵的『特質』」，就此而論，瑪麗·雪萊至今是一個比她的後繼者們更有生產性的模型。

結論：史畢瓦克「決裂中含重複」

　　要評估史畢瓦克作為批評家的成就，難處之一是她的批評家生涯甚長，過程中她的立場與方向都有一些非常可觀的

改變。她自己就要求說，像巴特與傅柯這幾位豐富的批評家，我們必須欣賞其著作中的異質性，所以，評價她自己的著作時，記住這一點似乎是有用的。此外，最近幾年，在本章開頭指出的所有領域裡，史畢瓦克也顯出方向上的重大改變。首先，她有意尋找一種比較簡單而易解的風格，現在並且(和巴巴不一樣)認知到她有些論文由於意思模糊而引起困難，特別是對她最想接觸的人所造成的困難，像學生以及非學院的第三世界讀眾。第二，她宣布了重大的新興趣。史畢瓦克在沒有放棄「折衝」的原則下，探索一些途徑來取代西方學院中居於支配地位的那些文化／批評論述。目前，她正在評估印度「法」(dharma)的觀念的潛力，看看能不能取代西方有關意識型態的構思，並且提出從寡婦殉葬論述發展出來的心理分析角度，用以取代她所謂西方心理分析的「管制性的心理傳記」(regulative psychobiographies)(這個題目我在下章將再討論)。史畢瓦克另外一個興趣是在猶太─基督教之外，重新構思倫理主體(ethical subject)的觀念[75][76]。史畢瓦克解釋她一些更晚近的興趣，在被過度樂觀地稱為「晚期」(late)資本主義的時代裡看到變遷中的地緣政治秩序及新的經濟「超級剝削」(super-exploitation)模式。她對「一個生態上公道的世界」的可能性感到新興趣，重點特別擺在這裡[77]。

---

[75] 同書，277。

[76] Danivs與Jonsson，〈史畢瓦克訪談〉，頁25-27。

[77] 史畢瓦克，〈戴維《想像的地圖》，譯者的前言與後語〉(Translator's Preface and Afterword to Mahasweta Devi, *Imaginary Maps*)，《史畢瓦

　　這些主題焦點的改變，也反映於史畢瓦克一個愈來愈明
顯的走向，亦即修正本章前幾段裡分析的一些論點。史畢瓦
克曾說到「忘卻特權」(the unlearning of privilege)之必要，亦
即重新思考過去似乎不證自明或自然而然的立場。在某種程
度上，這些修正就是此一必要的例子。這些修正也充分符合
她的一個目標，就是使用一種開放——甚至矛盾——而非全
體化(totalizing)的分析架構。不過，其中有些修正是根本的修
正，點出她在1990年左右明顯與昨日之我決裂。例如她有個
名論是「戰略性的本質主義」(sgrategic essentialism)，然而如
今，對於批評界後來採用此一觀念，甚至流於戀物癖般崇拜
此一觀念，她表示了不耐煩。她說，過度執著於將主體去中
心化，可能變成「過於講究的姿態」[78]，會使後殖民分析偏離
更迫切的問題。〈底層人能說話嗎？〉匯集了史畢瓦克1980
年代其他許多論文的論點，我認為是她最重要的單篇論文，
此文對問題的重新思考極為深刻，造成她不讓此文收入《史
畢瓦克讀本》(1996)，原因之一是對於底層的觀念被(錯誤)
撥用以至「此字已喪失它一些定義力量」[79]，史畢瓦克頗感厭
倦。(不過，此文在後殖民領域裡產生的辯論，數量與種類俱

　　克讀本》，頁276。這個文本宣布幾本書即將出版，我們可以寄望史
　　畢瓦克的新興趣在裡面會有更充分的發揮。

78　史畢瓦克，〈不夠處女，不能說她占了他者的位置〉(Not Virgin
　　Enough to say that〔Sh〕he Occupies the Place of the Other)，《局外於
　　教書機器之中》，頁155。

79　史畢瓦克，〈譯者的前言〉，《史畢瓦克讀本》，頁281　〈底層階
　　級之談〉，同書，頁287-293可以得知史畢瓦克相似的修訂。

多,具有種子意義,在她許諾的修正問世之前,我們必須使用其現有版本。而且史畢瓦克——有點弔詭地——說,新版本的結論在實質上將會維持不變。)

史畢瓦克現下的著作也顯示方法論上的一些重要的重新取向。一個顯著的例證(這也許是她拒絕讓《史畢瓦克讀本》收入〈底層人能說話嗎?〉一文的首要理由),是她深刻重新思考傅柯。〈底層人能說話嗎?〉對傅柯的政治立場提出相當尖刻的批判,對傅柯的重新思考差不多在此文刊出之後立即開始。《後殖民批評家》(1990)與該文形成強烈對照,開頭就承認傅柯在當代文化理論中有種子般的重要性,而且稱讚他留意他自身批評家定位(positionality)的政治性。此外,這個文本甚至說傅柯「精采地嘗試再現被壓迫者」[80]。薩依德到《文化與帝國主義》問世時逐漸對傅柯不滿,甚至徹底不滿,史畢瓦克則相反,她早先反薩依德厚傅柯薄德希達之道而行,比較晚近的著作又嘗試置換自己早先那個立場。《局外於教書機器之中》的〈再論權力／知識〉(More on Power/Knowledge)一文不僅撤回她早先對傅柯的批判的主要成分,還進而探討他與德希達可能互通之處。同書〈再談法國女性主義〉(French Feminism Revisited)一文,史畢瓦克重新思考〈一個國際架構中的法國女性主義〉裡提出的一些異議,認為法國女性主義對阿爾及利亞批評家艾莉・魯卡斯(Marie-Aimee Helie-Lucas)

80　史畢瓦克,〈文化自我再現的問題〉(The Problem of Cultural Self-Representation),《後殖民批評家》,頁56。

目前正在產生的那種著作有相當大的用處。

　　史畢瓦克本人在思想著作的矛盾與演進之間做了有用的區辨，因此我們有必要避免將上述的種種發展率爾以「矛盾」一詞蔽之。史畢瓦克曾以十足解構主義的精神宣布：「至於矛盾……我是不怕矛盾的[81]。」要評估她的著作，最有生產性的途徑無論如何都未必是帶著懲罰的精神搜尋她論點裡的弔詭之處。如前面所說，史畢瓦克對為連貫而連貫是抱持疑心的，認為一個文本裡的矛盾、緊張或矛盾美學感受也能成為對後來的智識或創造之作最富生產性之處。理論與實踐要密合的傳統概念，她也認為沒有絲毫神聖不可違反之處。的確，她再三堅持理論與實踐應該將彼此帶向有生產性的危機。史畢瓦克著作中很多看來矛盾之處，都可視為德希達在《書寫學》裡一個論點的例證，亦即「解構的事業往往以某種方式為其自身所噬」[82]。她形容這類「認知上的失敗」無可避免，這無可避免的首要原因在於「起源」、「全體」及「主體」等基礎觀念必然具有「虛構」本質，這些觀念雖為解構主義者「持恆批判」的對象，卻是理論工作要開始的話不能不用的工具。如前文所說，另一原因是史畢瓦克拒絕認為在被分析的「文本」外面，或進行這分析的機構方位外面，能有一種奧林帕斯式的客觀。史畢瓦克這麼承認：「我的解釋無法留在我所批評的生產結構外面。[83]」

81　〈Intervention訪談〉，同書，頁127。

82　史畢瓦克，〈底層研究〉，《在其他世界裡》，頁201。

83　〈解釋與文化　眉批〉(Explanation and Culture: Marginalia，同書，頁

　　比較適當的作法，可能是跟隨史畢瓦克自己的分析程序，辨指導至她「認知失敗」的那條路線，然後考慮這些失敗是不是反而仍然有助於繼起的後殖民批評。同時，我們有必要將這些潛在富於生產性的窒礙，和那些「決裂中寓重複」的觀念與立場區分開來，這些觀念與立場和富於生產潛力的窒礙相反，似乎使人難有作為，史畢瓦克就是要破壞這類觀念與立場。這類困難，根本問題或許就出在史畢瓦克高度讚賞的折衷方法上。例如（就像薩依德早期著作的情形），史畢瓦克的馬克思主義與她使用的論述理論，以及主導她解構之作的一些認定，有時候似乎嚴重衝突。當然，她經常嘗試使這兩種方法論彼此配合。〈底層人能說話嗎〉就是例子，此文視主導構成的過程與物質剝削的過程為歐洲帝國主義這具「巨大雙頭引擎」裡兩個互補的成分[84]，必須分別用論述理論與唯物的馬克思主義分析模式來解析。同樣的，史畢瓦克撮合這兩種分析與解構形式，方式是強調它們對實證主義、唯實論的批判與具體、經驗的範疇之間可以同行並觀之處，這一切，史畢瓦克認為都在於（新）殖民主義基本認識論與哲學架構的核心。

　　然而，由於史畢瓦克對這些範疇的處理並不一致，甚至模稜曖昧，因此衝突仍然產生。一方面，她追隨論述理論的邏輯，堅持「現實」是由符號系統建構的，而不「只」是由

　　　110。
　84　史畢瓦克，〈底層人能說話嗎？〉頁76。

符號系統中介，因此事實或事件「決非不是由論述構成的」
[85]。歷史的現實(如席爾穆爾的拉尼的一生)只能透過文本而
得，不能得之於建構過程及其中牽涉的操縱過程以外。但
是，史畢瓦克在別處又說「現實」有獨立於中介之外的存
在，最明顯的例子是建立在國際分工上的世界經濟，這只有
使用一種非常傳統的馬克思主義經濟理論才足以了解。所
以，她指責傅柯等西方反人文主義者無知於殖民主義的「現
實歷史」與當前全球秩序的「客觀」決定因素。「終究而
論」，是這個物質「基礎」透過「上層結構」的符號秩序而
形塑主體構成，並且形塑人對他們自己與世界的看法。史畢
瓦克也就是因為如此強調「現實」的「獨立」或「優先」地
位，才批評克莉絲蒂娃不做「基本研究」；《關於中國婦
女》由於作者對中國缺乏存在經驗(existial experience)而出現
缺失，這項事實明明白白表示克莉絲蒂娃未能掌握中國婦女
「現實」地位的「眞正」且「先在」眞實。史畢瓦克基於與
此類的認識論，而讚揚馬哈斯維塔‧戴維的小說；史畢瓦克
認為她的作品「在再現上精確至極」，她的主角「本來可能
以底層人存在於憑正統認定所想像出來的一個特定歷史時刻
之中」[86]。據此角度，史畢瓦克嘗試以與早先提出的方式頗相
矛盾的作法來折衝於馬克思主義與解構之間。這匯合是可能
的，因為馬克思主義的前提在於明白接受世界的物質性；比

85　史畢瓦克，〈一個文學再現〉，《在其他世界裡》，頁242。
86　同書，頁267與244。

較之下，解構也從來不曾完全超越「純經驗主義」[87]。此外，史畢瓦克比較晚近之作以相當「文化主義」馬克思主義（'culturalist' Marxism)的方式恢復「親身體會的經驗」（而且其中有相當的自由主義人文主義）；例如，史畢瓦克現在主張，後殖民批評家一定要「學習尊重經驗主義的工作」，她並強調與底層「面對面」工作很重要[88]。

這種方法論上的折衷主義導至的最重要的直接難題，或許發生在史畢瓦克談底層人的認同、定位及主動力之時。她對這些議題的處理是弔詭的，弔詭的首要導源是，在她的著作中，底層人的認識論地位根本矛盾。如前所述，史畢瓦克為了反抗底層人被撥用，有時候將他／她構成「完全的他者」，是徹底不同的一個項目，用以揭露西方知識體系的界域式局限。例如，在1993年的〈補充馬克思主義〉(Supplementing Marxism)裡，她寫道：

> 我借用底層性(Subalternity)這個名稱，用以稱呼一個與資本主義或社會主義的邏輯並無任何嚴肅接觸的空間……請不要將它與沒有組織的勞動、婦女、無產階級、被殖民者、人種學對象、移民勞工、政治難民等等混為一談。混為一談沒有任何用處[89]。

---

87 史畢瓦克，〈底層人能說話嗎？〉，頁880。
88 史畢瓦克，〈一言以蔽之〉，與〈不夠處女〉，《局外於教書機器之中》，頁17與177。
89 史畢瓦克，〈補充馬克思主義〉，Bernd Magnus與S. Cullenberg編，《馬

　　根據這樣的表述，底層人有時候似乎根本不是全球經濟
的一部分，而且在相當可觀的程度上不受全球經濟決定。史
畢瓦克這種視境始終一貫。如前面所說，史畢瓦克以《科學
怪人》為底層社會的寓言，「怪人」即底層社會之代表，她
視「怪人」為「完全的他者」，這個他者得以免被文學文本
和社會文本決定。同樣的，她在〈底層的一個文學再現〉中
討論馬哈斯維塔・戴維，認為雅秀達(Jashoda)之類角色位在
全球經濟體系「外面」。由此角度看來，底層人基本上似乎
是一個觀念範疇，很像史畢瓦克對無產階級的描寫，是個
「理論上的虛構……方法論上必要的前提」[90]，用以使特定的
那幾種分析能夠開始。凡此一切，都表示底層人必須視為一
種(空洞的)空間，或者說，「不可即的空白」。史畢瓦克認
為，潛在而言，根據此一空間或空白，可以對居於支配地位
的主體構成觀念或主體定位慣例提出審問，無論在國際分工
或西方的「激進」文化理論皆然。

　　然而，史畢瓦克指責別種文化批評有「決裂之中寓含重
複」的毛病，她為了以上述條件建構底層人，也被迫陷入一
連串這種毛病。底層人愈被視為完全是他者，史畢瓦克建構
底層人，不談其外在關係，也不論其有何差異，而是偏向本

克思主義何去何從？國際脈絡中的全球危機》(*Whither Marxism? Global Crises in the International Contexts*, London: Routlodge, 1995)，頁115；比較史畢瓦克，〈讀《撒旦詩篇》〉(Reading *The Satanic Verses*)，《局外於教書機器之中》，頁234。

90　史畢瓦克，〈折衝暴力結構〉，《後殖民批評家》，頁148。

質論，因此正好重蹈底層研究群的覆轍，亦即沒有能夠將底層人置於本地精英等鄰接族群的關係脈絡中思考。更可怪的是，將底層視為基本上絕緣於全球經濟，此一看法似乎隱含底層人實際上並不處於某種屈從地位，因為她／他不可能被她／他不是其中一部分的體系剝削。當然，底層人愈被視為一項「理論」虛構，底層人的苦難與被剝削也愈變成一種理論上的虛構。最後，史畢瓦克堅持對底層作此看法，結果是置底層人的非底層盟友於為難之至的困境之中，既不能以「無涉利害」的方式再現底層人，因為這樣會造成派給底層人主體性或一個(從屬的)主體位置，但也——作為倫理與政治的主動因——不能夠不再現底層人[91]。易言之，非底層人要嘛盡最大程度尊重這個他者徹底的他性，從而任由現狀保持完好，不然就嘗試一項不可能的特技，就是向他者開放，又不以任何方式將這個他者「同化」於他／她自己的主體位置、視角或認同。

　　史畢瓦克早就有覺於這個難題。但是，雖然《在其他世界裡》否認有意「癱瘓」從事研究的非底層人，〈新殖民主義與知識特工〉卻刻意拒絕為這兩難式提供「解決」[92]。不過，現在看來，史畢瓦克似乎看出她以誤讀的方式對德希達「完全的他者」的概念所下的重新界定是站不住腳的。第一

91　史畢瓦克，〈底層研究〉，《在其他世界裡》，頁210，比較〈底層人能說話嗎？〉，頁80。

92　史畢瓦克，〈底層研究〉，《在其他世界裡》，頁210，史畢瓦克，〈新殖民主義與知識特工〉，頁227。

個原因是，訴求於「完全的他者」，邏輯上的前提必須是他者先從不是「完全的他者」的差別關係中分辨出來。在德希達，或者更精確一點，在德希達對康德1796年〈論哲學上一個新興的優越語氣〉（On a Newly Arisen Superior Tone in Philosophy）一文的解述裡，他者（在康德爲神諭）的聲音是透過一個內在的聲音表達出來[93]。因此，托多洛夫（Todorov）在《「種族」、書寫與差異》裡批判史畢瓦克說，「他性決非」史畢瓦克（和其他人）有時候說的那樣「徹底」[94]。在更晚近的著作裡，史畢瓦克從「完全的他者」的觀念更退一步，承認「完全的他者」是不可名，也無法想像的；《局外於教書機器之中》再度援引德希達，而且這回更加追從他評論康德的精神，說明「完全的他者是在非完全他者的內部宣布的」[95]。此語確認第二個底層人觀念的存在，矛盾的是，這第二個觀念已具見於〈三個女人的文本和一種帝國主義批評〉與〈底

93　德希達，〈關於晚近哲學上採用的一種啓示錄式語氣〉（Of an Apocalyptic Tone Recently Adopted in Philosophy），John P. Leavy譯，*Semeia*, 23, 1982, 頁70-72。此外，德希達對傅柯的批判，要點正是說「完全他者」之「本身」是不可能爲人所理解的。「瘋狂」無法透過一個建立於理性原則之上的歷史（或考古學）「爲它自己發言」。見德希達，〈認知與瘋狂的歷史〉（Cogito and the History of Madness），《書寫與差異》，頁31-63。我們不妨記住，到《事物的秩序》（1966）之前，傅柯已斷定「他者是內在而兼外來的」（頁xxiv）」、書寫與差異》，頁374。

94　托多洛夫，〈「種族」、書寫與文化〉，見蓋茲，《「種族」、書寫與差異》，頁374。

95　史畢瓦克，〈教書機器中的邊緣性〉與〈銘刻：忠於尺寸〉，《局外於教書機器之中》，頁212與218。

層人的一個文學再現〉之中。〈三〉文說，就富蘭肯斯坦的
無名「怪人」在結構上與其創造者有關連(而且起初依賴這創
造者)而論，他不能被解讀為「絕對的他者」(「怪人」與富
蘭肯斯坦同名的常見誤解即由此來)。在〈底〉文裡，史畢瓦
克指出，雅秀達雇主的孫媳是後獨立漂泊散居與國際人才外
流的一部分。至少在回顧之下，這就把雅秀達置於一個體系
之內——一個對處理資本主義動能的分析來說，未必不可即
的體系。

　　這類證據標示著史畢瓦克生涯裡第二個，非常清楚，而
且不斷重現的底層社會描述。在這個讀法裡，史畢瓦克視底
層為一個「現實」且具體的歷史範疇，更特定一點來說，她
視底層人為西方資本主義向海外輸出的一個物質效應。此
外，史畢瓦克認為當前的國際分工正在鞏固殖民主義首開其
端的底層化過程：「(國際分工)體系的總管理者仍然是貸
款：高利貸者的資金，像疊瓦片般層層納入國家產業與跨國
資金，婦女的身體是最後的一層。[96]」這種說法暗示——也許
有點弔詭——底層的可能盟友有一個遠更樂觀、更有作為潛
力的角色可以扮演。如柯爾(Stephen Cole)所言：

　　　　在史畢瓦克對知識與被知對象的關係的解釋裡，由於
　　　　對象被說成追根究柢而言是不可知的，因此她的解釋
　　　　總是淪於模糊不定，然而在這裡就不一樣，因為我們

96　〈差異之中的女性〉(Women in Difference)，同上，頁82。

知道關於女性(或底層人)身體的眞相，所以我們能判
斷法律上「以婦女爲交換對象」的定義……是不是充
分再現了那個身體[97]。

　　根據這第二個視角，史畢瓦克承認「我們作爲倫理動
因，不可能想像完全的他性。我們要成爲倫理的，就必須將
他者變成自我之類的東西」[98]。史畢瓦克認爲，西方女性主義
者對第三世界的倫理要務是「將『女人』這個稱呼給予那個作
爲他者的女人[99]，在某種程度上，要做到這一點，必然將那個
女人同化於一個「更高」的語詞——即大寫的女人(Woman)，
或同化於「給名者」比較明確的文化認同。
　　史畢瓦克對底層人的矛盾觀念，對底層的「聲音」(在史
畢瓦克，這聲音代表意志與主動力)產生兩種非常不相容的解
釋，各個解釋又產生進一步「決裂寓含重複」的模式。就史
畢瓦克強調底層人本質上是「完全的他者」而論，她通常堅
持底層人沒有發言的位置。這項堅持造成的第一個問題當然
就是她重複別人的作法，亦即建構底層人，並且爲其、代其

97　柯爾，〈可審視的主體、大衛森、文學理論，及知識聲稱〉(The
　　Scrutable Subject: Davidson, Literary Theory, and the Claims of
　　Knowledge), R. W. Dasenbeock編，《大衛森以後的文學理論》
　　(*Literary Theory after Davidson*), Pennsylvania Uninersily Press, 1993，
　　頁66。
98　史畢瓦克，〈翻譯的政治〉，《局外於教書機器之中》，頁183。
99　〈法國女性主義再思考〉(French Feminism Revisited)，同七，頁
　　157。

發言——這正是她批評傅柯與德勒茲之處。薩依德也受到這
種指摘,羅賓斯(Bruce Robbins)為薩依德辯護,曾有此言:
「這位批評家指責別人,說別人先否認底層人會說話,然後
代替底層人發言,這位批評家當然自己也聲稱有權為底層人
發言。[100]」此外,德勒茲與傅柯構想了一個能說話的邊際
人,史畢瓦克反其道而行,卻沒有置換他們的視境,於是落
得再度建構歷史上一個極為根本而且持久的二元對立,也就
是都會的知識形式(像東方主義)所建構的西方與第三世界之
間的對立。薩依德的《東方主義》聲稱一心要打破西方等於
「聲音」而東方等於「無言」的式子,〈底層人能說話嗎?〉
和《東方主義》一樣,結局是將底層建構成西方的「無言對話
者」。在這方面,〈底層人能說話嗎?〉最大的反諷也許是,
如果史畢瓦克底層人無言之說是真的,那麼,能說話或描寫的
對象只剩一個,就是非底層人(特別是西方和本地精英)。
〈底〉文結論階段一個明顯重大的焦點轉變,可以從這裡得到
解釋,史畢瓦克本來是談她關於底層性的理論,突然轉向,討
論「底層人重寫寡婦殉葬/自殺的社會文本」的一個具體歷史
案例[101]。布瓦尼斯華里・巴杜利(Bhuvaneswari Bhaduri)是都
市有產階段的一員(史畢瓦克最近描述她是「中產階級」[102]),

---

100 Bruce Robbins,〈東方是一種事業:薩依德與專業主義的邏輯〉(The
East is a Career: Edward Said and the Logics of Professionalism),史普林
克,《薩依德》,頁50;批判史畢克瓦對他者的聲音「充耳不聞」,
可看帕瑞〈當前殖民論述理論的問題〉,頁39。

101 史畢瓦克,〈底層人能說話嗎?〉,頁104。

102 史畢瓦克,〈底層之談〉,《史畢瓦克讀本》,頁289。談戴維的小

和史畢瓦克自己的地主家族有其家族關係，將她劃歸於文中早先界定為底層的那些族群，說她和這些族群屬於同一階級，看來難以置信。而如果她並非底層人的嚴格代表，那麼，史畢瓦克將焦點集中於可以被視為(至少由底層研究群的史學角度視之)資產階級—民族主義精英一分子的經驗，就是在掩沒底層人的經驗。

　　不過，史畢瓦克的部分用意，可能是要暗示「真正的」底層經驗是不可即的，她的方法就是將焦點集中於這麼一個人物如何被「噤聲」，此人是一個未婚女性，被民族主義精英相對邊際化——在民族主義史學裡，她的確是如此。換句話說，我們必須將巴杜利看成被史畢瓦克以寓言或誤讀的方式運用，一如〈三個女人的文本和一種帝國主義批判〉運用貝莎‧梅森——雖然她的「客觀」身分屬於白種農場主階級的一分子，將她置於西方女性主義浮現的脈絡之內，代表被殖民女性主體的命運。不過，對此文作這種讀法，又會造成進一步重新銘刻史畢瓦克聲稱要破棄的一些觀念。按照西方人文主義(與反人文主義)再現被壓迫者時使用的模型，被壓迫者有自覺與自由意志，史畢瓦克曾將這些自覺與自我意志一筆勾銷。假定巴杜利的確寓言式地代表底層人，那麼，史畢瓦克就是把這些特質又復還給她了。她並曾警告不要把底層人做懷舊式再現，不要將底層人再現成「有意圖能力的抵

說，似乎亦有此疏忽。史畢瓦克一邊說沒有任何作家可能是底層的，一邊有形容戴維之作是「底層素材」。見史畢瓦克，〈底層人的一個文學再現〉，頁241。

抗主體」，而且稱讚里斯在《遼闊的藻海》裡拒絕「將被壓迫者的個人英雄行為浪漫化」[103]，現在她非但不顧自己的警告，也忘了自己的稱讚，還自認揭露了巴杜利自殺的「真正」動機——「她最後被交付一件政治暗殺任務。她無法正視這件工作，但又曉得信任的實際需要，於是自殺。[104]」史畢瓦克主張巴杜利之死是反抗英國統治，但證據看來相當稀薄。「巴杜利已經知道」之類語句的可信度，由於史畢瓦克使用的「文本」是傳聞，並且是數十年後的詮釋，而大打折扣；此所以「無疑」、「或許」、「嘗試性的解釋」、「可能有憂鬱症」之類修飾語無可避免。此外，這種有政治安慰作用的動機重建(事實上，和她接近的家族成員將她的自殺歸因於情感問題)，使巴杜利「顯示意義」(如果不說使她「說話」的話)，而這就明目張膽抵觸底層人「作為女性是無法被

---

103 史畢瓦克，〈三個女人的文本和一種帝國主義批判〉，頁272。

104 史畢瓦克，〈底層人能說話嗎？〉，頁103。〈三個女人的文本與一種帝國主義批判〉也有類似窒礙。史畢瓦克將《科學怪人》裡「怪人」的地位等同於被殖民主體，無形中再度銘刻了人文主義的模型，這模型的被殖民者是「有意圖的反抗主體」。雖然「怪人」如同被殖民主體，被依其主人的條件與形象「建構」為一個社會存在，但他最後分明擁有相當程度的自覺、聲音、意志與主動力(儘管這些是相對於支配者來界定)。這些特質突顯他對主人的「英雄式」、「個人」抵抗，並將他們原來的主-奴模型顛倒過來。史畢瓦克「一廂情願運用歷史」的例子，還有她單純聲稱1973年以色列被阿拉伯人擊敗，這在加薩與西岸占領區真會是新聞，見史畢瓦克〈解讀世界：八○年代的文學研究〉(Reading the World: Literary Studies in the Eighties)，收於《在其他世界裡》，頁99。另外一項是她同樣沒有實據，聲稱1942年印度饑荒是「人造」的，見史畢瓦克，〈續論權力／知識〉，《局外於教書機器之中》，頁47。

聽到或被解讀的」的認定，也牴觸全文最後一段對德希達的
讚揚——全文末段讚揚德希達懂得慎防「以同化的方式來撥
用他者〔假定巴杜利可以被解讀為底層人〕」[105]。最後，史畢
瓦克指責克莉絲蒂娃「一廂情願使用歷史」，並指責「實證
主義知識」自稱能夠(複)製造經驗的「眞相」，但是，她自
己處理巴杜利這個案例的方式，似乎正是「實證主義知識」
的一例，並且產生了她批評於克莉絲帝娃的那種「烏托邦政
治」[106]。

　　史畢瓦克解述底層人，另一個明顯的「決裂寓含重複」

105　〈底層人能說話嗎？〉，頁104。史畢瓦克後來針對自己被指將巴杜
利腹語化，或者，為巴杜利代言，所提出的自辯並不能完全令人信服
（〈文化自我再現的問題〉，《後殖民批評家》，頁57），因為她自辯
的根據是說，她本來即無為巴杜利說話的「意圖」，該文應該依照她
這「意圖」來理解。在《史畢瓦克讀本》裡，她一些比較晚近的論點
還更令人困惑。她的說法，似乎將巴杜利的經期等同於她家族成員忽
視的一個「文本」。對史畢瓦克，這一點清楚表示「畸戀」(不要，
但發生了的懷孕)並非她自殺的原因：「她曾試圖透過身體的自我再
現來再現她自己，但沒有成功」（〈底層之談〉，頁306）。她努力說
話，史畢瓦克稱之為「令人難以置信的努力」，「那努力並未實
現……底層人即使努力說話，死而後已〔請再次注意巴杜利何其分明
地代表底層階級〕，她也沒有能夠被聽到」(同上，頁289與292)。這
是將不具人格的生物過程與人類溝通的意圖性混同為一了。巴杜利之
行徑，的確可能構成可以受詮釋的「文本」，但我們很難遽爾將她理
解為那個「文本」。

106　Silvia Tandeciarz，〈讀史畢瓦克「一個國際架構裡的法國女性主
義」：一個理論問題〉（Reading Gayatri Spivak's "French Feminism in
an International Frame": A Problem for Theory），Genders, 10, 1991，頁
75-90。史畢瓦克批評克莉絲蒂娃的其他觀念與思想結構，自己卻再
度銘刻那些觀念，此文有極佳說明。

的例子是，在〈底層人能說嗎？〉裡，史畢瓦克(就像在別處
經常做的)不但優先對西方說話，而且事實上將焦點置於都會
知識分子，此之爲優先研究對象。她將西方的人類學凝視倒轉
過來，是值得欣賞的，然而這樣的焦點還是重新將西方銘刻爲
主體，史畢瓦克因此也難逃她對傅柯與德勒茲所做的那種指
控。同樣的，史畢瓦克主張「去除特權思想」(Unlearning
Privilege)，此語明顯是針對她的西方同行而發，然而就像克
莉絲蒂娃的《關於中國婦女》，史畢瓦克的文章有如「給階
級與種族上占特權地位的文學婦女的指令」[107]。同理，〈一個
國際框架裡的法國女性主義〉開頭誓言決然無意以施恩指點
的模樣對待她那位年輕蘇丹同行(聽其口氣，此語不可盡信，
她說「她使用有性別歧視的『女性割禮』一詞，我願意原諒
她」[108])，但史畢瓦克卻不是和這位「被誤導」的第三世界學
院同行討論問題，而是對她自己在西方的女性主義同儕說
話，並且以這位蘇丹同行爲實例教材，說明遭受「意識型態
之害」(ideological victimage)的危險。這種施恩點撥的意味在
全文結論裡最爲明顯，史畢瓦克出語驚人，說此文的主題
「能將我這位同行從蘇丹解放出來」[109]。

　　〈底層人能說話嗎？〉的最後一個大問題是，從另外一
個關鍵層次來說，巴杜利不能完全代表底層人。她已經去
世，實際上已不會說話，她的看法──她沒有留下任何檔案

107　史畢瓦克，〈法國女性主義〉，《在其他世界裡》，頁136。
108　同書，頁134。
109　同書，頁153。

證據(諸如日記之類)——也無法收集或重建。誠如〈底層社會研究　解構史學〉的結論所言，要復原那些向來被拒絕歷史地位者的「眞正」經驗，尤其「文盲」的「眞正」經驗，有相當多無法克服的難題。「底層研究」的史家群就是基於這個原因，研究範圍只到「中上階層」農民，而沒有延伸到這個階層以下的社會成分，因爲中上階層農民的命運記在殖民檔案裡。但這些限制是不是能應用於生活在今天的底層人，則是另一回事，她的定義如果包括(都會的)「都市家庭工作者」，更是如此。(此外，將焦點擺在巴杜利這樣的歷史案例上，和史畢瓦克在〈席爾穆爾的沙尼〉裡的抱怨似乎也有矛盾——她在文中說，當代底層人的生活沒有人紀錄。)

　　史畢瓦克警告，不要「在受壓迫而其未被折裂的主體性使他們能爲自己說話者的名單裡」建構出「『婦女』千人一律的集體性」[110]，關於這種危險，她的論點的力量雖然必須承認，但是，將當代底層女性看成千人一律沒有能力達到發聲或自我再現的程度，似乎也同樣危險。史畢瓦克處理底層人「被消音的來龍去脈」，尤其歷史上的來龍去脈，十分優異，但她甚少注意底層可能靠什麼過程來達到「發聲」(coming to voice)。例如，史畢瓦克似乎每每否認底層人有任何可能去接觸西方現代婦女運動所促成的個人與政治解放軌。因此，不少爲底層的解放提供潛在目的論的說法，她一一駁斥。她最明顯而且一貫駁斥的，則是(新)殖民論述所持，

---

110 史畢瓦克，〈底層人能說話嗎？〉頁73。

西方將為世界其餘地方帶來解放效應的說法。史畢瓦克承認葛蘭西與馬克思預見底層人將會上升到霸權地位，但對受壓迫者由於從封建制度過渡到資本主義及資本主義以外階段的結果而浮現並發聲的生產模式敘事，她自己予以拒斥[111]。最後，依照本地精英的民族主義敘事，一旦資本主義終結，本地所有部門的人口都將獲得解放，她也拒斥。

　　史畢瓦克由於率然否決以階級為基礎的團結與聯盟政治模式能夠作為底層人的一種選擇，她有時候似乎將他／她呈現成一個永遠被動而無助的受害者，被他／她無法控制的力量擺佈。這使人很難了解，遑論接受她的一項抱怨——她指責西方在歷史上一直「拒絕承認殖民地民族、後殖民民族有主動力」[112]。諷刺的是，支配論述為底層人的抵抗留下的紀錄遠比史畢瓦克自己的著作要多，雖然如底層研究群史家詳細證明，這類抵抗是以林林總總的負面措詞的紀錄下來（最常見的說法是這些抵抗是犯罪）。從1773年馬隆（Maroon）起事的游擊隊領袖南尼（Nanny），1857年「叛變」（Mutiny）裡扮演要角的市集妓女，1929年抗議的奈及利亞市場婦女，到今天的「土匪女王」普蘭・戴維（Poolan Devi），底層女性在支配史學裡向來受到承認。同理，在殖民時期和今天，都有很多底

111　同書，頁78。
112　史畢瓦克，〈新殖民主義與知識特工〉，頁238；史畢瓦克對民族資產階級史學的另一類似不滿，可見於〈一個文學再現〉，《在其他世界裡》頁245。

層婦女動員的例子，沒有那麼「壯觀」，但有效[113]，特別是在衛生健康(或身體)的議題方面。這些證據說明，對於馬哈斯維塔・戴維筆下的雅秀達角色所代表的那種不幸的悲慘化，底層婦女向來並不盡然當成不可避免的事情來接受。(史畢瓦克稱許戴維，正是因為戴維也沒有將底層婦女建構成「有意圖能力的抵抗主體」。)

　　另方面，關於底層人的聲音(與主動能力)，史畢瓦克的著作也衍釋一種十分不同，決定論意味少了很多的視境。這視境出以兩種形式，但其中第一種好像在補強底層人不能說話的命題。《在其他世界裡》認知底層人可能浮現而脫離底層性，但也堅持這過程無法紀錄或分析[114]。這個文本也承認底層群體能夠「開始參與生產關於他們自身的知識」[115]，然而如果像史畢瓦克那樣暗示說，他們找到了自己的聲音，就自

113　例子可見David Arnold就上世紀在印度的防疫措施所遇到的反抗，〈碰觸身體〉(Touching the Body)，古哈與史畢瓦克，《底層研究選》，頁391-426；以及今天埃及農婦反抗國家的避孕／絕育方案，Reza Hammami與Martina Reiker，〈女性主義東方主義與東方主義的馬克思主義〉(Feminist Orientalism and Orientalist Marxism)，《新左論評》(New Left Review)170, July/August 1988，頁105以下。殖民文獻裡有這類抵抗(及更直接的反叛形式)的「大量證據」。見Veena Das，〈底層階級作為視角〉(Subaltern as Perspective)，古哈編，《底層研究卷六：南亞歷史與社會》(*Subaltern Studies VI; Writings on South Asian History and Society*, Oxford: Oxford University Press, 1989)，頁315。

114　史畢瓦克，〈底層研究〉，《在其他世界裡》，頁207。此說似乎不合邏輯；這「突現」何以只能記錄，卻無法分析？這將Phyllis Wheatley與Mary Prince 等人之作置於何地？

115　史畢瓦克，〈一個文學再現〉，頁253。

動變成霸權秩序的一部分，或者就成爲一批跟班似的「特權本地線民」，當然也太簡單了。史畢瓦克說，「如果底層人能說話，那麼，感謝老天，底層人就不再是底層人了」[116]，這句話沒有充分認知到，「充分」的底層性和霸權之間可能有好些中間位置，史畢瓦克敵視「文化主義」的馬克思主義，這表示她將雷蒙・威廉士關於「浮現」與「殘餘」社會形態與共同體的存有力論點置若罔聞。威廉士此一理論，本源就是葛蘭西關於底層性與霸權之間的過渡可能性的觀念[117]。

無論如何，早在〈一個國際架構裡的法國女性主義〉(1981)裡，願意一讀此文的西方知識分子(雖然史畢瓦克並不對她們說話)就能清楚指出底層婦女(以她祖父莊上的洗衣婦們爲代表)是能說話的主體——儘管是透過畢瓦克的中介。在比較晚近的著作裡，史畢瓦克明確主張底層人的確能說話——並且拿出抵抗行動。因此，羅提(Richard Rorty)說明傅柯晚年在這方面持悲觀主義，她指羅提作了錯誤的詮釋：

被剝奪權利者最常教導我們，說：我認不出我就是你

---

116 史畢瓦克，〈新歷史主義：政治投入與後現代批評家〉(The New Historicism: Political Commitment and the Postmodern Critic)，《後殖民批評家》，頁158。

117 雷蒙・威廉士，《現代主義與文化問題》(*Problems in Modernism and Culture*, London;Verso,1980)，頁31-49；葛蘭西，《獄中箚記選》，頁388；在《史畢瓦克讀本》裡，史畢瓦克《似乎更接受此一可能性。在這裡，她承認可能有底層「領袖」既符合葛蘭西「有機知識分子」的觀念，又不完全喪失其底層認同。(見〈譯者序〉，頁270-271)。

們好心處理的對象。我認不出我是你們指名的人……
我們如果**有心**一聽的話，她告訴我們……說，我們急
急在理論之宅裡爭取正當性，狂亂爲女人安名，她不
是這名字所指的人[118]。

　　但這無損於史畢瓦克論點的力量：底層人仍然只透過非
底層人的中介才被聽到，或者，底層人雖然能說話，西方卻
可能選擇不聽，或者，底層人說話的語詞可能被過度規定，
造成「純粹」的底層意識無從復原。例如，史畢瓦克祖父莊
上的洗衣婦到1949年還肯定東印度公司對那條河的名分，但
史畢瓦克揭露她們已經陷入帝國主義的符碼，因而變成在數
十年前設定的條件之內想像她們的社會存有(或底層地位)。

　　不過，史畢瓦克底層人能說話的觀念反過來也產生它自
己「決裂寓含重複」的模式。例如，史畢瓦克認知到「發
聲」說話的過程，但她有時候似乎認爲這過程的最重要導源
是「好心」外人的干預，這或許是必然的，因爲她說「剝削
的主體不會知道，也不會說女性剝削的文本」[119]。例如，史畢
瓦克形容馬哈斯維塔‧戴維這位作家透過其小說「積極致力
將底層人推入霸權」，她讚揚西蘇「將女人這個名字給了一
個女性他者」[120]，說她是第一世界女性主義者能夠給第三世界

118　史畢瓦克，〈續論權力／知識〉與〈再談女性主義與解構〉，《局外
　　　於教書機器之中》，頁48與137。

119　史畢瓦克，(底層人能說話嗎？)，頁84。

120　史畢瓦克，〈續論權力／知識〉與〈法國女性主義再思考〉，《局外

婦女權力的一個例子。史畢瓦克談她自己所據的有利位置，說法一貫且坦白，頗能釋疑，值得一提(薩依德在這方面相對寡言，巴巴尤然，和她形成對比)。作爲一位在美國工作的「學院女性主義者」，她認知到她和世界上大多數婦女比起來，占了無限優勢。她自言是「上層階級的年輕女性」，在種姓制度上屬於婆羅門；她承認，由於此故，「在印度，我無論是做什麼的，都會被承認，被標識爲『高高在上』[121]」。因此，她對底層的關係無可避免是「既受階級決定，也是由她決定的」。基於這些原因，她形容她從她的特權地位出發，「當馬哈斯維塔・戴維的女跟班」時[122]，我們很難不感覺到史畢瓦克自己的「好心」。史畢瓦克對巴杜利的處理如果可以理解爲將主動力與意圖歸還給一個至少在寓義上代表底層的人，那麼，史畢瓦克自己就至少是將她推進歷史，如果不是推進霸權的話。就此而論，史畢瓦克批評「好心」的西方這些作法，無論是人文主義、及人文主義式女性主義版，但她自己就在重複這些作法。

羅伯・楊格說，「她有把自己呈現爲那個『第三世界婦女』的代表之虞[123]，史畢瓦克如何避免這風險，也不容易看出來。〈底層人能說話嗎？〉以不屑的語氣描述某幾類印度精英，說他們爲對他者的聲音有興趣的第一世界知識分子擔

於教書機器之中》，頁49與157。

121　史畢瓦克，〈郵戳加爾各答，印度〉，《後殖民批評家》，頁85與83。
122　同書，頁80。
123　楊格，《白人神話》，頁171。

任本地線民，史畢瓦克明顯有意和這幾類精英保持距離。但是，在中介底層能（或不能）說的事情方面，她自己的著作似乎正和她在〈一個國際架構裡的法國女性主義〉裡批評的那種文本同屬一類：「那些將第三世界的消息帶給第一世界女性主義者的先驅著作是占有特權的線民寫的，只有受過訓練的讀者能夠解讀。[124]」史畢瓦克持續扮演本地線民的角色，更近的例子是《局外於教書機器之中》，而且仍與西方「看不見」底層經驗的問題有關：「我知道我想的是哪種女人。我也知道這人是讀我這些文字的大多數〔西方〕朋友所無法想像的。」[125]

有人也一定會暗想，史畢瓦克的位置，其種種弔詭有時候是靠她重新銘刻各種「本土主義」才獲得解決的。「只有底層人能知底層人」這個命題，史畢瓦克極力暗示其謬誤，因爲這命題說知者與被知者可能應該是同一人。然而在其他時候，史畢瓦克幾乎表述一種文化本質論。她指出，後殖民作家（與批評家），作爲資產階級成員「不大能夠聲稱自己有底層身分」[126]，〈底層人的一個文學表述〉則強力批判戴維當她自身作品嚮導的權威，但史畢瓦克好像還是暗示，戴維在文化與地理上靠近「帶有性別的底層人」，使她能夠產生那些再現底層人之作，這些再現避免了困擾好心的西方人

124 史畢瓦克，〈法國女性主義〉，《在其他世界中》，頁135。

125 史畢瓦克，〈再談女性主義與解構〉，《局外於教書機器之中》，頁137。

126 《沙米和羅西被上了》（Sammy and Rosie Get Laid），同上，頁244。

的那些窒礙。史畢瓦克自己由於出身以及她對印度的存在經
驗，似乎也一貫能夠免於這些窒礙，儘管她和底層人之間有
一個巨大的種姓、階級與語言／文化隔閡。這裡還必須指
出，班尼塔・帕瑞批評史畢瓦克聽不見「本地人」的聲音，
史畢瓦克反駁時，就說自己的身分是「本地人」[127]，言下之
意，似乎只這一點就足以答覆指責，她的許多「精英」認同
與關連都是餘事。此外，在史畢瓦克的著作裡，唯一能逃過
「好心」陷阱的西方人是蓋爾・歐姆維特（Gail Omvedt），但連
她也並未充分超越西方研究者常有的那種我族中心主義[128]。這
就引起《東方主義》的同樣問題：西方人對非西方人是不是
在本體層次就沒有能力獲致「非關利害」之知或「真」知。

　　最後，史畢瓦克所做的批判，裡面有關「政治」（及其效
果）的一般觀念，有些問題也必須一提。在〈底層研究：解構
史學〉裡，史畢瓦克指責研究群（就如她在〈一個國際框架裡
的法國女性主義〉裡指責克莉絲蒂娃）沒有充分留意社會變遷
底下的集體與「客觀」物質力量。但是，史畢瓦克雖然一直
留意國際分工的物質現實與結構，她自己的著作卻每每似乎
淡化物質力量在社會發展或危機病因學中的分量。在她的著
作裡，物質力量往往是在論述層次上受鼓動，而且有賴於

---

127 Maria Koundoura，〈指名史畢瓦克(Naming Gayatri Spivak)，《史丹
　　福人文評論》(*Stanford Humanities Review*), 11, 1989，頁92; Parry,
　　〈當前殖民論述理論的問題〉，頁34-39。
128 史畢瓦克，〈底層人能說話嗎？〉，頁108注54。

「符號系統功能」改變[129]。在史畢瓦克的著作裡，產生符號
系統劇烈改變的，基本上每每似乎是解構批評之類的干預，
果然如此的話，批判工作就必然優於比較「直接」的干預，
諸如暴亂，或者以和平的政治組織來對抗支配者。例如，在
〈底層人能說話嗎？〉，史畢瓦克批評德勒茲天真相信這類
政治干預可以先於或高於打破「符號系統」；〈一個國際框
架裡的法國女性主義〉則稱讚凱瑟琳‧克雷蒙（Catherine
Clement）「要對現實行動」須先「改變意象」之說[130]。此
外，史畢瓦克說，對於有意識的集體動因的可能性與效果，
馬克思自己也存疑[131]。一個形容自己是「老式馬克思主義
者」的人提出此論，是極惹爭議的。的確，她說「一項政治
方案不能以矯正性的解構為基礎」[132]，這句話裡，馬克思主義
與解構根本不相容。

　　另一方面，史畢瓦克力闢她「試圖將硬紮的現實化約為
只有符號」之說，並且主張，「象徵性的秩序」的解構，能
夠支持第三世界的解放之類「大敘事」的政治[133]。在此脈絡
之內，她說　「任何解釋的產生，裡面都含有對邊緣性的禁
止，我說這就是『政治』（politics as such）」[134]。但她對「政

129　史畢瓦克，〈底層研究〉，《在其他世界裡》，頁197。
130　史畢瓦克，〈底層人能說話嗎？〉，頁94-95；史畢瓦克，〈法國女
　　　性主義〉，《在其他世界裡》，頁145。
131　史畢瓦克，〈底層人能說話嗎？〉頁103與73。
132　史畢瓦克，〈策略、認同、書寫〉，《後殖民批評家》，頁47。
133　同書，頁53與11。
134　史畢瓦克，〈解釋與文化〉，《在其他世界裡》，頁113。

治」的觀念甚多曖昧之處，引起後殖民同行一些尖銳批評。
在與數名印度婦女批評家有點尖銳的一次訪談中，被問到她
的著作對第三世界婦女的鬥爭有何「實際上的政治用處」
時[135]，史畢瓦克堅決不肯回答。同時，班尼塔‧帕瑞曾埋怨，
史畢瓦克的著作「派給後殖民婦女知識分子的角色過重」[136]。
另方面，評估史畢瓦克著作的政治意義時，我們必須承認她
的謙虛　她勸人「要曉得你的力量的局限，不要將自己戲劇
化」，以及她的誠實　有些「激進」的學院人士「傾向於提
出富麗堂皇而沒有多少政治確切性的解決辦法，那種以策略
形式為包裝，玩弄詞藻的解決法」[137]，史畢瓦克拒絕這種誘
惑。但是，關於底層人如何超越底層性，史畢瓦克的著作並
無任何具體說明——許多底層社群愈來愈悲慘化，但當代第
三世界也可以觀察到許多底層超越底層性的過程，雖然分佈
並不均勻，接受史畢瓦克這種「認知上的失敗」，說這失敗
無可避免，很容易有將政治冷感正當化之嫌。史畢瓦克曾解
釋克莉絲蒂娃的女性主義計畫何以無效，我們也忍不住要她
的解釋移用於她自己，將「種族歧視」一詞改成「性別歧

---

135 史畢瓦克，〈後殖民批評家〉，《後殖民批評家》，頁71；同時，史
　　畢瓦克的批評對「現實」社會問題的衝擊，也不缺見證。見John
　　Hutnyk，〈發聲與邊緣：在我們的大學裡為其他聲音創造空間〉
　　(Articulation and Marginalia: Making Space for Other Voices in our
　　Universities)，《新文學評論》24，1992，頁104-116；及《史畢瓦克
　　讀本》編者導論，頁3。
136 帕瑞，〈當前殖民論述理論的問題〉，頁43。
137 史畢瓦克，〈法國女性主義〉，《在其他世界裡》，頁148。

視」就行　「〔即使〕我們知道如何來瓦解認同，我們也未
必能逃過被性別歧視決定。」[138]

　　由這些批評可見，史畢瓦克的著作有一連串重大的短路，
就像《東方主義》時或如此。這方面，最強烈的批評來自傅利
曼（Richard Freadman）與席默斯‧穆勒（Seamus Muller）：

> 她以解構運行的討論試圖置換各種二元對立，並且就
> 各類範疇做一些有成果的重新折衝，其實卻陷入許多
> 矛盾，這些矛盾最後就抵消了這討論的政治力量。史
> 畢瓦克想察辨政治上權宜的意識型態偽裝，又說這方
> 面並無真理可言；她要協助重建女性文學邊緣化的歷
> 史，又否認信實的歷史是可能的；她想肯定解放的主
> 張，同時卻否棄倫理學，而且給個人主動力是最最微乎
> 其微的基設；她想運用心理分析觀念，卻不承認——至
> 少原則上——受分析者有其真實的歷史；等等[139]。

此評有力，但也許失之誇張。史畢瓦克可以正正當當答覆

　　解構並沒有說沒有主體，沒有真理，沒有歷史，只是

---

138 同書，頁144。
139 傅利曼與穆勒，〈解構與批評的實踐：史畢瓦克論《序曲》〉
（Deconstruction and Critical Practice: Gayatri Spivak on *The Prelude*），收
於二人所著，《文學理論與哲學：一個跨學門的邂逅》（*Literary
Theory and Philosophy: A Cross-Disciplinary Encounter*, Basingstoke:
Macmillan, 1991），頁39。比較Cole，〈可實現的主體〉，頁61。

質疑身分認同的特權，因為有人由於認同特權化而被
認為有眞理，解構也不是揭露錯誤。解構是不斷察識
眞理如何產生……如果要公式的話，解構可以說是持
恆批判你不能不要的東西[140]。

史畢瓦克認為「失敗中寓成功」是後殖民領域裡解構工
作的必然後果，最上也只能產生「有建構性的問題，具改正
性的懷疑」[141]，她的著作就是這概念的例證。的確，她批評西
方激進批判理論未能留意(新)殖民主義的問題，以及分析底
層研究群等反霸權智識計畫的窒礙，都有力而且有生產性。
她詮釋正典都會文本，我們可能不是每個論點都同意，但史
畢瓦克在〈三個女人的文本與一種帝國主義批判〉裡衍釋的
女性主義架構對這個領域內的後起女性批評家有成果極為豐
富的影響，菲爾朵絲・艾金(Firdous Azim)、羅拉・多納遜
(Laura Donaldson)、莉莎・羅伊(Lisa Lowe)、雷伊・周(Rey
Chow)及珍妮・夏普(Jenny Sharpe)的著作可為證明。

史畢瓦克逼使所有在後殖民批評領域內工作的人細心思
考他們的政治定位和關連，以及他們的批評觀念和取徑的
「利益」。史畢瓦克所有著作裡，最有力的一個要素是強調
必須以女性他者為準來認知、來聽女性她者(即使這表示必須
學她的語言)，而不要彷彿沒有問題似地將她同化於西方的價

---

140 史畢瓦克，〈連繫於差異〉，《畢瓦克史讀本》，頁27-28。
141 史畢瓦克，〈一個文學再現〉，《在其他世界裡》，頁258。

值、歷史與知識體制：「這裡必須有另外一個焦點：不是只問我是誰，而是問這個女性他者是誰，我能如何名她？她如何名我？這是不是我討論的問題的一部分？[142]」史畢瓦克之後，再也沒有人能與被壓迫者作未經檢驗的認同，或對被壓迫者出以不加檢驗的「好心」，從而「天眞」或政治正確地指斥(新)殖民主義：

> 那些問題——政治上的(投票是什麼？)、經濟上的(希望什麼、挽救什麼？)、社會上的(什麼是好的生活？)——及其答案，使她〔批評家／研究者〕能就倫理主題做一種說明，這說明有別於對一個經過轉碼的(trans coded)、人類學的主體／客體的歌頌。這疑問者如何能不承認，她與另一個女人之間不只是兩者之間良好的化學作用，更是巨大的集體侵犯系統，而這系統就來自她想法子離開的那個飯店大廳[143]。

史畢瓦克最後認為，傅柯之作最有價值之處，是「顯露一種既不掩飾問題，也不將問題存而不論的『成功』」。在這些方面，她的工作成爲這種價值的範例[144]。

---

142 〈續論權力／知識〉，《史畢瓦克讀本》，頁150。
143 史畢瓦克〈不夠處女〉，《局外於教書機器之中》，頁177。
144 〈邊緣於教書機器之中〉，同上，頁28。

四
巴巴：「巴別塔式演出」[1]

　　巴巴的文章已大部重刊（有的經過大幅修訂），總名《文
化的方位》（*The Location of Culture*, 1994），大有助於世人重
新思考他在當代對（新）殖民主義、種族、少數族裔、移民所
引起的文化與政治議題的分析上的貢獻。書中諸文發表於學
門與地理位置都各各不同而且分佈廣遠的期刊上，不過，如
果不把這些文章看成一連串互不相屬之作，而看成一個逐漸
發展的整體，就比較容易欣賞巴巴在後殖民領域裡向前人——
——尤其法農與薩依德——的視境挑戰的程度。如此理解巴巴
此書，就能看出，至少到成書為止，他的生涯可以分成兩大
階段。從1980年到1988年，他的主要興趣是殖民論述的分
析，不過，薩依德《東方主義》的焦點是中東，巴巴的特定
興趣——有如史畢瓦克——是英國統治印度的歷史所牽涉的
文化交流。1988年以後，巴巴比較關心新殖民主義在當代的
文化後果，以及後殖民論述與後現代之間複雜而且每每彼此

1　此語出自巴巴，Articulating the Archaic: Cultural Difference and Colonial
　　Nonsense,《文化的方位》，頁135。

衝突的關係。

我將巴巴的工作分成兩個階段,是為了便於分析,但我們不宜過分強調兩個階段之間是斷裂的,因為在他比較後來的文章裡,諸如1994年的〈只靠麵包〉(By Bread Alone),對當代文化問題的討論有很多是用殖民史的角度來進行。巴巴討論後殖民性,認為殖民時代與當代之間相續,而非斷裂。他稱當代為「持續不斷的殖民當下」[2]巴巴生涯兩大階段的相續相通,在觀念與方法論層次也很明顯,他特有的理論洞識是一路不斷修正並深入衍釋的。他描述他一個關鍵分析意象「時差」(time-lag)——首先使用於1990年,說這是「一種將我從我最早的論文就開始衍釋和說明的殖民論述加以分割(split)而無以名之的結構。」[3]

閱讀巴巴,會碰到史畢瓦克的批評裡也常見的窒礙。其中之一是他質地濃稠至極(或充滿凝塊)的風格。的確,他特有的那種帶著揶揄、閃避、甚至近似神秘(或神秘化)的表達模式似乎是設計來專門訴諸讀者的直覺的。例如1994年〈後殖民與後現代〉(The Postcolonial and the Postmodern)一文說:「你如果只尋找句子或注釋,你就掌握不到句外的混合境界——不全是經驗,不全是觀念;半夢,半分析;既非指符,亦非意符。[4]」挑戰性同樣大的是巴巴的方法論折衷主

2　同書,頁128。

3　同書,頁275。

4　〈後殖民與後現代:主動因的問題〉(Postcolonial and the Postmodern: The Question of Agency),同書,頁181。

義，典型例子是1990年的Dissemi Nation一文，他在結尾說：
「我沒有試圖提出某種一般理論……我取法農的不穩定性，
克莉絲蒂娃的平行時間，融入班雅明現代說故事家『不可通
約的敘事』，不是提出救贖之說，而是人的一種奇怪的文化
存活。[5]」這些困難還更嚴重，因為巴巴每每拗曲他的資料——
——有時根本拗曲——來配合他的特定需要與角度。例如，關
於他對巴赫丁(Bakhtin)的接觸，他作此評語：「就像讀古哈
〔底層研究群的歷史家〕，我將以誤讀法來解讀他：讀之於
行間，不全信他的話，也不盡信我自己的話。[6]」此外，為了
達成自己的論點，巴巴會改寫他所用的原始資料。例如，在
〈後殖民與後現代〉裡，他援引羅蘭・巴特的《文本的樂
趣》(*The Pleasure of the Text*, 1973)。巴特那段文字描述在酒
吧裡隔座聽到的言語，但巴巴不但變更巴特的原文，還用他
自己的細節補充巴特之說，製造一個印象，使人以為巴特人
實際上在坦吉爾(Tangiers)，而不是透過另一位作家來喚起那
個場景。真是讀者留心，看錯了自行負責！這話並不是指責
這些作法完全或本質上不正當。首先，但凡文本詮釋都帶有
「誤讀」成分。更確切來說，把西方的敘事加以新的曲折，
是一個常見的後殖民策略，非西方藝術家「重寫」許多都會
文學文本，就是明證。可以說，巴巴(與史畢瓦克)只是將這

5　Dissemi Nation: Time, Narrative and the Margins of the Modern Nation，
　　同書，頁170。
6　〈後殖民與後現代〉，同書，頁188；比較巴巴就傅柯所做的「具有
　　傾向性的重建」，Articulating the Archaic，同上，頁131。

「重讀」與「換位」的顛覆過程延伸到批評與理論領域而
已。

　　處理巴巴的第一階段，一個入手處是，在殖民關係的分
析上，薩依德《東方主義》的基本體系是二元對立，法農後
期而且較爲知名之作，如《地上的不幸者》(1961)亦然，巴
巴嘗試超越這樣的分析。1983年的〈另一個問題〉(The Other
Question)認知到薩依德「不斷暗示東方主義核心有一個兩極
性或分裂」，但巴巴形容薩依德的分析在這方面處於「未發
展」(undeveloped)狀態[7]，這種形容表達了巴巴的一個看法，
就是，《東方主義》注意到殖民關係的這類緊張，然而薩依
德認定殖民知識方向單一，意圖則是權力意志，則又(不正當
地)解決並統一了這些緊張。如第二章所言，薩依德以殖民論
述裡有殖民者與被殖民者之分爲憾，但他的作法卻重新樹立
了這個區分。巴巴並且暗示，在愈來愈大的政治事件壓力之
下(尤其是阿爾及利亞獨立戰爭)，法農恢復了一些殖民認同
模式，這些模式在心理上與現象學上膠固的方式，與《東方
主義》相似。

　　薩依德幾乎完全專注於殖民者，法農幾乎完全專注於被
殖民者，巴巴則強調兩者之間的共同性與其間的折衝。對巴
巴，殖民者與被殖民者之間的關係比法農與薩依德暗示的要
更複雜，更多層次──而且更多政治糾結，主因是兩人認爲

7　〈另一個問題：刻板、歧視與殖民主義論述〉(The Other Question:
　　Stereotype, Discrimination and the Discourse of Colonialism)，同上，頁
　　73。

殖民者與被殖民者各自的認同與位置是穩定而一元的，兩邊
絕對分別，而且必然彼此衝突，但巴巴認為殖民關係中彼此
矛盾的心理情感模式（例如對他者的欲望與恐懼）是流動循環
的，這流動就打破了兩人的認定。我們可以說，巴巴在
Dissemi Nation裡表示自己並不追求「一般理論」，但他對殖
民論述的種種分析裡事實上含有一個「一般理論」。這理論
是：殖民關係的結構（殖民者與被殖民者皆然）來自「多重而
矛盾的信念形式」[8]（他1988年以前的許多文章都出現這個片
語）。

　　巴巴尋求將殖民論述分析的焦點轉移到認同形構（identity
formation）、心理情感及無意識作用等問題，其方法論主要汲
源於佛洛伊德及——更特定一點——拉岡；拉岡對佛洛伊德
的根本修正，構成巴巴處理這些問題時的主要理論前提。
1986年的〈緬懷法農〉（Remembering Fanon）說，「認同只有
在對一切本來（orginality）與充足（plenitude）意識的否定之下，
才有可能……這否定是透過置換與區分而來……使之成為一
種心理閾的現實（liminal reality）[9]」。這篇文章承認，巴巴將
拉岡的理論轉用於殖民關係的分析，其先聲是法農的《黑皮
膚，白面具》（1952），巴巴認為，比起後來之作《地上的不
幸者》，《黑皮膚，白面具》提供一個非常不同，而且更有
用的取徑。巴巴讚揚法農的《黑皮膚，白面具》在相互主體

8　同書，頁75。
9　巴巴，〈緬懷法農〉為法農《黑皮膚，白面具》所寫前言，頁xvii-
　　xviii。

的層次上處理殖民關係(而非專注於法律、經濟結構及軍事戰役等「公共領域」),以及將殖民關係視爲動能的、充滿移轉的,而不是靜態的:「殖民主體的熟悉排列──黑/白、我/他者──被打亂……種族認同的傳統基礎也被打散,無論是以黑人運動的自戀神話,還是以白人文化至上爲基礎的。」[10]

　殖民關係的心理領域是不穩定的,巴巴早期著作說明這一點的方式,是分析殖民刻板觀念如何運作。和《東方主義》形成明顯對照,巴巴不大有興趣指出,更沒有興趣糾正,一個被說成強大無比的都會文化對「他者」所作的錯誤定義。如1984年的〈再現與殖民文本〉(Representation and the Colonial Text)所說,一些後獨立的「文化民族主義者」有心提供更積極的被殖民者形象(或「刻板的反面」)[11],巴巴也不大在這上面用心。巴巴的急務,是對晚近關於刻板的心理經濟(the psychic economy of stereotype)的說法提出挑戰。例如,史蒂芬・希斯(Stephen Heath)分析奧森・威爾斯(Orson Welles)電影《歷劫佳人》(*A Touch of Evil*)對種族差異所作的再現,巴巴在〈另一個問題〉裡批評其分析,認爲希斯未能注意(新)殖民情感關係愛恨交雜而充滿衝突的性質。巴巴認爲,希斯的立場顯示了「對刻板那種具有限制作用的傳統倚賴,以爲刻板在任何時候都能提供安全的辨識點」[12]。

10　同書,頁ix。

11　巴巴,〈再現與殖民文本〉,Glovesmith,《解讀的理論》(*The Theory of Reading*),頁93-122。

12　巴巴,〈另一個問題〉,《文化的方位》,頁69。

在巴巴詮釋之下，刻板不是殖民者的「規訓」凝視能維持穩定的證據，也不是他的自我觀念很安穩的證據，刻板證明的，反而是殖民者的身分(與權威)在對被殖民的他者充滿矛盾的心理反應中折裂而失穩的程度。〈另一個問題〉開頭指出，殖民論述倚重「固著」的觀念，將臣屬民族的身分再現爲一成不變(例如「充滿色慾的土耳其人」，或「高貴的野蠻人」等刻板)。然而巴巴認爲，刻板有個奇怪的矛盾效應，就是已經知道的事情必須透過重複來無限重新確認。對於巴巴，這表示刻板雖然人人皆用，也有其修辭力量，但「已知」之事並不是那麼穩穩確立。這就點出殖民者的心理有所「缺乏」(lack)。據巴巴之見，這「缺乏」的例證是，殖民者由於倚賴刻板，成爲必須以他不是什麼來表達自己的身分，同時又潛在地破壞自己，因爲他這就必須有一部分倚賴這個具有潛在對抗性的他者(明顯的例子是「狡猾的東方人」或「不能信任的僕人」等刻板)來建構自己的身分。巴巴衍釋殖民刻板的功能，比之於佛洛伊德所說戀物對戀物癖者扮演的角色。這是一種換喻結構(metonymic structure)，刻板就像戀物，取代「現實」對象，而且和戀物一樣，用來表達並且圍堵彼此嚴重衝突的感覺與態度。依巴巴的解釋，「戀物癖每每是一種遊戲或搖擺，一邊是對完整／相似的原始肯定，一邊是與缺乏、差異相連的焦慮」[13]。

巴巴認爲，殖民者這種情感上的曖昧，其結構有部分顯

13　同書，頁74。

現於殖民論述裡一個始終一貫的衝突模式。例如，被殖民者
既不可理解(例如「難以捉摸的東方人」或「神秘的東方」等
刻板)，同時又是無所不見的殖民者凝視下完全可知的對象。
同理，被殖民的主體

> 既野蠻(吃人)，卻是最服從、又最有尊嚴的僕人(供食
> 者)；他體現橫流的肉慾，又天眞如孩童；他神秘、原
> 始、心地單純，又是最世故、最在行的騙子，社會力
> 量的操縱者[14]。

　　凡此種種，都可見巴巴根本有別於《東方主義》對殖民
論述的觀念；對巴巴，殖民論述從來不像薩依德(一般而言)
暗示的那樣一貫、自信和獨白，而是如這些正反混雜的再現
模式明白顯示的，充滿矛盾與焦慮。

　　除了心理分析理論，巴巴也運用後結構主義的某些成
分，來構思殖民論述的內在緊張與紛亂。但是，巴巴對這理
論的熱心並非毫無節制。和史畢瓦及薩依德一樣，他在意這
種理論對種族與帝國問題所特有的盲目[15]。巴巴因此主張，解
構習慣將注意力擺在散播(dissemination)與延異(differance)
上，現在必須重構，將焦點不只是擺在文本內部的語意學滑
動上，而要注意，意義的表現如何受到發言地點與脈絡的影

14　同書，頁82。
15　巴巴，〈後殖民批評〉，葛林布拉特與古恩，《重新劃界》，頁
　　461。比較《文化的方位》裡對傅柯的各種批判，例如頁91。

響，尤其是與(新)殖民的特殊條件相關之處。這種「從德希達出離」(departure from Derrida)[16](和史畢瓦克一樣，是將德希達重新取向，而不是眞的像薩依德般向他挑戰)，平行例子是巴巴將傅柯某些層面「翻譯」到後殖民問題的研究上去。特具意義的，是巴巴轉用傅柯「能重複的物質性」(repeatable Materiality)的理論。巴巴解釋說：

> 這是一個建制〔或宣示性的脈絡〕的陳述被改寫於另一論述之中的過程……該陳述之條件的任何用法改變與再投入，其經驗或驗證領域的任何變異，或所要解決的問題的任何差異，都會導至一個新陳述浮現：同中之異[17]。

關於殖民權威如何出現折裂，巴巴的第二個觀念也取則於德希達與傅柯。巴巴認爲，殖民論述從來就不像它自稱那麼權威而統一，因爲，由於「重複」(repetition)與延異的影響，意義有滑動的內在傾向。例如，〈被誤爲奇蹟的徵象〉(1985)描述那本「英文書」(English book)(巴巴指聖經而言，接著，他推而廣之，以此書爲英國文化「文本」的代表)；這本「英文書」的權威在於它自稱是原物、能充分自我呈現、是一元的。然而，巴巴綜合傅柯與德希達的一些論點，認爲

16　巴巴，《被當成奇蹟的徵象》，《文化的方位》，頁109。

17　〈理論的投入〉，同書，頁22。

這些「本質」經過在一個新脈絡中「重複」的過程後，已經
是不完全的。由於「原作」經過「重複」就決然不可能與
「原作」相同(相同的話，就是「原作」了)，這「翻譯」的
過程在「原作」裡產生了一種使之失去穩定的「缺損」[18]。因
此，如1985年的〈Sly Civility〉一文所說，殖民論述不一而雙
重的[19]。巴巴認為，殖民論述裡的「滑移」，基本上來自都會
的特定觀念、敘事及理論被「翻譯」的過程，以及帝國追求
海外霸權，它們在不同脈絡裡被重述而發生「混種」。

殖民主義如何打碎殖民者的身分與權威，〈狡點的服
從〉另外還提出幾種更根本的說明。基本上，巴巴由分析穆
勒(J.S. Mill)來提出其論點。穆勒是代表性的十九世紀人物，
其生涯事業充滿矛盾。他受雇於專制的東印度公司，卻鼓吹
個人自由的原則，以及民主權利在都會範圍內的延伸。巴巴
指出，穆勒最著名的論文〈論自由〉(On Liberty)，當初寫作
的宗旨，其實是回應麥考萊(Macaulay)所提改革印度教育之
議。穆勒(以及許多和他一樣的人)嘗試使國內民主與海外專
制並行不悖，為英國作為一個國族的認同與使命提出一個統
一的視境。然而，據巴巴之見，這只有產生一種「勉強的不
確定性」，「代議政府主張其自由與帝國聲稱其倫理的整個
公民論述等於都受到審判」[20]。巴巴認為，十九世紀英國國族

18　德希達闡述「重複」的影響，見Ellipsis，《文化與差異》，頁294-
　　300。

19　巴巴，〈狡點的服從〉，《文化的方位》，頁97。

20　同書，頁96；比較〈學舌與人。殖民論述的曖昧〉(Of Mimicry and

論述的根本矛盾，典型代表是麥考萊談哈斯丁（Warren Hastings）的那篇文章，文中解釋東印度公司的治理原則：「要當那個民族的父親兼壓迫者；要公正又不公正；要溫和適度，又豪奪無厭」[21]。巴巴認為，麥考萊對英國文化之正直有其見解，但是，由於以暴力的破壞形式將和平與進步帶給印度，以及透過專制治理來達成印度臣民不解放，長期下來他的見解的連貫性就失穩了：

> 十八世紀專制主義的陰魂……為什麼還纏著有力的基督教與文明使命在十九世紀殖民地的旺盛實踐？專制主義能鼓舞出一個由個人構成的殖民地嗎？專制法律的可怕文學只可能灌輸奴性精神[22]。

在其他多篇論文裡，巴巴說明殖民論述（及其權力意志）如何透過各種不同的「重複」而折裂。在1984年的〈學舌與人〉裡，他引入他第一階段著作中的一個關鍵觀念，即「學舌」的觀念。巴巴認為這是都會來的殖民者產生的一種殖民控制形式，其運作邏輯合乎德柯《規訓與懲罰》（1975）裡衍釋的，權力所行的圓形監獄凝視。殖民者要被殖民者學取殖

Man. The Ambivalence of Colonial Discourse），頁86。關於穆勒的矛盾，巴巴的談法取資於Eric Stokes甚多，Stokes之說大概導源於薩依德《世界、文本及批評家》〈世俗批評〉頁13對此題目的簡短討論。

21　巴巴引麥考萊，〈狡黠的服從〉，《文化的方位》，頁95。

22　同書，頁96-7。

民者的外在形式，以及內化其價值與規範。在這層意義上，
學舌表達了殖民者文明化使命的「史詩」式計畫，就是要被
殖民者的文化拷貝或「重複」殖民者的文化，從而轉化被殖
民文化。學舌在情感與意識型態領域內運作，其運作邏輯如
果由傅柯來形容，他可能稱之為一個「牧民」體制（'pastoral'
regime）的邏輯，和以赤裸武力為基礎的政治與支配是相反
的。正因此故，巴巴認為，學舌構成「殖民權力與知識最難
捉摸又最有效的策略之一」[23]。然而同時，殖民者的規訓凝視
漸漸由於一個盲點而失去穩定，這是學舌策略在英國人與
「英國化」之間要求一個關鍵區分的結果。這兩者之間的差
別，支撐了殖民與被殖民之間的識別，而這識別是殖民控制
之所倚。殖民論述裡有個要素是設想，帝國的好心引導是一
種具有拯救作用的經驗，而殖民者是高人一等的，被殖民者
透過這經驗，有獲得改造而逐步接近殖民者的潛力，然而殖
民論述卻有一個觀念與此設想矛盾，就是認為被殖民者在本
體論層次就有異於（並且低劣於）殖民者。所以，學舌的核心
裡有一個使殖民論述失穩的「充滿反諷之累……欲求一個經
過改造的，可以相認的他者，一個有差異，幾乎一樣，但不
十分一樣的主體」[24]。由此產生的後果，與殖民者的「意圖」
十分相反，亦即學舌所產生的主體，其「不十分一樣」有如
一面會扭曲映像的鏡子，一方面令殖民者的認同支離折裂，

23　〈學舌與人〉，同書，頁85。
24　同書，頁86。

一方面——就如刻板的情況——又帶著殖民者不承認的『他性』重新出現[25]。對殖民論述的權力意志損壞最大的，也許是巴巴的這個看法：「英國性」（殖民者權威的終極依據）本身乃是一種過時的「效應」，是與異族文化接觸才浮現的結果。這是巴巴對「時差」問題的早期表述，他在裡面再度點出殖民者的認同核心有個缺口，他說，由於此故，「支配論述追求代表性、權威力量的軸心開始破裂」[26]。

現代性、後殖民、後現代

上文說過，巴巴第二階段的著作，基本上致力處理殖民史及種族、國族、族裔集團等遺傳下來的論述對當代文化造成的問題。巴巴對後殖民移民在西方都會裡的困境逐漸增加接觸（但並非只關心這問題），他的視角有了一些重要的改變。在這第二階段，文化交流與認同的問題不是受到都會與邊緣之間的地理距離過度決定，也不是受到政治不平等的明顯形式所過度決定；過度決定此一階段的，是多種文化在相同的（都會）空間裡彼此接近，以及表面但每每虛幻的平等關係。不過，在策略層次上，第二階段關心的問題往往與第一階段關心的問題平行，包括以下問題：西方文化與移民（和非西方）「對等」的關係要如何理解？當代移民（或社會底層）的

25　同書，頁91。
26　〈被當成奇蹟的徵象〉，同上，頁113。

認同要如何觀念化？他們的主動力應該如何表達？後殖民或「少數主義」(minoritarian)對支配秩序的最適當抵抗形式是什麼？

為了這些議題，巴巴在後殖民論述與後現代論述之間進行複雜的一系列折衝，在〈後殖民與後現代〉裡，他說，引導他作這些折衝的，是一股欲望，要從後殖民的角度給後現代「重新命名」(rename)。巴巴強調在這兩種論之間折衝(請與史畢瓦克比較)，因此他在幾個重要層面上有別於許多後殖民與「少數族裔」批評家，他們認為後現代主義其實是用一種新的普遍化論述將非西方世界的困境與問題寫掉(勾銷)，這新論述與過去伴同殖民計畫而來的「人文主義」裡隱含的我族中心主義半斤八兩[27]。但是，巴巴雖然嘗試修正這些對後

27　Simon During說，「後現代性這個觀念，其建構方式或多或少都刻意抹煞後殖民認同的可能性。而且，不談刻意，任何人試圖顯示『我們』現在生活於後現代性之中，都必須在觀念上抹滅後殖民條件」。見 Simon During，〈今天是後現代主義還是後殖民主義？〉(Postmodernism or Post-Colonialism Today？), 1987；收於 Thomas Docherty編，《後現代主義讀本》(*Postmodernism: A Reader*, Hemel Hempstead：Harvester Wheatsheaf, 1993)，頁449。Simon During的不滿相當有代表性。從後殖民或「少數主義」角度對後現代主義持疑的說法，另見 bell hooks，《渴望、種族、性別，與文化政治》(*Yearnig Race, Gender, and Cultural Politics*, Boston South End Press,, 1991)；雷伊・周 'Rereading Mandarin Ducks and Butterflies：A Response to the "Postmodern" Condition', 《文化批判》(*Cultural Critique*), 5,1986，頁69-93；阿馬德，《理論上》，3-5章；Kwame Anthony Appiah，〈後現代主義裡的「後」與後殖民裡的「後」是一樣的嗎？〉(Is the Post-in Postmodernism the same as the Post-in Postcolonial？),《文化探討》, 17, Winter 1991；頁336-357；Ian

現代主義較具敵意的批評的一些層面，他對後現代的一些表
述卻決非毫無批判，他和他們一樣認爲，後現代每每將當代
西方的文化歷史與困境視爲規範。巴巴舉出幾個例子來支持
他的論點。1991年的〈『種族』、時代及現代性的修正〉
（'Race, Time and the Revision of Modernity）一文就是一例。他
在文章裡說，姆拉登・多拉（Mladen Dolar）認爲「〔主權主
體〕（the sovereign subject）的不斷破裂是自由的條件」[28]，此說

Adam與提芬編，《過了最後之「後」：後殖民主義與後現代主義的
理論化》（*Past the Last Post：Theorizing Post-Colonialism and Post-Modernism*, Hemel Hempstead: Harverster Wheatsheaf, 1991）；Kumlcum
Sangari，〈誰的後殖民主義，誰的後現代主義？〉（Whose Post-Colonialism and Whose Post-Modernism？），《以英文寫作的世界文
學》（World Literature Written in English, 30.2, 1990，頁1-9；Denis
Ekpo，〈朝向一種後非洲主義：當代非洲思想與後現代主義〉
（Towards a Post-Africanism: Contemporary African Thought and
Postmodernism），《文本實踐》，9.1, Spring 1995, 頁 121-136；Neil
Lazarus，〈懷疑新的世界秩序：馬克思主義、現實主義，以及後現
代主義社會理論的聲稱〉（Doubting the New World Order: Marxism,
Realism, and the Claims of Postmodernist Social Theory），《差異：女性
主義文化研究期刊》（*differences: a Journal of Feminist Cultural
Studies*), 3.3，1991，頁94-138；Paul Gilory，《黑色大西洋：現代性
與雙重意識》（*The Black Atlantic: Modernity and Double consciousness*,
London: Verso, 1993），頁43-46。比較史畢瓦克之見：〈價值問題散
思〉，《在其他世界裡》，頁171-172，與〈後現代條件：政治的絡
結〉，《後殖民批評家》，頁 17-35，及〈沙米與羅西被上了〉，
《局外於教書機器之中》，頁246。相較之下，楊格認爲兩種論述之
間如果不是對等的話，也有很大的互補性。見《白人神話》，頁
119。

28　對巴巴，〈結論：「種族」、時代及現代性的修正〉，《文化的方
位》，頁240。比較〈被當成奇蹟的徵象〉，同書，頁111。

忽視了一點，就是(新)殖民主義權威之所倚，正在於鼓勵其非西方臣民認同都會文化與價值，藉以碎裂這些臣屬民族的主體性。但詹明信極言美國——或者，範圍步步變小，加州、洛杉磯、貝爾艾爾(Bel Air)，或邦納文杜拉飯店(Bonaventura Hotel)令人失去方向的走廊——的文化困境，來描述一種普遍的全球狀況，巴巴也認為其說不能令人滿意。他語帶尖刻說，「我們可能在詹明信的第三世界「認知性地圖」(cognitive mappings)裡擱淺，拿這地圖在洛杉磯找邦納文杜拉飯店可能有用，但是，拿到加薩去，會害你形同沒有眼睛」[29]。

巴巴嘗試透過後殖民經驗來重新表述後現代主義，他這個嘗試其實始於向後現代主義的兩項基本敘事挑戰。其中第一項說，由啟蒙運動開其端緒的現代性計畫，面對二十世紀歷史的種種災難事件，已經用盡其承諾。第二項則說，這計畫已經完成，成就多多少少是令人滿意的，因為西方的社會民主與經濟組織模型已得勢於全球，羅提(Richard Rorty)與——聲名更噪的——福山之類批評家如是說。反之，哈伯瑪斯1983年有一篇文章叫〈現代性——未完成的大計〉(Modernity-An Incomplete Project)，巴巴在〈『種族』、時代及現代性的修正〉裡引述過，他和哈伯瑪斯一樣，認為當代世界尚未達到一個新的文化分配之境。不過，哈伯瑪斯認為，現代性所以尚未竟功，是因為它有建構一個更公道、更理性地組織的

29　〈結論〉，同書。

世界的潛力(雖然發生了納粹大屠殺和廣島之事)，而這潛力至今仍未用盡，巴巴則認為，現代性所以尚未完成，有好些非常不同的原因。

首先，在某些關鍵層面，所謂的後現代世界根本就在複製並延續現代性的某些負面層次。最明顯的一點是，殖民歷史伴同現代性而生，當代西方就持續著殖民歷史所特有的那些社會、政治與經濟結構(以及意識型態上的他者化形式)。因此巴巴認為，「權利與義務之說，在現代民族神話裡是核心要義，但是，基於移民、離散者、難民在法律與文化上被派到的悖常、歧視地位，此說必須受質疑」[30]。第二，現代性不能說已經「完成」(以及，由於完成而已經被後現代繼承)，因為非西方世界在現代性的構成中扮演的角色從來不曾獲得適當的承認。就物質層次而論，奴隸和殖民剝削對現代性的物質文明的貢獻至今沒有受到充分認知。文化與意識型態領域也是如此，因為現代性的許多根本觀念——諸如「人」(Man)、理性、進步及民族——是西方以差別方式建構非西方的社會價值與結構，將之視為「前現代」、不夠人性、非理性、在歷史之外或原始／野蠻，而發展出來的。

晚近一些現代性說法拒絕處理這些問題，巴巴尤其關心。社會達爾文主義不僅為納粹鋪路，並且本身就是透過殖民與非西方文化接觸而發展出來的。此外，據巴巴之見，傅柯將種族主義視為一個「前現代」知識體的殘留，而不是西

30　〈後殖民與後現代〉，同上，頁175。比較'Dissemi Nation'，頁164。

方那些公民與自由人文主義的歷史傳統的一部分，那些傳統
創造了國族志理想的意識型態母體，以及其「一個民族」的
觀念，與國族是一個共同體的觀念[31]。其中一個意識型態母
體，在傅柯就現代性的出現所做的說明裡占有關鍵位置，這
個母體就是法國大革命，以及其自由、平等、博愛，普世之
「人」皆兄弟的夢想。巴巴撼動這個法國大革命觀念，方法
是透過法國大革命之後不久在海地由洛維杜爾（Toussaint
L'Overture）領導的反殖民起事這片三稜鏡，重新思考法國大革
命。由這場起事之必然發生，可以見得，就殖民脈絡而論，
法國大革命所象徵的「人類」解放、進步、四海皆兄弟等等
許諾，根本沒有在殖民地兌現。洛維杜爾之變的「悲劇教
訓」是，「人類的道德、『現代』氣質，法國大革命奉為神
聖的這個氣質，在奴隸社會裡反而為古老的種族因素火上加
油。」

　　當前的現代性理論，將歷史上被邊緣化者受壓制的歷史
與社會經驗重新銘刻，對這樣的理論提出詰問，巴巴稱之為
「後殖民的現代性考古」。

　　這工作和巴巴許多思考一樣有先例，就是法農的早期著
作。巴巴認為，《黑皮膚，白面具》的主題，是「人」
（human）如何在啓蒙運動的時代被權威化（authoried）」[32]。法農
認為，黑人「遲延」浮現為人類（或者說，經過一段時差，才

31　同書，頁244。
32　同書，頁236。

開始在西方論述內被認知爲人）。現代性的知識體，基本觀念
是以人(Man)這個普遍化的、先驗的範疇爲「統一的倫理價值
參考點」，但經過法農之筆，這個範疇出現了問題：「法農
揭示其最普遍象徵，人，的歷史性，而彰顯那些理念的有限
性——它們的我族中心主義含意。[33]」然而巴巴的一個特性，
正是撥用既有的詮釋學觀念來別開新境，他並不只是拒斥這
種「遲誤」(belatedness)，而是以積極作法加以重新銘刻，開
啓一個新的時間性或「時差」[34]，在這裡，先前的被殖民主體
以不同於他們在歷史上被派到的身分(例如被打成「原始」、
「野蠻」等等)重新發聲。此外，透過「時差」，先前被殖民
者能夠顛覆式轉化中心的自我描述敘事，方法是揭露原先被
剔除或被壓制的「里程碑式」monumental)象徵。巴巴第二階
段之作，跟隨克莉絲蒂娃1979年〈女性的時代〉一文，一貫
將「象徵」連結於固有社會權威形式的中介與複製。因此，
透過「時差」，殖民主義的遺產從現代性這個乍看屬於「歷

33　同書，頁237。

34　'Dissemi Nation'，同上，頁170。這「曖昧的時間性」的觀念，有相
　　當程度得自Dissemi Nation文中所說克莉絲蒂娃的「平行時間」理論
　　(parallel times)。這理論本屬女性主義，巴巴移用於後殖民問題。見
　　克莉絲蒂娃〈女性的時間〉(Women's time)，《克莉絲蒂娃讀本》
　　(*The Kristeva Reader*)，Torril Moi編(Oxford: Basil Blackwell, 1984)，
　　頁192以下。巴巴此說，另外也有一些取自法農所說的，去殖民化國
　　族的曖昧時間性。見巴巴，'Dissemi Nation'《文化的方位》，頁
　　152。這些時間性的區別，也令人想起薩依德在《東方主義》中所做
　　的同步視境與異時敘述之分，巴巴在《文化的方位》〈學舌與人〉頁
　　86提到薩依德這個區分。

史」的現象內部**投射**出來，點出「尚未獲得適當再現的社會
敵對與矛盾形式，正在成形過程中的政治認同，在混種、在
翻譯與重估文化差異過程中出現的文化宣言」[35]。

由此可見，巴巴以時差方式使現代性保持開放，使先前
被殖民者在當代出現新的位置、「時代」和宣示，但他細心
避免將這「未完成的現代性」重新銘刻成一種走向綜合與結
束的進展，亦即，他避免說歷史上和文化上的差異與衝突就
此得到解決。傳統自由主義想見「（統一且平等的）人類家
庭」最後將會浮現，馬克思主義則說無產階級的（全球）勝利
將會帶來「歷史的終結」，巴巴強烈挑戰這兩種視境裡的目
的論。（的確，對於以辯證為觀念工具，巴巴是深有疑慮的，
因為其動能牽涉的「前進」將會在一種「更高」的形式裡抹
煞先前被殖民者的文化「差異」。）巴巴自行提出一種文化差
異的模型，尊重並保存被邊緣化者的獨特、多重歷史與認
同。

巴巴對一些後現代理論的其他疑慮，根據也在這裡。這
些理論處理不同文化之間的關係，讚美「多元認同」，不同
文化居住於同一地理／文化空間的情況，尤其如此。依巴巴
之見，這些讚美言之過早。在某些方面，現代的文化綜合視
境，其政治含意太接近主流的多重文化主義（multi-
culturalism）與文化相對論，而不為巴巴所喜。兩者作法有
別，但都試圖將文化差異所提出的挑戰大事化小，以便保全

---

35 巴巴，《文化的方位》〈結論〉，頁252。

「地主」社群或地主國族的「有機主義」神話。多重文化主義的作法是隱然將文化建構成本質上彼此等同，因此各種文化的各個成分是可以互換的，這種作法無可避免導至強調向主流文化同化。在巴巴眼中，文化相對論處理文化差異對一個規範性的中心的關係，也變成強化支配文化的權威。另外，這兩種論述都取決於對巴巴所說「最終字彙」(final vocabularies) 的「共識性」同意('consensual' agreement)。「最終字彙」一詞是巴巴向羅提借用的，意思是，多種文化必須同意共用一些字眼與觀念，才能開始接觸對話，這些字眼與觀念即「最終字彙」(巴巴暗示，這些字眼與觀念必然是由西方的條件來形塑的)。巴巴認為，「最終字彙」之說有種種窒礙，具體而言，不但不同種類的文化生產在狹義上就互不相通——例如，口語傳統(orature)和文學如何「等同」？而且不同社會與文化族群的基本存在經驗也是難存共同標準的。巴巴以一種十分神似巴特《神話》(*Mythologies*, 1958)的方式，特別是在取名〈人的大家庭〉(The Family of Man)的文章裡說，在不同的地方和不同的社會制度或價值裡，生命與死亡本就有不同的意義。例如，「家庭」、「母職」與「老化」在劍橋、布里吉頓(Bridgetown)、布拉瓦友(Bulawayo)或科塔・奇納巴魯(Kota Kinabalu)實際上可能有十分不同的意思，具現十分不同的價值。

　　巴巴認為，將少數族裔「同化」於「地主」國族居於支配地位的價值與社會習俗的時代已經過去。他藉此以他所稱的「語言比喻」(language metaphor)說明他的「文化差異」觀

念。「語言比喻」的語意學方式將文化再現為具有功能與指定作用的價值,就像語言系統提供意義。於是,「整合」移民的問題有了新的樣貌,成為「翻譯」問題。這裡,班雅明對巴巴的影響特別大。其論點所據的的基本命題是,一個文化有其再現並了解它自己的敘事與符號,這敘事與符號無法「透明地」翻譯成另一文化的措詞,就像英文與法文是不可能完美「配對」。「對於文化之間在一元『人類』文化符號下進行透明的同化,語文是一種阻力」[36]。在過程中未被交流出去的內文化層次體現了一種有生產性的抗拒,拒絕被充分撥用於或同化於支配者。關於多元文化社會的幾種舊有論述,實際上都導向被支配者完全撥用或同化。

對於巴巴第一階段著作中的認同觀念,這個論點當然是重要修正。為了反對殖民主義的根本或本質認同論,巴巴點出認同是有差別的,而且至少在理論上是可以無限「置換」的(displaceable)——巴巴此說基本上參考了德希達的延異觀念,以及拉岡「他者」是主體構之必要條件的觀念。巴巴對法農的解讀也補強這個視角:「法農摧毀『人的本體論』,說『黑人不是只有一個,而是很多黑人。』[37]」此外,在巴巴的第一階段,「黑人民族主義」,無論是黑文化運動或美國

---

36 'Articulating the Archaic',同上,頁125;關於巴巴討論班雅明的翻譯理論,請看'Dissemi Nation'與〈新意如何進入世界:從現代的空間、後殖民的時間,及批判性翻譯的嘗試〉(How Newness Enters the World: Postmodern Space, Postcolonial Times, and the Trials of Critical Translation),同書,尤其頁163-164及224-227。

37 〈結論〉,同書,頁238。

的黑人分離主義運動，都倒轉但並不置換西方種族主義論述本身使用的主體建構與社會認同模型。相形之下，第二階段的巴巴透過齊澤克(Slavoj Zizek)重讀拉岡，認為認同事實上有一個不能化約的要素。1994年的〈新意如何進入世界〉一文說：「我對德希達與德曼說的「原本」(orginal)的換喻碎裂(metonymic fragmentation)比較沒有興趣。我比較關心「外來」(foreign)成分，這成分是文化之間與族群之間「不穩定的連接要素。」[38]

　　然而文化差異也不能單純理解說，不能被另外一個文化「整合」或「翻譯」的那個東西，就是文化差異。巴巴極力否認「人的家庭」的文化相對主義，也否認後現代主義有時候對「多重自我」[39](multiple selves)的簡單化歌頌，但他也強調，後殖民或移民經驗對支配文化的關係並不單純是敵對關係。基於此故，他反對他所謂「文化多樣性」(cultural diversity)的教條，這教條如同種族隔離，試圖銘刻不同文化之間的絕對與本體的差異關係。巴巴引用德希達的處女膜意象，來說明他的差異模型的曖昧作用：「既在相反面之間播下困惑，又介乎相反面之間，而且兩者『同時』。[40]」因此，這種關係並非本質上就是敵對的，而是提供(兼有供應與補充

38　〈新意如何進入世界〉，同書，頁227；關於巴巴所指認同中「不可化約」的成分，請看拉岡，《心理分析的四個基本觀念》(*The Four Fundamental Concepts of Psycho-Analysis*)，Alan Sheridan 譯 (1973; Harmondsworth: Penguin, 1977)，頁249-252。

39　〈結論〉，同書，頁238。

40　'Articulating the Archaic'，同書，頁129。

兩義)一種「欠缺」,但又不至於在否定任何文化之後,將之做成某種新的綜合。巴巴第二階段的許多特有用語,像「非決定論」(indeterminism)、「差異」、「第三空間」及「介乎之間」(in-between),都從第一階段的「混種」(hybridity)一詞與「混種化」功能(hybridization)發展而來,可以與之並觀,巴巴以這些用語來將上述文化之間的關係觀念化。

關於移民或後殖民文化與傳統都會文化之間曖昧關係的這些觀念,〈後殖民與後現代〉說之最詳,巴巴在此文中,取羅蘭巴特《文本的樂趣》裡關於「文句」(sentence)與「非文句」(non-sentence)之間關係的觀念,加以複雜的衍釋。在巴特,兩者的區分是絕對的(非文句指「永恆地、精采地在句外的東西」[41]),巴巴則嘗試為兩者建立一種鄰近的關係。為了提出其論點,巴巴將「永恆地」一詞從上引的巴特文字中切離,將「非文句」從「句外」脫開,「句外」於是成為介乎文句與非文句之間的第三項或第三空間。巴巴就巴特所做的轉折,表示句外的東西在非文句與文句的對極之外另行提供了可能性,因為這兩項在一般提供可能性的條件體系中是必然相連的,可能性在某一層次上雖然必然在「句外」,但也必然在句內,使之發生一個句子的功能。(其說或許有些得自索緒爾,語言(langue)與言語(parole)有不可化約的差異,但也與parole密不可分。)

41　巴特,《文本的樂趣》,Richard Miller譯(1973; New York: Hill and Wang, 1975),頁49。巴特對摩洛哥之見,令我不由得想起薩依德如何描述福樓拜對埃及的態度,見薩依德,《東方主義》,頁187。

巴巴透過他第二階段的兩個「一般理論」將當代的後現代理論加以重新導向，以「時差」與文化差異代表他說的曖昧時間性，其實踐上的益處是，在潛在上，他能將民族文化之間的關係及民族文化內部的關係都加以重新觀念化」，〈對理論的投入〉(The Commitment to Theory)稱之為「對文化支配的政治及環繞文化支配的政治做一種不同的處理」[42]。巴巴的目標是為當代的文化政治提供一種新的空間與時間，超越當代任何關於文化之間的關係的觀念，無論這些文化是否在同一個國家空間裡，也無論是近似美國那種合多為一(e pluribus unum)的關係模型(這個模型為舊的權威中心做掩飾，使之續行其支配)，或許多彼此對峙的基本教義式特殊主義的集合。巴巴的政治視境，下文將加以比較詳細的審視，不過，巴巴對現代性、後殖民性及後現代主義之間關係所做的重新觀念化有些問題，這裡必須先討論一下。

巴巴對這些議題的處理無疑是有生產性的，但還是出現一些根深蒂固的窒礙。他全心贊同一個論點，即後殖民批評出自「那些受過歷史刑罰之苦的人——被壓制、被支配、漂散、失所的人」[43]，但他第二階段最特出的文章，如〈後殖民與後現代〉之類，幾乎完全參考當代西方思想家，特別是漢娜·鄂蘭(Hannah Arendt)、巴赫丁(Babhtin)、拉岡及巴特。巴巴大量汲源於都會(雖然他有時嘗試加以挑戰或修正)，以

42　巴巴，〈對理論的投入〉，《文化的方位》，頁32。
43　〈後現代與後殖民〉，同書，頁172。

至我們忍不住要說，他第二階段的效果——與他聲言的用意
相反——實際上是從後現代角度將後殖民重新命名，有時則
是將後殖民含納於後現代之中。巴巴在〈後殖民與後現代〉
裡訴諸巴特，造成的問題特別尖銳。羅伊在《批判之境》中
指出，巴特處理非西方世界的方式，開始時是批判西方對異
國趣味的偏好，如《神話》好幾篇文化所示，但後期卻重新
爲異國情調張目。特定一點來說，巴特1970年代的著作，包
括《文本的樂趣》和他談日本與中國的那些書，可以視爲無
意中重新銘刻舊有的東方主義觀念傳統，就像史畢瓦克認爲
克莉絲蒂娃的作法。前文第二章說過，在這個傳統裡，非西
方再現女性、身體、前社會或非社會，以及「非理性」，雖
然在巴特的解述裡，這些性質是被正面地記載的。所以，非
西方提供了巴特諸多方式，去破壞西方象徵秩序裡的那些基
本價值與認識論。巴特對中國或日本的觀念，羅伊形容爲
「一種前口語的意像空間，『閹割』、社會化及父親介入前
的空間」44，這觀念與巴特對坦吉爾的建構之間似乎直接相續
相通，巴特的坦吉爾建構在前面討論的《文本的樂趣》段落
裡提供一種類似的空間（「句外」），巴巴關於文化之間的關係
論點泰半由此產生。東方雖然有其解構西方權威的功能（巴特
堅持〔西方〕文句是「階級性的：裡面暗含征服、屈從」45，
但也被撥用（就如史畢瓦克指克莉絲蒂娃的中國論，圖式化、

44　羅伊，《批評之境》，頁139。奇怪的是，在〈對理論的投入〉裡，
　　巴巴似乎認知到巴特這個問題，見《文化的方位》，頁31。
45　巴特，《文本的樂趣》，頁50。

簡化)來解決「內在」的西方文化難題。

　　巴巴對巴特的異國情調主義毫不置評，已令人訝異，更
成問題的是他有時候似乎被巴特在「文句」與「句外」之間
所故的僵硬本體論區分所誘拐，結果，他不由自己，沒有置
換，反而重新銘刻(新)殖民與後殖民文化之間整個二元對立
系列。在巴特心裡，和在巴巴心裡一樣，西方和書寫、象
徵、教育連在一起(全都意指獨白、固定、威權的特質)、抽
象的思想形式，以及將文化視爲認識論對象，如同博物館，
易言之，與日常經驗分開。同時，後現代與「文本」、聲
音、符號、演出(都意指對話、民主及機動的特質)、感官的
體物模式，以及將文化視爲活動的、當下的及宣示性的。巴
巴在卡薩布蘭加(他取其同名電影，用以代表西方)與坦吉爾
之間所做的對立，其實已圖式化到扭曲走調的地步，其效果
是西方自身帶上了東方主義論述所說「永恆的東方」具備的
所有固定與重複特質。這正是他(和史畢瓦克)經常指責的
「倒過來的我族中心主義」。

　　此外，巴巴聲稱他嘗試「在現代性之中提供一種書寫文
化差異的形式，這形式不爲二元界線所拘」[46]，然而這裡的一
大諷刺，正是他構想超越二元對立，但這構想其實卻完全要
依靠他想打破的那些結構才有效。混種也許是巴巴畢生在這
方面的關鍵觀念，要談混種，顯然必須假定有一個對立物存
在，這就不但牽涉到新的一組二元對立，而且還有一個危

46　巴巴，《文化的方位》〈結論〉，頁251。

險，亦即混種(以及其所再現的後殖民空間或認同)本身可能
被本質化。克莉絲蒂娃在〈女性的時代〉裡警告，堅持性別
差異，最後可能導致女性主義走向一種倒過來的性別歧視。
巴巴的問題亦復如是，因為他經常以「非混種」來取代後殖
民(尤其是西方的新殖民主義與第三世界的民族主義)，提法
是一元式的(unitary)，而一元式提法無法照顧到它們明顯的內
在矛盾與有差別的歷史。拿階級與性別及種族議題來覆按巴
巴所說文化或社會階層的「齊聲同調」論(unisonance)，此論
的問題立刻一眼可見(此點容後再談)。所以，巴巴討論現代
性如何藉非西方的他者自我建構時，對於 蒙運動各項論述
內部那些可以與此並觀的過程，亦即家庭領域內婦女與屬從
階級被他者化的過程，只是極其象徵性的稍提一下。對於現
代性的初期衝力，現代性與其古典和前現代歷史的關係，也
是象徵性點到即止。

　　同時，這裡必須指出，問題比上文所說的要更複雜一點。
正因為巴巴想避免兩極對立，想強調相近性以及文化「翻譯」
的生產動力，也為了常識之故，他不得不承認所有文化都是不
純粹、混合和混種的。如〈第三空間〉(The Third Space)所
說，「所有文化形式都持續不斷處於混種的過程裡」[47]。但這
話引起一個問題，此語如果成立，那麼，「第三空間」、

47　巴巴，〈第三空間〉，Jonathon Rutherford編，《認同：共同體、文
　　化、差異》(Identity: Community, Culture, Difference)，London: Lawrence
　　& Wishart, 1990，頁211。比較巴巴，〈對理論的投入〉，《文化的方
　　位》，頁35-36。

「混種」、「介乎之間」之類觀念(這些觀念順從**一般**的語言條件」[48]價值何在？它們又如何可以說是後殖民特有的文化干預模式或空間？如果每個文化都是「介乎之間」，無一是「自同」的(self-identical)，則後殖民就失去巴巴早先聲稱它具有的主動力與認同。這些問題顯出巴巴方案核心裡的緊張與衝突，其傷害力和前文第二章所說薩依德早期著作中的緊張與衝突一樣大。

主動因、抵抗、政治

　　巴巴試圖超越二元思考，但窒礙甚多，最一貫顯示這些窒礙的，也許要數他對政治接觸、抵抗及主動力問題的解釋。在他的兩個階段裡，巴巴都嘗試根本修正這三個題目的常見構思方式，無論是早期的後殖民批評，或傳統的「自由主義」與馬克思主義思考。如前文所說，在巴巴較早期的文章裡，政治並非擺在殖民者與被殖民者之間的物質關係的「政治領域」裡，而是置於支配文化與被支配文化「之間」一個多變並且每每屬於無意識的情感地帶裡，一些不斷(重新)折衝的心理認同與政治(重新)定位在這裡進行不穩定的出入往來。此外，「政治」也未必是各造彼此抗爭的互動模式：「差異與他者性質，或敵對者的空間……決非完全在外面，也不是無可和解地對立的……差異的輪廓是辯難、不斷

48　巴巴，〈對理論的投入〉，同書，頁36。

移轉、不斷分裂的。[49]」但巴巴斷定，殖民關係中兩個「夥
伴」的心理曖昧也開啟一些始料未及而且至今未獲認知的方
式，使殖民權力的運作能被本地主體占去上風，其過程，或
可以心理游擊戰稱之。

巴巴重新思考政治的「空間」、「時間」與模式，與此
重新思考並行的，是他嘗試重新表述底層人的主動力，而作
法與晚期的法農或早期的薩依德有所不同。巴巴認為，支撐
西方的現代性，連同與此現代性俱至的殖民主義歷史的，是
西方以個人為主權主體的模型，《地上的不幸者》裡的暴力
本土起事重新銘刻了這個模型。《東方主義》則與法農的說
法強烈相反，隱然將底層人建構成支配者論述的一種「效
應」，不具備能與支配者對立的主動力。因是之故，如我在
前面第二章所說，在《東方主義》的權力運作模型裡，底層
人永遠只能是西方的「沈默的對話者」。

在其第一階段，巴巴透過薩依德與法農之間對立的主動
力模型，探索一條前進之路，方法是設置各種「不及物」
(intransitive)的抵抗模型，這些模型恢復被《東方主義》勾銷
的抵抗，又不至於重新銘刻法農後期著作中的主權主體。本
章第二節已說明，由於三個主要原因，殖民權力內在上容易
被去穩定化，或者說受到「來自內在的抵抗」。第一，巴巴
祖述傅柯《性史》(1976)，提出一個看法，即殖民權威和其

---

49 〈被當成奇蹟的徵象〉，同書，頁109。比較傅柯在《性史》裡的論
    點：「統治者與被治者之間沒有二元而包盡一切的對立」（頁94）。

他的權力形式一樣，在試圖監控時無意識地、「無心地」
(unintentionally)引起「拒絕、阻斷與無效化」[50]。第二，巴巴
取傅柯「物質的可重複性」理論，與德希達《書寫與延異》
(1967)裡的「可重複性」(iterability)及延異理論，兩相綜合而
主張，「不及物」的抵抗有一部分導源於一切語言在本質上
都會遭到的變遷，尤其是透過「重複」與「翻譯」過程而來
的變化。最後，巴巴師法拉岡的《心理分析的四個基本觀
念》(1973)，說殖民權威的凝視永遠有個不安，亦即殖民認
同的建構永遠有一部分要依賴一個被殖民的他者，一個帶著
潛在敵意的他者。

　　不過，和這幾種「不及物」的抵抗相反，第一階段的巴
巴也探索一種(看起來)比較傳統，用來表達被殖民者的主動
力的抵抗。這兩種抵抗在某種程度上有關連，因為巴巴有時
似乎暗示，第一種為第二種打開一個空間。據巴巴之論，學
舌問題不只必須從被學舌者(殖民者)觀點來處理，也必須從
學舌者(被殖民者)的觀點來處理；在後面一種意義上，學舌
可以稱為一種防衛，「就像人類戰爭裡使用的偽裝技巧」[51]。
關於這種抵抗的「及物」與主動性質，巴巴的看法有兩個說
明。第一，被殖民者得到力量，而能對殖民者的凝視加以還

50　傅柯，《性史》，頁11。比較頁101，及傅柯《權力／知識》頁195-
　　6。《性史》認為支配體制永遠不會是完全穩定的：「論述傳送並產
　　生權力；論述強化權力，但也破壞並暴露權力，使之脆弱，使人有可
　　能阻擋它」(頁101)。
51　巴巴，〈學舌與人〉，《文化的方位》，頁85。

眼；因此，學舌(及與之同性質的混種之類過程)也是「將支
配過程倒過來的策略……將受歧視者的凝視轉過來對著權力
的眼睛」[52]〈被當成奇蹟的徵象〉說明本地人如何質疑西方文
化的基本敘事與文本，以與這些敘事或文本「本來」用意有
別的方式詮釋它們，或將它所使用於殖民者始料未及的目
的。巴巴以一名主持教義問答者的描述，來說明這些「混種
化」的過程。那名主持教義問答者描述，他的同胞如何對基
督教——帝國主義者的正典文本——即聖經——加以充滿反
諷與顛覆性的(誤)理解。這些普通的印度百姓首先在文本層
次上點出經文裡的種種矛盾(一神論與三位一體理論的矛盾關
係，這問題在印度向來是傳教士的絆腳石)，亦即他們「就權
威提出了那些權威——包括聖經——無法回答的問題」[53]。他
們還指出，殖民者國內說聖經是四海皆準的上帝之言，但聖
經部署於殖民地，卻成為(特別是)英國文化優越的表徵，這
中間是矛盾的——巴巴以他特有的那種巴洛克式語法說，此
一過程有效地「將上帝／英國人相等的結構拆解開來」[54]。

　　第二，學舌者也可以拒絕以其凝視還治殖民者的凝視，
巴巴說，這也同樣有效地將殖民權威去穩定化，只是方式有
別。如本章第一節所說，殖民者對被殖民者的曖昧情感有一
部分表現於「殖民主義者那股自戀式的要求，要求被殖民者
直接對他說話，要他者給這個我權威，承認其優先，填滿其

52　〈被當成奇蹟的徵象〉，同書，頁112。
53　同書，頁115。
54　同書，頁119。

輪廓，充實、重複其指涉，以及其碎裂的凝視」[55]。例如，在 *Sly Civility* 裡，第二型「及物」式的底層人反抗表現於本地人拒絕滿足殖民者對這種承認的「要求」。支配者試圖將他者拘限於臣屬位置，以「確認」其支配者的身分，但底層人加以抵抗，處心積慮溜出臣屬位置。英國化的被殖民主體的位置是多重的，介乎英國性與「本來」的印度性之間，面對如此難以捉摸的被殖民者，殖民權威的「要求」既無法統一其信息，也無法順利將其臣屬民族「定位」。

所以，巴巴將焦點擺在殖民關係的心理動能與論述領域上，這焦點建構了「及物」抵抗，即心理游擊戰與顛覆，顛覆那個使殖民者的身分具有權威、使其對海外土地的控制具有權威的象徵秩序。不過，前人提出的反抗論彼此不相容，巴巴試圖超越，卻問題重重。其中一大窒礙是，如楊格在《白人神話》裡指出的，「這些看來有煽動性的解決方式，在殖民者與被殖民者是否都在無意識層次」[56]，並不清楚。再者，巴巴未能澄清他所描述的幾種抵抗的「及物」或「不及物」、主動與被動程度。問題有一部分出在巴巴的定義模稜兩可。將曖昧的程度描述爲「歧視性的權力的策略」[57]，可能被理解爲暗示，殖民權力有意識地部署這策略，作爲其權威的一個工具。但是，巴巴使用的傅柯架構又暗示，曖昧只是

55　〈狡黠的服從〉，同書，頁152。
56　楊格，《白人神話》，頁152。
57　〈另一個問題〉，《文化的方位》，頁66。比較同書，頁79，在這裡，曖昧的產生也似乎是有意且有意識的。

一條多多少少武斷的，供權力流動的管路，使之能將自己「極大化」，而無關殖民者的「意圖」[58]。在被殖民者方面，曖昧的意思也很多。〈只靠麵包〉（1994）描述1857年「叛變」前謠言與恐慌在印度這邊流傳的情形，視之爲一種「用心經營的敘事策略」及「政治反叛的策略效應」[59]。但文中又表明，謠言在本質上是自發、間歇的，而且——依照傳柯權威引起反抗之說——其中並無帶有意圖的「作者」。

巴巴訴諸拉岡，往往造成問題更嚴重。拉岡自己的心理學舌理論（psychic mimicry）是用昆蟲的生物防衛類比來說明（例如飛蛾染上黃蜂的色澤），因此根本談不上有意識的意圖和有目的的計畫，雖然拉岡與巴巴都認爲這樣的抵抗「有效」[60]。然而，銘刻於學舌中的抵抗在被殖民者如果是無意識的（以拉岡的說法，對承認的要求——及拒絕——是在無意識層次進行的），被殖民者就無法以之爲地基來建構一個深思熟慮的反論述，更別提以之爲一種手段，從被壓迫者的文化內部動員一套策略性的物質方案與「公眾」的政治行動模式。對這問題，巴巴立場看來支吾搖擺。〈學舌與人〉描述被規訓者回視規訓者的監控目光，置換後者的凝視，這過程是一種消極建構，暗示這種抵抗可能是「不及物」的；相形之下，〈狡

58　比較傳柯，《規訓與懲罰》，頁219-221。

59　巴巴，〈只靠麵包：十九世紀中葉的暴力徵象〉，（By Bread Alone: Signs of Violence in the Mid-nineteen Century），《文化的方位》，頁209與199。

60　關於學舌，請看拉岡《心理分析的四個基本觀念》，尤其頁98-100。

點的服從〉裡描寫「拒絕將權威的形象恢復於權力之眼」，則是一種遠更意志論的、有預謀的顛覆[61]。巴巴的抵抗論，其混亂在〈被當成奇蹟的徵象〉特別顯著。一方面，巴巴似乎認為底層人主動、有目的性地將「英國書」加以「混種化」。然而農民對教義問答主持人提出的問題既是一種經過考慮的挑戰，也是一種範疇錯誤與誤解。這種反應是一個抵抗模式嗎？如果是的話，這抵抗是有意識的還是無意識的，及物還是不及物？[62]

　　更要緊的一點也許是，巴巴早期文章中描述的各種「不及物」抵抗，在嚴肅的意義上有沒有使殖民控制失去穩定，難說的很。殖民論述內在上會透過「重複」、延異式「翻譯」而被去穩定化，這去穩定化是一切語言與權力論述都不免的。然而由歷史可見，帝國主義、法西斯主義或恐同性戀雖然內在銘刻著明顯的矛盾與無意識的／情感的衝突，卻絲毫不失其有效性。曼因爵士(Sir Henry Maine)形容殖民地官員是「必須在兩個經度同時準時的人」[63]，他似乎只是視之為一

61　巴巴，〈學舌與人〉與'Sly Civility'，《文化的方位》，頁89與99。

62　巴巴將其主動力、抵抗與政治的模型移用於後殖民領域，或許操之過急，而遭遇上述問題。「第三空間」由當代的混種化產生，並且促進混種化。果如〈對理論的投入〉(1988)所言，這「第三空間」是「一種無意識的關係」(〈對理論的投入〉，《文化的方位》，頁36)，那麼，它如何又能提供「有意識地」抵抗西方霸權的基礎，或者，它如何又能作為一種手段，供人有方針地提倡文化關係的新觀念？至於使人以更直接的行動來反抗「世界新秩序」，就更不用提了。

63　巴巴在'Articulating the Archaic'裡引述他的話，《文化的方位》)，頁129。

項存在的事實，而不是說此事有礙殖民政府的實效。麥考萊批評哈斯丁斯(Warren Hastings)的統治方案充滿根本的矛盾，其評語也絲毫無礙他自己相信帝國使命本身可以成立。這些弔詭在哈斯丁斯似乎一直是無意識的，由此也可以知道，我們不能說它們曾使他的權威意識陷入不穩定。此外，《山上的小故事》(*Plain Tales from the Hills*, 1888)，第一個故事〈里斯培斯〉(Lispeth)尖銳挖苦傳教士，後記提到「糾纏不清的三位一體」，顯示殖民論述經常而且有意識地對基督教義做巴巴在〈被當成奇蹟的徵象〉裡說印度農民也做的那種「造反性的質問」。佛斯特在《印度之旅》(*A Passage to India*, 1924)第四章結尾描寫傳教士葛雷斯福(Graysford)與索里(Sorley)佈道裡的荒唐邏輯，也證實此點。

　　同理，說巴巴所寫那種從被支配者內部「策略性」地發揮的心裡遊擊戰事實上特別能將殖民者去穩定化，也沒有多少物質證據。他在〈只靠麵包〉中大膽咬定「歷史動因的效果不遑多讓，因為它賴以發生作用的，是將謠言與恐慌加以具有破壞作用的、沒有定所的散播」[64]，此說十分沒有根據地暗示，在印度，叛變前的謠言對英國的威脅與武裝起事一樣大。事實上，巴巴想反駁史托克斯(Eric Stokes)對這「叛變」的「傳統」分析，好像卻支持了史托克斯的分析。史托克斯指出，造反失敗的原因在於缺乏清晰的目標、共同的鵠的或有目的的規畫，其說令人信服。唯其始終零星，所以很容易

64　〈只靠麵包〉，同書，頁208。

就被堵死。

　　另外，巴巴未能充分考量學舌作爲一種殖民控制策略的效力。此所以，〈被當成奇蹟的徵象〉裡最英國化的印度人，亦即教義問答師梅塞(Anudn Messeh)[65]，是最服從殖民權威的人。對殖民文本提出「造反性的質問」的，是文化上被支配者同化的程度要低得很多的農民。一般而論，最能代表英國化的「學舌人」(mimic man)的，是受過西方教育而懂英文的階級，在印度的英國人心中對他們的鄙夷似乎遠多於畏懼。在《印度之旅》裡，希斯洛普(Ronny Heaslop)雖然憂心「如果發生爭吵，受過教育的印度人對我們不會有好處」[66]，言下之意卻是，「爭吵」如果眞的發生，挑起爭吵的將會是被同化程度較低的其他印度人。事實上，殖民論述裡有一個漫長的傳統，就是再現殖民權威如何以其綜觀全局的目光觀察其學舌子民，裡面清清楚楚暗示，受支配者對權力的凝視加以反眼或拒絕，以此作爲對權威的顛覆，這挑戰已被注意到，而且在被認知的過程中被堵死。對殖民權威的這幾種挑戰有其局限，凱蒂・泰爾徹(Kate Teltscher)的《被銘刻的印度》(*India Inscrided*, 1995)從十八世紀末的遊記裡提出兩個發人深省的例子。第一個例子是，一個英國人無意中撞見一些

65　問答教學者是印度人，而不是英國人，這一點很重要，楊格也認爲他是印度人。見楊格，《殖民慾望：理論、文化與種族裡的混種》(*Colonial Desires: Hybridity in Theory, Culture and Race*, London: Routledge, 1995，頁162。

66　佛斯特，《印度之旅》(1924；Harmondsworth: Penguin, 1976)，頁39。

僕人演出他這個主人的為人行事，內容嘲諷。第二個例子
是，一個印度僕人的主人發怒，他仆在地上，兩手捂住耳
朵。一個回眼凝視權力的凝視，一個拒絕權力的凝視，都導
致兩個主人改變其態度與行為，然而誠如泰爾徹所言，這些
事件引起兩個主人自我反省，結果造成乍看比較「人性」的
奴役形式，而真正的權力關係維持不變，甚至成為對殖民者
更有利[67]。

這些證據確定了他在他第一階段開始時就表示的那些疑
慮。1983年的〈另一個問題〉，副標題「差異、歧視，及殖
民主義論述」，文中說「不斷移轉的定位性(positionalities)將
永遠無法嚴重威脅居於支配地位的權力關係」[68]，但他後來處
理底層人的抵抗時，從來沒有提出這類疑慮，因此他一貫以
學舌代表對支配者的一種威脅。不過，我說這話並非暗示巴
巴的通盤論點整個錯誤。他描述學舌之類過程使權威被去穩
定化，殖民論述裡的確可以找到這類例子。從吉卜林1888年
的〈在城牆上〉，到朵麗絲‧萊辛(Doris Lessing)的《草在歌
唱》(*The Grass is Singing*, 1950)，被殖民者反眼凝視支配者，

67　Kate Teltscher,《被銘刻的印度：歐洲與英國的印度書寫，1600-1800》
　　(*India Inscribed: European and British Writing On India 1600-1800*,
　　Delhi: Oxford University Press, 1995)，頁147-150。

68　巴巴，〈另一個問題：差異、歧視及殖民主義論述〉(The Other
　　Question: Difference, Discrimination, and the Discourse of Colonialism)，
　　收於Francis Barker, Peter Hulme and Margaret Iverson編，《理論的政
　　治》(*The Politics of Theory*, Colchester: Colchester University,1983)，頁
　　205。這類問題的進一步討論，請看我的的〈多舌的巴巴：解讀吉卜
　　林，解讀巴巴〉，收於《書寫印度》。

或拒絕支配者的凝視，都證明能使支配者極爲不安，但這些當然是文學而非官方文獻，而且作者往往對官方的帝國意識型態愛恨交雜，甚至敵視。此外，在這些例子裡，學舌所以有造成不安的作用，原因正是故事中的主角並不充分代表實行殖民的社會，而是像《遼闊的藻海》裡的安東妮特，存在於支配者與被支配者的社會形構「之間」——在物質與心理／情感層次皆然。

更晚近一點，巴巴既不取人文主義的動因觀念，又不欲將傳統的動因觀念完全視爲支配者意識型態或權力論述的「效應」，他重新嘗試突破這兩者之間的死胡同，所用的觀念架構與批評術語在某些方面和他第一階段相當不同。但這裡必須再度強調，我們不宜誇大巴巴兩個階段之間的不連續處。所以，在他最晚近文章之一〈只靠麵包〉裡，巴巴以令人驚異(以暴力強拗？)之筆，爲東妮‧莫里森(Toni Morrison)和印度「叛變」前夕那些無名農民拉上關係。其效果是暗示，歷史上的底層人與當代後殖民藝術家身上可以看到相同的動因模型。此外，本章第二節談到文化差異是不可能充分「翻譯」的，而巴巴將新殖民文化與後殖民文化的關係理論化的時候，仍然維持內涵(immanent)或「不及物」式抵抗的觀念。同樣的，他強調後殖民藝術家或批評家如何審問、倒轉、(誤)撥(用)西方論述的用語或符號，這強調和他在〈被當成奇蹟的徵象〉裡強調印度人提出「造反」式質問(假定這就是他們對教義問答師的反應所代表的意思)，如出一轍。

在〈後殖民與後現代〉之類文章裡，巴巴繼續倚重「語

言比喻」來探討動因問題。因此,為了「轉化我們對文化
『主體』與造成改變的歷史動因的意識」,並且把在「公共領
域」中促成團結形式的「一個新的合作層面」加以觀念化[69],
巴巴取動因在社會關係中的運作,與文本裡的意圖性相擬。
在後結構主義理論中,作者(及主體)其實是文本性的一個效
應,因為他/她必須進入一個預先存在的語言裡,才能創造意
義,而主宰這語言的規劃與習慣並非作者所能選擇。巴巴認
為,文本性,以及類推而言,動因,因此是論述(與/或「社
會文本」)的一個效應,而非其原因或起源。就此意義而言,
作者,或動因者,唯有透過「一種逆溯的形式」(a form of
retroactivity)才重新浮現,類似拉岡心理分析理論所說,主體被
定位於符號秩序之內並發言(或行動)以後,才「個體化」[70]。放
在這個脈絡裡,我們也許才比較能了解巴巴說的,「必然自
我異化(Self-alienated)的主體(或動因)將會(後來)才重返」,
因為個體化由於是進入銘刻於語言中的象徵秩序後才出現的
產物,必然是「相互主體的一種效應」[71]。

　　巴巴在這篇文章中處理巴赫丁與鄂蘭,提出一種政治團
結的模型,與他不屑地形容為「自由主義的團結看法」尖銳

69　巴巴,〈後殖民與後現代〉,《文化的方位》,頁174-175。

70　同書,頁185;比較〈審問認同:法農與後殖民特權〉(Interrogating
　　Identity: Frantz Fanon and the Postcolonial Prerogative),同上,頁56。
　　關於進入象徵秩序,見拉岡,《四個基本觀念》,頁188、204-205及
　　246。

71　巴巴,〈後殖民與後現代〉,《文化的方位》,頁187。

對比[72]，和法農或底層研究群比較傳統的動因與團結模型也形成尖銳對比。巴巴似乎暗示，後殖民動因，有如作者意圖，必然隱含團結形式，因為它在兩個重要方面是相互主體性的。第一，正如一個文本的意義或意圖是透過一個在作者與讀者之間折衝的過程而建構，動因也牽涉到這個動因對他人的影響的觀念，這些他人變成那個動因的「作者」，就如讀者(協助)建構作者文本的意義。(這也暗示動因是一種有「時差」的或回溯性的「效應」，不過，這次是他的動因作用在回顧之下可以被理解為具有的效應。)第二，任何文本的意義都透過典故的使用、文類及相互文本而與其他文本產生關連，因而含有其他文本的「痕跡」，而且，借用巴赫丁的措詞，任何言詞文本都以各種方式包含著其他比它先在的文本，巴巴似乎由此類推，說一切動因都含有其他先在動因的痕跡(以一切行動都是其他先在行動的後果而論)。依照巴赫丁理論，言語，或文本，永遠都假定有一個受語者，並且預期一個反應，巴巴似乎由此獲得一個想法，認為動因作「對話式」運作，其運作方式必然牽涉「社會」次元，而且至少潛在上帶有團結的可能。

這種動因看法(假使我理解正確的話)，視動因一方面是「個體化」、有意識、主動或及物的，同時又是「社會」、無意識、被動或不及物的，或者，也許應該說，介乎兩者「之間」。這樣一個看法極端問題重重，而且極欠安穩，其

72　同書，頁190。

實並沒有開出一條清楚的道路來超越薩依德與法農的二律背反視境，這樣的抵抗論與動因論看起來本質上是循環論證。巴巴談歷史上的底層人與當代的後殖民主體，使用相同的動因模型，〈後殖民與後現代〉以下述不具人格的措詞描寫這模型：「當符號停止象徵的共時流動，它也奪得衍釋新的、混種的動因與表述方式的權力。這就是修正的時刻。[73]」然而，他卻以一種非常傳統的個體動因觀念來演出這些修正。例如，他稱讚史畢瓦克鼓吹「『奪取價值符碼的製作』……打開一個干擾性的時差(使)漂散者與後殖民主義能被再現」[74]。

　　巴巴將語意學領域視爲後殖民抵抗的首要基地，這又進一步產生兩個重要難題。第一，如果「符號」取德希達的定義，它潛在上必然是無限可以置換和延異的；若然，後殖民論述可能臻至充分的穩定性來把自己組織成一套方案嗎？〈「種族」、時代，與現代性的修正〉堅持時差不會造成「無效性(nullity)流通，即指符無止境的滑動」[75]，因爲「符號」被「綁」在支配者社會權威的巨大「象徵」上。此說導致的一個窒礙是，如果「符號」動因是這麼一貫地指向將支配者去穩定化，巴巴就的確——如阿馬德所指摘的——把特權給了那些對中心「反詰」的後殖民論述形式。那些不這樣與中心的象徵、文本及敘事進行顚覆性對話的批判與藝術活動模式，隱然都被他降級或冷落(通常的理由是，他們是「文

73　同書，頁191-20。
74　同書，頁190。
75　〈結論〉，同書，頁245。

化民族主義者」)。更重要的一點也許是，巴巴給予符號對象
徵的關係這麼決定性的地位，表示他的後殖民動因與抵抗觀
念事實上必須讓支配者持續其權威，才能運作，結果是，他
落入重新建構支配者的危險——這正是阿馬德反對後殖民理
論之處。

　　第二，如此強調語意學領域，爲傳統的政治實踐觀念帶
來一些不安的含意。巴巴以批評上或創作上的誤讀爲格外重
要的政治行動形式，或許是必然的，因爲他以化約的方式堅
持「構成政治行動的，是再現的領域與指意(signification)的
過程」[76]。巴巴後期之作幾乎執念似地完全以論述層面來代表
政治行動(或者可以說，將政治化約成論述層面)，在〈後殖
民與後現代〉特別明顯，例如，文中視團結問題繫於如何
「宣示論述動因」，而且在「被動文化翻譯」與「社會文本
的動因力量」之類語句裡[77]，政治活動出現明顯的文本化。
〈緬懷法農〉將革命者法農變成一個批評家，其著作「打開
一個審問的天地，造成認同與權威出現顛覆性的滑動」[78]，也
可見一斑。巴巴一貫堅持特殊看待《黑皮膚，白面具》爲法
農最重要之作，幾乎完全小看法農號召以暴力行動反抗殖民
者的後期著作。的確，由於只將他的導師視爲思想家，倒退
著解讀其發展，而一貫忽略其後期著作，巴巴與其說是緬懷

76　〈後殖民與後現代〉，同書，頁190。
77　〈結論〉與〈後殖民與後現代〉，同書，頁247與183。
78　巴巴，〈緬懷法農〉，頁xxiv。

法農，不如說是肢解法農[79]。

巴巴膨漲批評家的角色，而輕看武裝抵抗與傳統的政治組織形式，但是，在終結正式帝國主義體系並向當前的新殖民主義體系挑戰方面，武裝抵抗與傳統的政治組織形式扮演著比批評家遠更關鍵的角色。對巴巴最嚴厲的批評，有些就和此點有關。早在1987年，帕瑞就以此指責巴巴。阿馬德在《理論上》也作此指責，對巴巴「極言論述」為反對的根據地，阿馬德敵視有加[80]。楊格在《殖民的欲望》裡針對這些指責為巴巴所做的辯護，並不足以服人。他說，這些異議是根據「一種範疇錯誤」而發，因為巴巴將焦點擺在「論述性的〔新〕殖民主義建構上」，卻並未試圖取代或排斥其他的分

---

79 關於倒讀法農的後果，Neil Lazarus有更延伸的分析，見其〈誓絕去殖民化：法農、民族主義，以及當前後殖民論述裡的再現問題〉(Disavowing Decolonization: Fanon, Nationalism and the Problematic of Representation in Current Theories of Colonial Discourse)，《非洲文學研究》(*Research in African Literature*)，24.2, 1993，頁69-98。關於巴巴「誤讀」法農，Cedric Robinson有同等敵意的說明，見〈法農之撥用〉(The Appropriation of Frantz Fanon)，《種族與階級》(*Race and Class*)，35.1, 1993，頁79-91。

80 帕瑞，〈當前殖民論述理論的問題〉，頁31-46。Parry延伸她對巴巴的批判(措詞每每與〈當〉文相同))，見(我們時代的徵象：談巴巴的《文化的方位》)(*Signs of Our Times*: Discussion of Homi Bhabha's *Location of Culture*)，《第三文本》(*Third Text*)，28-29 Autumn/Winter 1994,頁1-24；阿馬德，〈文學與「第三世界文學」：一些脈絡(Literary Theory and "Third World Literature": Some Context)，《理論上》，頁68-69。比較斯Ania Loomba, 'Overworlding the "Third World"' (1991; 重印於Williams與Chrisman《殖民論述與後殖民理論》)，文中認為巴巴在文化分析上「太輕易從語意層次轉入社會層次」。(頁309)。

析形式，無論它們是歷史、地理、經濟、軍事或政治的分析形式」[81]。然而要緊的一點是，這些分析形式在巴巴的說法裡都可以——邊緣性地、時有時無地——看到，(新)殖民權力的物質脈絡與折衝卻都一貫以文本層次呈現，或者被文本層次凌駕。

　　同時，我們必須認知，巴巴追隨傅柯「論述的關係在本質上是戰爭」一語[82]，試圖將論述在傳統上從屬於「物質」的政治行動形式的關係打破(而不是——至少理論上——將這關係倒過來)。因此，他如果被指責將政治文本化，反而就是文本性，或文化實踐，在巴巴著作裡也被同等一貫地政治化。此外，巴巴跟隨女性主義的一些發展，強烈強調心理或個人領域與政治的關連，而不是像傳統的看法，認定政治是在公共領域中構成並且局限於公共領域。同樣的，我們也必須嚴肅考慮他另外一個導源於傅柯的論點，亦即抵抗未必永遠是一項「有政治意圖的反對舉動」[83]。帕瑞認爲，大家習慣上把政治結構理解爲二元對立，她要求論者注意政治在打破這些二元對立上所扮演的角色[84]。她的要求是對的，但她的挑戰所根據的認定將會受到巴巴強烈爭議。在他早期的文章裡，他愈來愈厭倦以公共領域爲中心的政治計畫，認爲政治必然是對立抗爭的觀念，以及透過階級之類穩定的範疇來實踐的政

81　楊格，《殖民慾望》，頁163。

82　巴巴，'Dissemi Nation'，《文化的方位》，頁145。

83　〈被當成奇蹟的徵象〉，同上，頁110。

84　Parry，〈當前理論的問題〉，頁29。

治。如〈第三空間〉一文所示,到1990年,巴巴認爲左派「有太多那種怯生生的傳統主義——總是想用某種既定的模型或典範來解讀一個新的情況,這是一種反動的反射,一種保守的『心套』(mind-set)」[85]。在這方面,克莉絲蒂娃似乎也有關鍵影響。〈女性的時間〉記錄了「後平權女性主義對(以傳統方式構思的)整個政治」更加劇烈的不信任[86]。她自己的文章也流露這股不信任。〈女性的時間〉與1977年的〈一個新的知識分子類型:異議分子〉(A New Type of Intellectual: The Dissident)皆然。Dissemi Nation曾引述〈一〉文。〈一〉文與史畢瓦克一樣主張,反對支配權力本身或其語言者,必然陷入其邏輯之中,從而淪於延續那權力。這可以解釋巴巴何以同樣強調最有效的政治立場是鄰近而不是直接對立,以及他何以強調對支配者的象徵秩序與體系加以滲透,而不是用比較傳統的形式拒斥支配者或將之倒轉過來。

對克莉絲蒂娃(如前章所述)與巴特的常見指責,是指責他們轉向論述的抵抗形式與「文本」革命,說這轉向這代表了繼法國1968年5月事件失敗後的政治意志崩潰。巴巴面對的問題是,他的文本接觸法是否構成一種類似的轉向,要轉離似乎體現了「社會主義之終結」的另一時刻,亦即柴契爾主義的勝利,以及柴契爾與雷根治下一個新的,更劇烈的新殖民主義階段(打扮成「新的世界秩序」)。巴巴批判以對立抗

---

85 巴巴,〈第三空間〉,頁216。
86 克莉絲蒂娃,〈女性的時間〉,頁194。

爭與否定爲有效政治戰術的看法，最早是在〈對理論的投入〉（1988），文中討論1980年代中期礦工罷工失敗之事，那是近代英國歷史上最後一次的傳統式群眾對立抵抗。克莉絲蒂娃與巴巴都很清楚他們各自的主張所冒的風險。克莉絲蒂娃在〈女性的時間〉裡主張「第三種態度」，要帶女性主義超越以平等權利與生物差異爲基礎的方案，其牽涉的風險是「這可能變成以另一種精神主義(Spiritualism)背棄社會問題，或者，變成一種對一切現狀都準備支持的倒退」[87]。對他自己所下的「第三空間」與「介乎之間」等處方是否有效，巴巴也有懷疑，這懷疑出現於我所謂他第二階段的核心文章〈後殖民與後現代〉裡，文中說：「這整個是不是不過一場將任何形式的政治批判都化約成一個白日夢的理論幻想呢？[88]」我們可能想點頭說是，然而任何簡單的肯定回答都必須認清，這樣的回答，根據的是政治本質的傳統認定，而許多文化理論家，包括相當多從前可以輕易歸爲左派的那些人——拉克勞(Ernesto Laclau)，與莫菲(Chantal Mauffe)是其中著例——都表示，這些認定已經被晚近全球歷史的種種事件否決了。

「大詐欺」：後殖民理論與心理分析的政治

巴巴在方法論上一貫倚重心理分析理論爲表現並分析(新)殖民關係的主要手段，我最後想集中談談其影響。在

87　同上，頁210。
88　巴巴，〈後殖民與後現代〉《文化的方位》，頁187。

《白人神話》裡，楊格質疑巴巴「運用超越的心理分析範疇來分析殖民主義的歷史現象」[89]，但沒有詳述他對巴巴的這項異議。巴巴在方法論上也運用法農、德希達及傅柯，但和他運用心理分析大不相同，他傾向於信從心理分析的表面價值，不曾懷疑其認定與前提，更重要的是，他從來不曾懷疑心理分析能不能應用於非西方的心理／文化問題。史畢瓦克有一位訪談者說過，將心理分析應用於後殖民分析形式上的人有個關鍵問題必須考慮：「心理分析的模型是普世皆準的，還是歐洲中心的？」[90]本質而言，巴巴運用心理分析理論，問題出在他從來不曾提出這個問題。他不曾想到心理分析是一個西方特有的知識敘述，可能曾以共犯身分製造了現代性及──更特定而言──現代性的他者，就像西方知識體制中被他從後殖民角度分析的其他成分(進步、理性等等)。這方面，巴巴與史畢瓦克有個明顯的差異。史畢瓦克並未率然否定西方心理分析和她自己的批評事業的關連，她盛稱佛洛伊德是「當代探討女『性』」的最有力男性哲學家，也是『症狀解讀』(symptomatic reading)技術的創始者」[91]。此外，史畢瓦克經常運用古典心理分析，作為一種解讀技巧以及內容診斷，例如她在〈三個女人的文本和一種帝國主義批判〉中應用「自戀主題學」揭露勃朗特與其餘西方女作家作

---

89 楊格，《白人神話》，頁144。進一步的線索，可見於楊格《殖民慾望》，頁171。

90 史畢瓦克，〈與暴力結構折衝〉，《後殖民批評家》，頁151。

91 史畢瓦克，〈法國女性主義〉，《在其他世界裡》，頁149。

品中暗藏的「帝國主義公理」的影響。的確，史畢瓦克最近
再度肯定古典心理分析可以轉用於研究殖民關係，並且援引
馬諾尼(Octane Mannoni)為此道重要先驅[92]。

　　然而史畢瓦克同樣一貫指出，以原來面貌的古典心理分
析用來理解歷史與文化兩皆特殊的被殖民者經驗，是有缺失
的。因此，她形容她1985年〈女性主義與批判理論〉的謀篇用
意有一部分就是要在心理分析論述的裡恢復「種族層次」[93]，
而且她始終顧及西方心理分析曾以各種方式流露它不是普世
皆準，而是「地區性的學術」[94]。史畢瓦克在這方面的目光大
多指向佛洛伊德之作，指其屬於「男性——帝國主義的意識
型態形構」[95]。事實上，略略一瞥佛洛伊德《論性》(On
Sexuality)等作，就能確認他的著作多麼飽含他當代的規範性
種族與帝國理論視角。例如，「非理性」即特別以種化族的
說法呈現。巴巴自己引述1915年〈無意識〉一文裡談本能衝
動(id)作用的一段文字，而對佛洛伊德選用的比喻語言未下雙

92　史畢瓦克，〈差異中的女性〉，《局外於教書機器之中》，頁91。

93　史畢瓦克，〈女性主義與批判理論〉，《在其他世界裡》，頁81。比
　　較Christine Holmlund，〈置換差異極限：薩依德與巴巴的理論模型及
　　莒哈絲實驗電影裡的性別、種族與殖民主義〉(Displacing the Limits of
　　Difference: Gender, Race, and Colonialism in Edward Said and Homi
　　Bhabhs's Theoretical Models and Marguerite Duras's Experimental
　　Films)，《電影與錄影評論季刊》(Quarterly Review of Film and
　　Video)，13.1-3，1991，頁8，及Loomba, 'Overworlding the " Third
　　World" '，頁307。

94　史畢瓦克，〈法國女性主義〉，《在其他世界裡》，頁143。

95　史畢瓦克，〈底層人能說話嗎？〉，頁92。

字評論，堪稱可怪：「我們可以將它們比擬爲種族混雜的個
體，總的看來像白人，但其某個惹眼的五官透露了他們的有
色出身，他們因此而被排除於社會，不能享受任何特權。[96]」
佛洛伊德討論性變態，用語與此類似。一個特別重要的例子
是他對戀物癖的處理，巴巴在〈另一個問題〉裡特別倚重。
佛洛伊德最初對戀物癖的討論可見於1905年的〈論性三文〉
（Three Essays on Sexuality），裡面如此描述被戀的對象：「這
些代替物可以比擬爲拜物，野蠻人相信他們所拜之物體現了
他們的神。[97]」佛洛伊德的理論本來是用來分析性，巴巴「翻
譯」此一理論來分析殖民關係中的心理作用，看到佛洛伊德
的論述隱隱然將戀物癖種族強化，而未加隻字評論，也是奇
怪的。

　　這類語言流露了史畢瓦克說的「心理分析的明顯帝國主
義政治」[98]，同樣明顯的是，佛洛伊德對規範心理行爲與變態
心理行爲的觀念在相當大程度上立基於西方文化與非西方文
化的二元對立上，依此定義，在西方文化裡是變態的行爲，
在非西方文化裡卻是常規。舉個例子，歐洲社會裡的精神官

96　巴巴引用佛洛伊德之語，見〈論學舌與人〉，《文化的方位》，頁
　　92。

97　佛洛伊德，〈論性的三篇文章〉（Three Essays on Sexuality; 1905），
　　《性論：三篇論文與及其他著作》（*On Sexuality: Three Essays on
　　Sexuality and Other Works*），James Strachey 譯，Angela Richards 編
　　（Harmonds worth: Pelican, 1983），頁66。Space不容許討論佛洛伊德以
　　女性爲「黑暗大陸」的觀念，但這觀念確實加強我所提的，有關他激
　　進化思想範疇的論點。

98　史畢瓦克，〈一個文學再現〉，《在其他世界裡》，頁262。

能症被等同於非西方社會裡的心理常態，因爲非西方社會被
認爲符合人類演進的較早階段。於是，照佛洛伊德之論，
「我們發現，在原始民族裡，禁忌已經發展成一套複雜的系
統，就像精神官能症患者在我們的社會裡將他們的恐懼症發
展成一套系統」[99]。由此可以清楚見得，古典心理分析如何根
據都會與邊緣之間充滿道德意味的區分，將自己建構成一種
現代知識形式，對於將非西方文化他者化，這些區分做了可
觀的貢獻，貢獻的方法就是或明或暗地拿非西方文化和國內
的都會「規範」相比，將後者界定爲「缺乏」或「前」社
會。

　　巴巴取法於拉岡之處，比取法於佛洛伊德更明顯，這裡
又引起一個問題，就是拉岡的心理發展、認同與情感模型是
否也能從後殖民視角來運用(先例是女性主義批評家處理拉岡
理論中的性別偏見)。在這方面，史畢瓦克的著作再度提供一
個有趣的比較點。史畢瓦克一貫以拉岡爲後殖民分析的一個
架構，她與拉岡長久折衝，頗有所得，〈底層人的一個文學
再現〉即是一例。然而史畢瓦克還是表示，拉岡的著作和佛
洛伊德一樣，必須置於「心理分析的建制化……以及其強加
於殖民地之上」的歷史裡觀察[100]。史畢瓦克呼籲加強注意心
理分析在壓抑非西方世界一事上扮演的角色，曾重述法農的
一些論點，尤其1959年《一個瀕死的殖民主義》(_A Dying_

99　佛洛伊德，〈童貞禁忌〉(The Taboo of Virginity: 1918)，《性論》，
　　頁273。

100　史畢瓦克，〈一個文學再現〉，《在其他世界裡》，頁261-2。

Colonialism）中的論點。史畢瓦克對拉岡理論的懷疑獲得安妮・麥克林托克響應。麥克林托克認爲，拉岡沒有充分認知種族（與階級）作爲認同範疇的地位。麥克林托克質疑拉岡的陽具戀物癖說法，認爲某幾種戀物（諸如國旗）無法用他的狹隘措詞來充分理解。最根本的，也許是麥克林托克認爲，不同的歷史與社會背景裡，不同的性別、種族與階級在爭取個體化與認同的形式方面雖然每每彼此矛盾，但拉岡的「陽具」觀念已經成爲另一個敘事，其中主題是「全球秩序以單一即西方的權威爲中心」[101]。由此角度看來，就在「〔白種〕父親的法則」在後殖民式新殖民主義時代的政治領域中受到挑戰的時候，拉岡卻試圖恢復這法則的權力和威望。據麥克林托克之見，拉岡的敘事具有某種文化的特殊性格，這性格在他「父親法則」觀念的一元性質裡特別明顯。麥克林托克認爲，這法則是在世俗層次重新銘刻舊有的主人論述，構成「猶太—基督教敘事的一個悲劇、哲學翻版」[102]。

巴巴從法農的《黑皮膚，白面具》獲得那麼多啓發，在運用心理分析的時候，對作爲文化批評方法與一種建制行爲

---

101 麥克林托克，〈女性拜物主義之重返〉（The Return of Female Fetishism），頁15。比較史畢瓦克提到拜物主義之處：〈女性主義與批判理論〉，《史畢瓦克讀本》，頁72，與'Unmaking and Making in To the Lighthouse'，《在其他世界裡》頁44-45；以及羅伊的《批評之境》，頁24-87，其中援引 Marjorie Garber 在此領域之作（見 *Vested CInterests: Crossing Dressing and Cultural, Anxiety* (London: Routledge, 1991）。

102 麥克林托克，〈女性拜物主義之重返〉，頁15。

的心理分析卻毫無批判，格外令人訝異。的確，法農開啓關
於心理分析的政治含義的辯論，每每用心將自己的著作置於
歷史與物質脈絡之中發揮，巴巴卻一貫將這位先驅的這個根
本層次拿掉，未能充分留意問題的歷史與物質脈絡。巴巴聲
稱「《黑皮膚，白面具》一個獨創而令人不安的特質是，此
書極少將殖民經驗歷史化」，但事實上，法農極爲用心將他
處理的心理與文化問題歷史化；同樣重要的是，他也將他的
方法歷史化。因此，打從開始，法農就堅定否認殖民脈絡中
明顯的心理混亂可以用存在或超歷史再度來理解：

> 我正在進行的分析是心理學上的。雖然如此，我還是
> 很清楚，黑人實質上的去異化必定立即帶來對社會與
> 經濟現實的認知。如果此中有自卑情結，那就是
> 〔這〕雙重過程的結果[103] [104]。

　　馬諾尼的《普洛斯培洛與卡利班　殖民化的心理學》
(*Prospero and Caliban:The Psychology of Colonization*, 1950)因
此被形容爲「危險」，因爲全書未能將這些情況納入考慮。
馬諾尼分析戰後馬達加斯加的心理混亂，不視爲一個特定殖
民壓迫階段造成的傷害(1940年代末期，法國以特別暴力的手
段在島上重新厲行殖民統治)，反而將之歸源於馬達加斯加人

103　巴巴，〈緬懷法農〉，頁xii-xiii。
104　法農，《黑皮膚，白面具》，頁12-13。

天生的「依賴情結」，並且由此推論說，他們有一股被殖民的無意識「欲望」。馬諾尼儘管明顯同情馬達加斯加人的苦難，他的論證邏輯卻無可避免將法國重新厲行殖民統治正當化。

法農認為馬諾尼倒果為因。馬諾尼分析的心理「依賴」——假設它的確存在——首先必須理解為殖民主義造成馬達加斯加社會生活外在結構改變，而對心理層面帶來衝整的證據。馬諾尼研究被殖者的夢，並大致據此研究而建立其依賴理論，法農評論他對那些夢的分析，堅認

> 佛洛伊德的發現在這裡對我們沒有用處。我們必須做的一件事，是將這個夢歸原於**其時**，就是八萬本地人被殺的那個時期——也就是說，每五十人有一人；以及將之歸原於**其地**，其地是一個島……那裡的僅有主人是謊言與煽動家。我們必須承認，在某些情況下，社會比個人重要[105]。
>
> 在這個脈絡裡，馬諾尼病人的夢境母題不是他說的「普遍」恐懼與欲望的證據，甚至也不是一個「種族」的恐懼與欲望的證據，而是有十分實際的指涉：「那個塞內加爾士兵的步槍不是陽具，而是如假包換的步槍——Lebel 1916型步槍。[106]由於未能充分注意法

---

105 同書，頁104-105。
106 同書，頁106。

農說的殖民社會，馬諾尼表現了整個西方心理分析那
種西方特有的文化特性，如果不說是徹底的我族中心
特性。基於此一信念，法農耐心、詳細批判西方心理
分析主幹的奠基觀念與分析架構，從「伊底帕斯情
結」與「自卑情結」到「集體無意識」皆是。他的依
據：「佛洛佛德和艾德勒(Adler)，甚至包舉宇宙的容
格(Jung)，在其所有研究裡都不曾想到黑人。」[107]

　　巴巴援用法農的殖民主義心理學論點，最奇怪的也許是
他沒有認清，法農處理拉岡，並非單純認可拉岡將佛洛伊德
的心理分析批判加以重新取向。法農的文本對拉岡有相當多
的討論，但他也表明，在大多時候，「我和他的結論是分道
揚鑣的」[108]。和法農對佛洛伊德的處理一樣，他與拉岡的一大
歧異在於伊底帕斯情結(及其修正版)能不能普世應用。如果分
析拉岡在巴巴著作中的地位，則更有意思的是，法農重新表
述拉岡對「鏡子階段」(法農的翻譯者稱之為「鏡子時期」)
的觀念，以便將被殖民者不同的心理與物質環境納入考慮。
根據法農的見解，黑人處於其同類之間的時候，他不會「透
過〔種族上的〕他者來體驗他自己」，但是，在被殖民社會

---

107 同書，頁151-152。比較史畢瓦克對容格的評論，〈儀式原型中的道
　　德與美學〉(Morality and Aestheitics in the Ritual Archetype)，《神
　　話、文學與非洲世界》，頁34，及哈里斯之論，〈判斷與夢〉
　　(Judgement and Dream)，收於Riach and Williams, 《激進的想像》
　　(The Radical Imagination)，頁25。
108 法農，《黑皮膚，白面具》，頁80。

裡，情況改變了，他「在與白人的關係上必須是黑人」[109]。法農在「鏡子時期」裡描述的過程上添加的，是一個導源於殖民關係的「歷史／種族戲劇」(historical-racial drama)」成分：**掌握了拉岡描述的機制，我們就再也沒有疑問，對於白人，真實的他者是，而且繼續會是黑人。反過來說，只有在白人，他者才是在身體意象的層次上被感覺，被感覺為絕對的非我──亦即不能認同、不能同化。如前所述，黑人有歷史與經濟現實的問題**[110]。

　　法農又為「歷史／種族戲劇」增加一個複雜的層次，他堅持認為，性別與階級等因素，和地理與文化方位，都物質地使被殖民者的心理產生曲折變化。法農行文以man指涉兩性而被指性別歧視，巴巴在〈緬懷法農〉中為法農作了有點勉強的辯護，但他其實忽略了一點，就是，法農筆下的被殖民者之間，情感事實上隨性別而有十分不同的曲折變化。《黑皮膚，白面具》的各章標題就是指標，那些標題明顯針對有色男女的經驗，區別其差異。此外，在法農眼裡，就被殖民者與殖民者認同而論，將中產的黑人醫師與船塢勞工混為一談，是絕大錯誤。在全書各處，法農還堅持，不同的殖民主義地理與歷史，對殖民關係中的心理造成不同的變化。因此他說「我的觀察和我的結論只對安地列斯群島(Antilles)有效」，並且堅持「安地列斯群島黑人和非洲黑人之間的差

109　同書，頁109-110。
110　同書，頁161。

異」很重要[111]。這些區分有一部分是由殖民過程建構的，但法農認為這些區分仍然是真實的，不能誤視為從一個更大的整體分出來的東西。法農認為，桑格爾(Senghor)等黑文化運動人士就錯在這裡，他們兜售存在主義版的黑人心理或社會認同神話，說這種認同能貫串不同的文化與歷史。

法農重構心理分析理論來應用於殖民關係，無疑仍有窒礙。例如，法農就性別因素所做的分析，最後有些根本上的缺失，巴巴在〈緬懷法農〉裡想把問題轉向[112]，但這是做不到的。法農視同性戀為心理「變態」，也是既無同情心，又不能服人。在方法論層次，法農也可以說犯下了史畢瓦克說底層研究群犯下的範疇錯誤；法農有個論點說伊底帕斯情結一直到殖民主義時代才存在，此語分明暗示他自認為能夠復原被殖民者經歷殖民化「知識折裂」之前的心理。再者，繼德勒茲與嘉塔利(Felix Guattari)之後，楊格在《白人神話》中說，如果心理經濟是殖民主義進口來強加在殖民地上的，就像西方的文化與物質文明強加在殖民地上一樣，那麼，把西方的心理分析拿來應用於殖民背景的心理混亂上，事實上也

---

111 同書，頁223。

112 法農對性別問題的處理有其窒礙，我討論到其中一些，請看我的〈法農　民族主義論述之性別化〉(En-Gendering Nartionalist Discourse)，《女性　文化評論》(*Woman: a Cultural Review*)，7.2, Autumn 1996，頁125-135。我得益於一些早出之作，包括Perinbam的〈鸚鵡與鳳凰 法農對西印度與阿爾及利亞女性的看法〉(The Parrot and The Phoenix: Frantz Fanon's View of the West Indian and Algerian Woman), Savacou, 13,1997,頁7-15　及Winifred Woodhull,〈揭下阿爾及利亞的面紗〉(Unveiling Algeria)《性別》10, 1991,頁112-131。

許可能是正當的。不過,法農就心理分析這個專門屬於西方的
論述所做的建構,其理論與政治力量是不必懷疑的。法農說,
心理分析理論包含著「我們這時期裡一些最大的詐欺」[113]。我
們未必同意此語,但對另一個看似好心的主人敘事,法農的
確提出一個令成見不安的問題。沙特將黑文化運動抑屬於西
方的階級鬥爭模型底下來理解,法農提出批評,他的評語同
樣可以移用於西方的心理分析:「我幾乎才剛睜開從前被蒙住
的眼睛,就有人要把我淹死在一個什麼普遍性的東西裡?」[114]

　　所以,巴巴試圖追隨法農,「將心理分析上的欲望的問
題置於殖民人(colonial man)的情況裡」[115],效果都可以說與法
農的說法大不相同。在巴巴手裡,殖民的情況似乎總是提供
新的材料來證明心理分析理論,賦之以權威,極少提供證據
來質疑心理分析理論的主張與程序。例如,在〈另一個問
題〉裡,巴巴撥出一節來分析本地主體在殖民論中被加上種
族標識的「原始場景」,但這焦點很快就被包含於一個有關
監控的一般理論之中,與殖民情況並無任何特定關連。的
確,巴巴倚傍拉岡,導致他重複他後來(錯誤地)埋怨法農陷
入的存在主義,並且將(新)殖民關係特有的層次附屬於所有
文化的一般情況之下。如果「存在就是進入與一個他者有關
係的存有」[116],那麼,只要是不同文化形構發生接觸的所有情

113　法農,《黑皮膚,白面具》,頁211。
114　同書,頁186。
115　巴巴,《緬懷法農》,頁xv。
116　同書。

況，必定都有恐懼與欲望、認知與不承認等心理經濟在運作。〈另一個問題〉形容愛恨交雜是「歧視性的權力最可觀的論述與物質策略之一，無論那歧視是種族歧視或性別歧視（我們能不能加一個「階級歧視」？），是邊緣的，還是都會的」[117]。這種將愛恨交雜視為都會與邊緣(延伸而言，新殖民與後殖民形構)都有的策略的觀念，巴巴在比較晚近的文章裡加以確認，1990年的Articulating the Archaic形容它是「一種迫害性的偏執，出於〔一切？〕文化結構本身對模仿與認同的要求」[118]。

巴巴使用的，是所有文化之間互相認(誤)知的同質化、超歷史模型，其中有時候似乎錯失的，是法農的一項堅持，即殖民主義的心理經濟中介著不平等權力的物質、歷史關係。法農將重點置於被殖民者的心理經驗而相對排除殖民者的心理經驗，巴巴將其重點倒過來，並且對薩依德使用的傳統主權殖民關係模型提出質疑，我們可以了解他這麼做的理據，但是，巴巴說殖民者與被殖民者都陷入伴同殖民與支配而來的愛恨曖昧心理之中，並且雙方所受影響類似，他這種看法卻帶有令人不安的政治含意。《黑皮膚，白面具》有一段文字寫到一個白人兒童凝視法農，巴巴評說：「就這兩人而言，主體都繞著『刻板』(stereotype)這個樞軸旋轉，要回到一個完全認同之點」；他說，「殖民主體，無論其為殖民

117 巴巴，〈另一個問題〉，《文化的方位》，頁66。
118 'Articulating the Archaic'，同書，頁138。比較，頁37。

者或被殖民者，都沒有臻至一種否定形式，這種否定形式能
打開一種〔不起衝突的〕差異認知」[119]。在比較晚近的文章
裡，巴巴重申這個殖民主義情感論的模型，政治含意類似。
Articulating the Archaic一文說：「在這些社會與論述異化的例
子裡，沒有主人與奴隸，只有變奴隸的主人，沒主人的奴
隸。[120]」從某個角度而言，這說法無疑是實情，因爲權力要
能行使，一個關係裡必須有兩個「夥伴」，然而誠如詹默罕
穆德所言，此說將殖民者與被殖民者做了不當的統一，將兩
者統一成單單一個「殖民主體」，淡化了這些「秘密合夥
人」在政治權力與物質條件上深刻的客觀差異。詹默罕穆德
的結論因此有相當道理，他說巴巴「完全規避歐洲人與本地
人之間充滿物質衝突的歷史……而將焦點擺在殖民論述上，
殖民論述彷彿存在於一個真空中似的」[121]。伊戈頓也從巴巴比
較晚近之作推出類似的結論：「他讓我們談文化差異，卻不
讓我們談——或者說，不那麼准我們談——經濟剝削。[122]」
法農與巴巴在這方面的關鍵差異，由兩人對黑格爾主奴關係
的觀念出現相反的用法，可見一斑。在巴巴，關係中的兩個

119　〈另一個問題〉，同書，頁76與75。

120　'Articulating the Archaic'，同上，頁131。

121　詹默罕穆德，〈摩尼教寓言的經濟〉，頁79。比較Robinson〈法農之
　　　撥用〉，頁85，有關巴巴抹除殖民領域的暴力的問題。

122　Terry Eagleton，〈再見，啓蒙運動〉(Goodbye to Enlightenment)，
　　　《衛報》(Guardian)，8 February 1994，頁13。對於伊戈頓未能留意
　　　「他者」的「現實」歷史，巴巴同樣不假辭色。見〈結論〉，《文化
　　　的方位》，頁240。

主角相互需要彼此承認，因而形成一種複雜的辯證過程，兩個主角在過程中合而爲一。法農則尖銳指出：「對黑格爾，此事有相互性；在這裡〔殖民的情況裡〕，主人譏笑奴隸。他所要求於這奴隸的不是承認，而是工作。」[123]

巴巴在這方面的論點，最不幸的結果也許是他在〈另一個問題〉裡的這句話：「權力作爲鼓動或禁止，有什麼生產性的功能，是沒有可能看出來的。[124]」巴巴此語祖述傅柯[125]，但硬是繞過一個事實，即傅柯談的是近代西方的權力而不是「古代」的殖民專制主義場面（此點我到下章將會再談）。因此，說殖民權力要生效，永遠不能全靠武力，是言之有理的，但巴巴的眞正危險在於輕看殖民權力實際上多麼樂於訴諸「鼓動與禁止」來維持其統治。最明顯的是帶來殖民主義──並且在去殖民化時代用來保衛殖民主義──的那些軍事行動，但是，在殖民統治「成熟」或穩定時期的殖民地法律、行政及教育等整套「文官」機器裡也明顯可見。對於拒絕照他的「愛恨交雜」觀念向帝國權力認同的那些人，巴巴似乎看不上眼。這些人包括文化與政治上的「基本教義分子」，他們反對殖民主義的基本原因，是希望恢復殖民統治開始以前的文化與政治形構，而且爲了追求目標而每每訴諸武裝抵抗。例如1857的印度起事（和這些「基本教義分子相當的，是西方永遠都在的頑冥種族至上主義者」。整個殖民史

123　法農，《黑皮膚，白面具》，頁220。
124　巴巴，〈另一個問題〉，《文化的方位》，頁72。
125　傅柯，《性史》卷一，頁41與86以下。

上，對外來支配的抵抗，似乎和底層人「客觀化的『同意』」一樣多[126]。巴巴認為，殖民知識與權力的有效運作需要底層人這種「同意」。總的說來，巴巴太過輕看對(新)殖民支配的物質抵抗形式，無論這抵抗是出以動亂、不服從，還是和平的民主對立。此外，巴巴將殖民者與被殖民者統一成「殖民主體」，這樣的模型對殖民與被殖民主體兩方面的情感反應都產生令人不安的簡化。先看殖民主體，我們馬上可以提出一項異議：巴巴批評薩依德，說薩依德將殖民論述統一於殖民者的意圖性與權力意志之中，巴巴自己乞援於心理分析理論，尤其拉岡一派的理論，將問題統一於殖民者無意識裡對心理肯定的一貫需求／要求，也同樣僵硬。(這作法似乎倒轉而並未置換馬諾尼所持，被殖民的民族有「倚賴」情結之說。)巴巴的論點如果延伸下去，也會有好些成果。

例如，殖民社會「介乎」都會與當地社會「之間」的曖昧定位所產生的複雜牽涉，他就沒有充分考慮[127]，而這對殖民者的主體構成與主體形構有關鍵意義。例如，英印文學不斷證明，流居異域的社群對都會做反認同(每每是由於與當地印度文化某些層面認同使然)，即使它可能依其特性自我認同為英國人而和印度人對立。以前一層面來說，「反學舌」(無論其形式是「走向本土」，或為了監控甚至樂趣的目的而採取當地文化為掩飾)可能如何使巴巴的圖式更加複雜，是值

---

126 巴巴，〈另一個問題〉，《文化的方位》，頁76。
127 有關這個題目的進一步討論，請看筆者的《吉卜林與「東方主義」》，頁76。

得研究的。這些研究可以延伸來考慮殖民者的認同——即使
在殖民脈絡內——是如何以置換都會內的他者化形式而折衝
產生。在《黑暗之心》，馬羅一面針對歐洲的他者來自我界
定，並將「英國」的文明化使命正當化，一面也在「食人
族」脈絡裡做這件事，這些族類對他將自己建構成一個先進
文明的代表的角色很重要。同樣的，巴巴的心理分析模型不
能認知，也無法解釋都會文化內部反對帝國的悠久與多樣傳
統——據基爾南(V. G. Kiernan)說，這傳統至少可以回溯到西
塞羅及對維洛(Verro)在羅馬所屬北非殖民地的統治[128]。由於
這些忽略，巴巴才能將一種一致性加在西方論述之上，就像
薩依德的《東方主義》，這一致性把西方論述的內在歧異、
衝突與歷史變化打了折扣。

　　巴巴將殖民者的情感同質化，也可見於其著作中對性別
缺乏注意。〈另一個問題〉重新表述殖民論述分析的既有典
範，麥克林托克承認其重要性，但她也指出，巴巴分析「殖
民論述的象徵知識與拜物主義，彷彿它們在性別上是中性似
的」[129]。她指出，在此文原來的Screen版本的一個註腳裡，巴
巴認知刻板的體制專門是「男性」情感的產物，而我們可以
加上，這一點對他對他關於殖民者或(統一的)「殖民主體」

128　見Kiernan，《帝國主義及其矛盾》，頁103以下。

129　麥克林托克，〈女性拜物主義之重返〉，頁2。Holmund指出，巴巴
　　將法農在《黑皮膚，白面具》著名一幕裡遇到的那個孩子從男童變成
　　女童，既未能解釋何故，也沒有探討這根本之變對法農所討論的心理
　　認同過程可能有什麼影響。見〈置換差異極限〉，頁5-8。

的觀念必有的影響，他毫無認知。巴巴允諾此後要更詳細注
意性別問題 ，但麥克林托克仍然遺憾，在這篇文章裡，「巴
巴沒有把一個可能性放在心上，就是，讓變成註腳的女性回
到文章裡，有可能使拉岡的陽具拜物理論與閹割場面本身出
現根本疑問」[130]。根據她的看法，巴巴拒絕考慮性別在拜物主
義裡的地位，使他只能複製一個論述，這論述由於在歷史上
一直否認女性拜物主義的存在，而「流於有系統地否認女性
有不同於男性的動因力量」[131]。這有助於解釋，白種女性在帝
國主義裡的角色與地位何以幾乎完全被巴巴忽視(忽視的程度
比《東方主義》更大)。我們還必須指出，延後處理(或持續
規避)性別(當然，以及階級)議題，也是巴巴更晚近之作的特
點。麥克林托克所指原版〈另一個問題〉的那個說要延後處
理性別議題的註腳，在重印於《文化方位》中的該文「確
定」版裡，已消失不見。

　　巴巴處理底層人的情感反應，以及他們與支配形構的接
觸模式，所用模型也有類似問題。文化本源極為多樣，歷史
連結也非常不同的邊緣化群體，在他筆下卻有十分一致的抵
抗方式。前面提過，〈只靠麵包〉衍釋一個有關底層人動因
力量的相互主體本質的理論，巴巴取當代最暢銷的非／美小
說家東妮・莫里森，與一個半世紀以前印度叛變開始時傳送
麥餅的那些無名農民比較，作為佐證。這是巴巴自己所說

---

130 麥克林托克，〈女性拜物主義之重返〉，頁2。
131 同書，頁2。

「魯莽的歷史關連」(他言下無憾)的一個例子。他的自我辯護(不能服人之詞)是，兩個情況以真的可以相擬的方式說明了「重複的時間性(temporality of repetition)，這重複的時間性構成一些符號，邊緣化或起事的主體藉這些符號來創造一種集體動因力量」[132]。

缺補文

　，使用狹隘而且非歷史的分析模型來討論複雜而且形式多重的現實，有時候卻正好造成同質化。巴巴的取徑因此而無法處理的議題包括以下這些關鍵問題：殖民主義為什麼在它開始那個時候開始？為什麼有些西方國家是殖民主義國家，有的不是？帝國的物質歷史裡發生的那些轉化，根本原因何在——例如從重商主義轉為殖民主義，或從正式的帝國主義轉入新殖民主義。正式帝國主義的體系是如何被推翻的？即使以巴巴習慣的述作層次而論，他的方法也無法以分分色鏡(diachronic)的方式解釋愛恨交雜之類情感結構的多變樣式與表現，從而註明一個事實，亦即有些刻板是從特定時期與地方浮現的，而且往往是特定社會／政治發展引起的反應。舉一事為例：1857年以前受過教育的印度人，由學者與通譯或書記員表現出來的，相對正面的英印視境，為什麼在1880年代被懂英文階級的刻板取代？這個出奇搞怪，特意誤

---

132 巴巴，「只靠麵包」，《文化的方位》，頁199。

用殖民者的論述。在關於非洲的小說裡,爲什麼沒有眞正和他們對等的角色?這些問題當然是可以解答的,但只有以注意差別的眼光來處理帝國主義的複雜歷史與物質過程,才能解答。我不是說,在殖民論述與後殖民批評領域中廣泛使用心理分析理論是不正當的。我是要強調,必須像法農(與史畢瓦克)那樣,審愼注意(新)殖民主義與心理分析理論本身的物質與歷史脈絡。

五
後殖民批評與後殖民理論

　　在前此三章裡詳細檢視薩依德、史畢瓦克及巴巴的著作之後，現在我們可以回到第一章提出的議題，特別是來重新考慮後殖民理論近年遭遇的一些異議。我不擬花太多工夫談後殖民分析的論述領域之外的人提出的異議。這些抨擊有很多出發動機透明可見，是派性政治關連（我對之不起共鳴），而且本書篇幅所限，無法詳細討論新右派及其同路人的精神後代提出的「政治正確」與矯正歧視行動等議題。此外，有人指控後殖民理論僭稱有能力處理跨學門問題，我身為多多少少嚴格意義上的文學批評者，並無充分地位來回答這些指控。不過，雅各比與麥肯齊等歷史學家說發現薩依德、史畢瓦克及巴巴三人對帝國歷史與史學無知，他們如果能舉出實例，而不是一竿子攏統譴責三人在這方面的缺失，其論點可能會有更大分量。我也指出這三位後殖民理論家在歷史意識或歷史精確性方面可受疑問之處，但我的感覺是，其中並沒有雅各比與麥肯齊所說那麼嚴重的問題。有意思的是，對底層研究群的修正主義帝國史學（薩依德與史畢瓦克與之俱有不同程度的關連），兩人都沒有片言提及，底層研究群的修正史

學對兩人自己的著作構成強力挑戰——部分原因就是，兩人的著作每每援引「神聖三位一體」所譏的那些「高等」理論來源[1]。

1　關於麥肯齊作爲帝國主義歷史學家的早期之作，班妮塔‧帕瑞評之爲「經驗研究濃密，而分析稀薄」。見帕瑞〈當前殖民論述理論的問題〉，頁53。關於麥肯齊的《東方主義》(Orientalism)，此評尤更貼切。對麥肯齊此類著作，一個比較嚴肅的異議是，它似乎證實印度「底層研究」群創始人古哈的評語，亦即英國有些帝國史家繼續沉浸於「支撐帝國〔在印度〕高高在上兩百年的那些知識、技術與態度」。見〈沒有霸權之名而有支配之實，以及其支配史學〉(Dominance Without Hegemony and Its Historiography)，古哈，《底層研究》VI，頁305。麥肯齊認爲歷史學家的方法都一貫不變(像他自己)，但他愈來愈多同行對當代文化理論的許多論點抱持開放的態度。這些論點包括：事實是由詮釋構成的，歷史是一種本質上並不比其他任何文化描述形式更客觀的敘述，以及最重要的，文化與文化分析是權力的中介，以強力的方式在世界裡行動，並且以強力的方式對世界行動。例子有Hayden White，《後設歷史》(Metahistory, baltimore: Johns Hopkins University Press, 1985)，與Dominick LaCarpra，《歷史與批評》(History and Criticism, Ithaca: Cornell University Press, 1985)。特別是在帝國史方面，多名學者目前引用法國的文化理論來建構他們的敘述。這也正是底層研究群史學一個特別值得一提的特徵。古哈援用巴特、邦維尼斯特(Benveniste)。雅克布森與拉岡，Partha Chatterjee援引傅柯，以及Veena Das援引尼采與波德利亞(Baudrillard)，都是例子。見古哈，〈反煽動的散文〉(The Prose of Counter-Insurgency)，古哈與史畢瓦克編，《底層研究選》，頁45-88；Chatterjee，〈續論權力模式與農民〉(More on Modes of Power and the Peasantry)，古哈與史畢瓦克編，《底層研究選》，頁351-390；Das，〈以底層角度〉(Subaltern as Perspect)，古哈，《底層研究》卷六，頁310-330。另見David Arnold，〈碰觸身體：印度瘟疫透視，1896-1900〉(Perspectives on the Indian Playue, 1896-1900)，古哈，頁191-220；David Scott，〈殖民政府〉(Colonial Governmentality)，《社會文本》，43, 1995，頁191-220。同時，文學／批評界支持殖民論述分析者愈來愈知道，將他們自己(批判性的觀察者)加以精確的歷史脈絡化，或將他們所分

　　來自同一論述領域內部的異議，則既比較實質，也比較
有趣得多。本書第一章曾提出我要依序處理的五大爭議區。
對後殖民理論最具殺傷力的指責是說，後殖民理論根本不是
一種激進或解放的文化實踐形式，事實上，在當前新殖民世
界秩序的部署與運作裡，它是徹底的共犯。這個論點立基於
好幾項論點。首先，後殖民理論的學術機構所在，被視爲表
面一看就知道的證據，證明後殖民理論協助鞏固當代的西方
霸權形式。後殖民理論有時也被批評說撥用第三世界的文化
生產，加以精煉成商品，供都會精英消費，而讓其中一些涓
滴回流，去教化非西方世界的民族資產階級精英。由此角
度，後殖民理論的從事者有時被說成西方與非西方之間的中
間人，他們協助涵化後者，使之接受支配秩序的價值與文化
規範。這些抨擊最有名的出自阿馬德的《理論上》，但其他

析的文本加以精確的歷史脈絡化，有其價值。這當然不是說，這種跨
學門沒有它的衝突或問題。如史畢瓦克所言，歷史學家和文學教師必
須「『批判性地』互相『打岔』，使對方出現危機……特別是對方聲
稱盡得眞相的時候」。見史畢瓦克，〈一個文學再現〉，《在其他世
界裡》，頁241。關於文學批判家與歷史學家在殖民領域上的關係，
C. A. Bayly的〈印度與英國的想像〉（India and the British Imagination）
的說明比麥肯齊要遠更平衡。這位出色帝國史家的評論顯示，麥肯齊
與雅各比等人的方法論在其同行之間很可能屬於少數派。見《泰晤士
報文學副刊》，12 July 1996，頁29。在基爾南的《帝國主義及其矛
盾》頁3-4與頁112裡，Harvey kaye與基爾南對薩依德的評估有所不
同，可以比較一下。史畢瓦克說，本土主義者遇到「明顯與他或她自
己未獲承認的理論立場不同」的理論時，會加以反抗，此說可以移來
處理雅各比與麥肯齊所作的那種抨擊。見史畢瓦克，〈一個文學再
現〉，《在其他世界裡》，頁268。

人如迪爾力克及當代的國協文學研究也重複了他批判裡的一些要素。

後殖民理論的學術機構位置的確牽涉一些曖昧之處。前面說過，西方大學適不適合產生有真正反對立場的學術，薩依德十分支吾其詞。關於他自己與學術機構的關連，巴巴大致上（而且奇怪地）沈默不談，史畢瓦克則彌足稱道，一個體系在新殖民的知識形式的生產上至少是某種程度的共犯，她在這體系中工作，而她一貫突顯她這個位置所牽涉的種種矛盾。阿馬德對批評家個人在機構裡求發展的志向提出「道德」問題，在這些道德問題以外，後殖民理論家當然也碰到機構性的壓力、引誘和拘束。他們和所有其他西方學術界人士一樣，必須吸引研究生，必須出版著作，在會議上有所表現，等等。另一方面，他們還可以獲得「傑出國際教授」的不算小的益處。這些物質因素是必須承認的，而且對以為後殖民理論在意識型態上具備內在純潔的天真或理想主義觀念，也提供必要的糾正。

但是，這些結構因素本身仍然不能自動使後殖民理論沒有資格扮演其倡行者與支持者為它主張的激進角色。阿馬德——及其他人——對後殖民理論的機構政治提出抨擊時，重蹈了他所指摘於薩依德等人的許多立場與認定。《理論上》的核心要義是提出一個論點，說馬克思不同於薩依德在《東方主義》裡極為倚重的傅柯，馬克思主義認識到人類的意志與動因力量是人類歷史的構成動力：「易言之，『決定』(determination)並不是結構主義者與傅柯主義者說的那種陷阱的意思，而是指環

境的既予性(givenness of circumstances)，個人在其中做他們的抉擇、他們的生活、他們的歷史。[2]」在《東方主義》某些地方，薩依德似乎主張，西方學者與作家別無能事，只會就非西方主體提出扭曲、化約或壓迫性的看法，阿馬德拿薩依德這一點大作文章。阿馬德說，在這方面，薩依德乞援於已經喪失信譽的本質論而表現一種決定論，將整個西方文化正典化約成一套全是欺詐與東方主義畸形的檔案。

　　如前面第二章所示，關於個人與這檔案的關係，薩依德的立場其實比阿馬德說的更分裂不定。更重要的一點也許是，阿馬德使用阿杜塞模型，將西方學院與文化工業視為純然是國家的意識型態機器，這模型和他所譏嘲的傅柯理論一樣，將問題全體化。阿馬德要揭露「〔後殖民〕理論，是如何被這些物質座標決定的，無論個人的立場怎麼樣」[3]。他這麼作法，就把多樣的後殖民批評家與理論家全都化約成多多少少心甘情願為目前階段的西方支配當跟班。這造成阿馬德書中最不幸的部分，就是一批重要移民知識分子——包括薩依德、巴巴及魯西迪——的人格節操受到對人不對事的侮犯。《理論上》認為他們的著作受到他們所處機構無可救藥的污染，連帶也隱然認為「本地」都會知識分子的批評事業不具正當性，包括大致上在同樣領域中工作的普拉特(Mary Louise Pratt)與哈爾姆(Peter Hulme)。阿馬德惋惜美國的黑人

2　阿馬德，《理論上》〈導論〉，頁6。
3　同書。

學術界已淪於他說的「資產階級化」，認為這充分證明包括
蓋茲(Henry Louis Gates)與魏斯特(Cornel West)等批評家整個
在政治上已被收編。這般簡單化的思考不但以極為化約的方
式將彼此大有不同的巴拉卡(Amiri Baraka)、阿皮亞(Kwame
Anthony Appiah)、巴巴及東妮‧莫里森同質化，而且不能解
釋阿馬德自己在思想上獲益良多的威廉士或安德森等人怎麼
逃過了這種收編過程。我們還應該指出，阿馬德的論點至少
有個含意，說所有曾在西方學院裡暫居一職的第三世界作家
與批評家，從艾奇比、恩古吉到伊米奇塔(Buchi Emecheta)，
都自動成為支配體系的一分子。由此層次而言，阿馬德複製
了他所指控於薩依德的本質論與決定論。

　　關於機構位置對後殖民理論的政治主張的影響，阿馬德
作了非常悲觀的解讀，而且他的悲觀解讀顯示了殊可惋惜的
一點，就是他沒有盡到一個馬克思主義批評家的首要職責，
這職責就是，將研究對象歷史化。我這本書的第一章嘗試做
這件工作，亦即把從殖民理論重新擺到它當初出現的那些脈
絡裡觀察。這麼做之後，我們就會看到，後殖民理論協助為
許多學門領域現在的研究方式帶來多少巨大改變。在西方與
後殖民文化及(新)殖民主義的關係的研究上，傳統都會的取
徑已被重塑，殖民理論——薩依德《東方主義》開其先河—
—在這場重塑裡扮演了決定性的角色。由此角度觀之，阿馬
德等人所謂後殖民理論以共犯身分支撐「新的世界秩序」的
指控更難令人接受。

　　十分反諷的是，阿馬德的抨擊根據引人懷疑，他自己的

批評是不是像他自以爲的，是純正的激進批評。阿馬德譴責
後殖民理論家（及魯西迪等作家）設想都會爲其首要讀眾，並
質疑薩依德稱讚在西方論述內對西方發言的移民知識分子。
他拿薩依德曖昧的自我定位大作文章。在收入《文化與帝國
主義》的一些文章裡，薩依德的確明顯在「我們」和「他
們」這些代名詞之間來回依違。但阿馬德爲他自己設想的觀
眾與發言點也明顯可見類似的曖昧。有時候，他好像對先前的
被殖民文化發言，有時候又好像從西方內部對西方學院說話—
—「就在這裡，第一世界的全球後現代主義的心腹地帶」[4]。
此外，阿馬德目前在新德里工作（大概是印度聲望最高的研究
中心），但他自己非但在西方教過書——羅傑斯大學（Rutges
University），而且《理論上》許多文字原先是向西方讀者提出
的文章，《理論上》還和我這本書由同一家倫敦公司出版。
套用阿馬德不問「個人立場」的粗糙「客觀決定」方法，這
些證據可以用來顯示，他指控民族資產階級精英是當代國際
資本主義的本地特工，但他自己就是他指控的這些人。

　　同樣弔詭的是，阿馬德對西方發言，而且不但使用西方
主要語言之一，還從西方的批判敘事內部發言，特別是乞靈
於馬克思主義爲他的引路明燈。阿馬德爲馬克思主義辯護，
說馬克思主義是抵抗新殖民主義的一種實踐，是分析帝國與
後帝國文化問題的適當方法論，其說自有不必懷疑的勝處。

4　〈詹明信的他者修辭與「國族寓言」〉（Jameson's Rhetoric of Otherness
　　and the 'National Allegory'），同上，頁122；比較〈文學理論與「第三
　　世界」文學〉，同書，頁43-45，阿馬德自己的曖昧定位。

有些後結構主義者指控馬克思搞經驗主義與歷史主義，薩依德的指控也同樣重要，說馬克思是東方主義的共犯，阿馬德用很長的一章把他的導師從這些指控裡救出來，大致成功。但是，阿馬德把馬克思當作打擊後殖民理論的手段，牽涉好些嚴重的問題。阿馬德對布里茲涅夫的社會主義表達懷念之情，尼雷爾(Nyerere)的集體經濟對第三世界的毛主義，則表示敵意或冷漠[5]，但他的主要參考點當然是**西方**馬克思主義者，如威廉士、詹明信(儘管他和詹明信有些重要的歧異)及安德森。但是，和薩依德、史畢瓦克及巴巴不一樣，阿馬德不提這個傳統從未處理文化與帝國主義之間根深柢固的歷史關係。楊格的《白人神話》歷歷指證西方馬克思主義史學的歐洲中心偏見，《理論上》似乎懵然不知世上有這麼一本書。第三世界對馬克思主義有時共鳴，有時高度批判(容後再述)，但接觸的傳統相當長久，阿馬德不談這個傳統，卻猛烈抨擊薩依德沒有充分承認較早的非西方批評家所做的殖民論述。所以，阿馬德與迪爾力克等人以指摘後殖民理論家來自稱高人一等之前，大可更仔細考慮一下，自己的特殊機構地位和自己使用的觀念架構是什麼意思。另外，他們可能也知道，後殖民理論的生產有助建立事業，攻擊後殖民理論何嘗

5　讀阿馬德，有時令人不由得想起C. I. R. James之語：「談革命、國有化，和創立革命黨(用已經信譽掃地的史達林主義模型)，只是毫無意義地模仿東方與西方模型而已。」見C. L. R. James，〈傳統與西印度群島小說導論〉(Intro-duction to Tradition and the West Indian Novel)，Wilson Harris，《傳統、作家與社會》(*Tradition, the Writer and Society: Critical Essays*)，London: New Beacon Books, 1973，頁74。

不然。

　　我在第一章所說，後殖民理論受到的第二項異議是，後殖民理論大致上專門只注意殖民論述，以之為特別應該分析的對象，因而淪於重新銘刻西方的文化權威。這項異議說，這樣的一個焦點將真正的後殖民文化這個「正確」的分析對象置換掉，變成耽於解剖一個如今已成歷史的論述，規避當前西方對原殖民地的關係這些更迫切、更困難的議題。薩依德與巴巴早期的確把焦點擺在殖民論述上，但他們後來愈來愈注意各種反論述及其他非西方的文化生產形式。史畢瓦克則始終關切底層人——以及西方對底層人的處理。對後殖民理論專門注意殖民論述的指責，帕瑞與蘿拉·克萊斯曼已作了相當有效的答覆[6]。帕瑞(前面提過，她對巴巴或史畢瓦克之作頗非完全共鳴)指出，殖民論述的分析要繼續的一大理由是，歷史上，這分析在西方從來做得不夠，而且如薩依德所言，左派的成績尤其不足。克萊斯曼則歡迎《帝國反寫》等文本將焦點擺在後殖民文學上，但認為將這些作品從殖民論述隔絕開來討論，往往會形成以本質論來處理兩者，而且(對不起，阿馬德)助長一個印象，說殖民主義時代現在真的成了歷史，沒有被以具有根深柢固意識型態本源的措詞重構。看看晚近西方就非洲所做的再現，諸如小說家提洛克斯(Paul Theroux)、波伊德(William Boyd)與奈波爾的作品，及新聞記

6　帕瑞，〈吉卜林帝國主義的滿足與不滿〉；蘿拉·克萊斯曼，〈帝國的潛意識？帝國論述的再現〉(The Imperial Unconscious？Representations of Imperial Discourse)，《批評季刊》，32. 3, 1990，頁38-58。

者馬恩罕(Patrick Marnham)與旅遊作家席瓦‧奈波(Shiva Naipaul)的作品,即可確證克萊斯曼之言。以上每位作者都安踞殖民時期建立的檔案傳統之內——最方便的例子自然是康拉德與伊夫林‧渥(Evelyn Waugh)。

反對把焦點擺在殖民理論上者,其論點似乎把問題單純化,還有其他原因。女性主義批評用心解構父權權威,我們不會說這就是重新銘刻父權。此外,文化的去殖民化要想成功的話,向帝國主義的知識與再現模式挑戰是一個不能跳過或過早結束的階段。無論如何,說後殖民理論犧牲眞正的後殖民文化而將焦點擺在殖民論述上,是很難站得住腳的指控,我們不妨想想後殖民文化透過我在第一章描述的教育課程上的建制發展、出版、學術期刊及網路所獲得的曝光率,後殖民理論對此過程的貢獻相當可觀。事實上,有些後殖民理論(與批評)重視殖民論述,是有其策略目標的,就是要重新評估及擴大都會正典的範圍,而不是要排斥後殖民文化的研究。實際作法則是一方面重新解讀正典,來強調正典與帝國主義歷史之間前人未見的關連,另一方面,找出習慣上被列爲二線,但直接用心再現帝國的作家,把他們提到第一線來。此所以《帝國反寫》的作者宣布:「吉卜林與哈加德(Haggard)很可以取代喬治‧艾略特與哈代的地位,因爲他們對歷史政治現實的關係可能更重要。[7]」這也是薩依德《文化與帝國主義》的目的,此書有意恢復康拉德與吉卜林等作家

7　艾希克洛夫特等,《帝國反寫》,頁196-197。

的「原子價」（valence），「他們向來被當成消遣來讀」[8]，而不屬於核心正典。

　　在相當程度上，晚近指後殖民理論為複製新殖民知識形式的共犯之說，其第三個核心論點是說它使用的文化分析模式是十分歐洲中心的。我在第四章說過（即法農之意），將某幾種心理分析理論拿到後殖民領域來，而不注意那些理論挾帶的意識型態內容，當然是有危險的。同理，傅柯的權力理論在多大程度上可以應用於「古代」（archaic）的殖民主義場景，也有問題，雖然他主張被殖民者落在他所描述的權力配置運作之內[9]。殖民權力體制的壓制面和傅柯所寫那種「改造」的規訓過程相輔相成，則無疑是實情。麥考萊的文化過濾理論，是「現代」權力技術之一例，維斯瓦納坦在《征服的面具》裡已有透徹剖析；薩依德則說，整套的殖民知識收集系統也是一例，無論是人種誌、字典與文法的編纂或體格調查。柯恩（Bernard Cohn）描寫了帝國權力將印度文明編成典籍的情形，這編典的部分用意，當然就是重新界定傳統文化對印度人自己的意義，以利加強殖民統治[10]。

8　薩依德，〈將帝國連接於世俗詮釋〉（Connecting Empire to Secular Interpretation），《文化與帝國主義》，頁71。薩依德的策略論點很有力，但我們很難認為康拉德被主流批評界視為「消遣讀物」的對象——他是李維斯（F. R. Leavis）《偉大的傳統》（The Great Tradition）裡的主角，書中對他幾本「帝國」小說著墨頗多。

9　傅柯，《規訓與懲罰》，頁29；關於規訓者對肉體與性的關心和一種「種族主義」間的關連，可以比較《性史》（頁125）。

10　Bernard Cohn，〈Representing Authority in Victorian India，收於Eric Hobsbawm與Terence Ranger編，《傳統之發明》（The Invention of

　　不過，使用傅柯來分析殖民主義，造成的弔詭是，西方
開始將新的專制主義形式強加給世界其他地方的時候，正是
一種新的權力性格在西方浮現的時候（從獨裁轉向民主政
體）。的確，《規訓與懲罰》將現代權力體制的浮現繫於「約
1760年」[11]，這和英國在印度成為至高權力的時間太嚴絲合縫
了，1757年克來夫（Clive）在普拉西（Plassey）之役戰勝，開啟
現代英國帝國主義時代。傅柯說「權力的功能……不在於禁
制」，「與單純的禁止十分不同」[12]，放在殖民脈絡裡，此說
益難令人接受。傅柯提到與歐洲舊有權力形式之行使相連的
「壯觀」（spectacle），說這「壯觀之式微」是新知識論開始的
一個標記，然而在殖民空間裡，權力／壯觀仍然是關鍵性的支
配機制。達斯（Veena Das）評論1857年「叛變」之後英國的報
復，「英國人祭出的懲罰，用意不在表現「法治」的權力，
而是帶著儀式性死亡的標記」[13]。柯恩有力指出，英國強權作
為「封建秩序」的排場[14]，從來不曾被其現代化方案取代，繼

Tradition），Cambridge: Cambridge University Press, 1983，頁165-210。
11　傅柯，《規訓與懲罰》，頁16。傅柯一開始先描述1757年殺君的
　　Damiens，視之為知識論改變的標記。
12　傅柯，《性史》，頁41。
13　Das，〈以底層角度〉，古哈《底層研究》卷六，頁319。
14　柯恩，'Repnesenting Authority in Victorian India'，頁166；古哈的論點
　　可以比較。古哈認為「在英國統治下，封建慣例非但沒有廢除，或至
　　少削減，其實反而加強了」。見〈沒有霸權之名而有支配之實〉，古
　　哈《底層研究》卷六，頁236；關於非洲，可以參較Terence Ranger，
　　〈在非洲殖民地發明傳統〉（The Invention of Tradition in Colonial
　　Africa），Hobsbawm與Ranger編，《傳統之發明》，頁211-262。

承印度王宮及王室訪察可以為證(喬治五世1911年在德里加冠稱皇,一如喬治七世在1903年所為)。這些證據證實史考特(David Scott)的警告,就是不要忽略了,和英國國內的管理相較之下,「殖民計畫的建構有其與國內不同的政治理性」[15],後殖民理論有時很容易忽視這一點。

後殖民理論訴諸葛蘭西,也發生類似問題。薩依德指摘古典馬克思主義分析與其世界史觀念中的歐洲中心主義,卻不提葛蘭西著作裡的這個層面,令人好奇。提出如下命題的不是馬克思,而是葛蘭西:

> 即使我們承認別的文化有其重要性與意義……它們也要成為歐洲文化的構成元素,才有普遍價值,從歷史而言、具體而言,歐洲文化是唯一有普遍性的文化──也就是說,其他文化要對歐洲思想的過程已有貢獻,並且已被它同化,才會有普遍價值[16]。

此外,葛蘭西自己雖然隱然「授權」其霸權與底層性理論應用於帝國脈絡[17],這對後殖民理論卻導致一些重大窒礙。舉個例子,薩依德從來不曾設想,東方主義是歐洲國家統治

---

15 David Scott,〈殖民政府〉,《社會文本》,43,1995,頁214。

16 葛蘭西,《獄中箚記選》,頁416,比較頁159。

17 葛蘭西,《獄中箚記續選》,頁157。透過葛蘭西來了解殖民統治,但所持理路與筆者不同者,有基爾南,〈葛蘭西與其他大陸〉(Antonio Gramsci and the Other Continents),收於《帝國主義及其矛盾》,頁171-190。

階級用來獲取國內社會同意其國內或國外統治的一個手段：
這是一個探討起來可能很有意思的要點，因為有一個常見的
論點說，從1860到1960年，英國社會裡許多現代化與民主化
的結構難題被規避掉了，原因正是帝國主義花工夫置換了生
產關係造成的國內社會緊張與問題。東方主義如何發揮作
用，使海外統治獲得東方臣屬民族的同意，他也未曾真正探
討(維斯瓦納坦與柯恩處理了這個問題)。不考慮支配論述如
何影響被支配者的感覺與效忠(無論是都會人口裡的底層或被
殖民者)，我們很難看出薩依德如何能正正當當將東方主義詮
釋為葛蘭西那種意義的霸權的一個例子。《東方主義》談了
很多西方的旅遊寫作，如果把西方的旅遊寫作理解為針對臣
屬民族而行的一種霸權複製模式，則我們就必須假定，這類
作品如果不是以東方讀者為首要對象而生產，至少也是在東
方讀者之間廣大流傳。這顯然不合柏頓(Richard Burton)之類
探險家／作家的情形，因為他們的作品當然是寫給國內西方
讀者看的。薩依德自己也強調，東方主義檔案大多是西方專
家為別的西方專家生產的。訴諸葛蘭西，在史畢瓦克的著作
裡也出現明顯的類似窒礙。底層人愈是被視為在國際分工之
外，在葛蘭西的系統裡就愈沒有價值，因為底層性是個關係
項，擺在支配者的權力脈絡裡才有意義。

　　反對在後殖民的分析形式中使用葛蘭西，最嚴重的批評
可能來自底層研究群的歷史學家古哈，他根本懷疑霸權適不
適合用來了解殖民統治。這裡涉及「同意」這個關係要素，
也就是霸權吸引底層人默認其支配的過程，古哈認為，這

「同意」根本是殖民史學用來爲帝國主義開脫的托詞。古哈舉強迫勞動、爲臣屬民族宣戰(以及徵集臣屬民族去對帝國的敵人作戰)，和人身保護令的濫用，爲二十世紀英國統治印度的苛酷。古哈因此指出，訴諸葛蘭西，導致論者將殖民權力關係的眞正本質作了嚴重錯誤的再現：「這錯誤再現的癥結在於，殖民情況下的支配被賦予霸權，這是十分錯誤的。[18]」

　　後殖民理論援引葛蘭西與傅柯，背後的基本前提必定由於上述反對意見而陷入疑問。這基本前題是個信念，認爲知識在殖民領域的權力構成中扮演決定性的角色，以及文化領域地位特殊，是權力中介的最大管道。這又指向兩個不相容的殖民權力模型之間一個看起來很重大的衝突。其中一個模型認爲殖民權力以傅柯說的「壓制性的假設」(repressive hypothesis)爲基礎，另一模型認爲殖民權力基本上是透過論述及各種「牧民」的「改造」策略來中介。對後殖民理論的敵意，很多是以一個論點爲根據，認爲後殖民理論小看物質的殖民壓迫形式和對殖民權力的物質抵抗。巴巴警告「切勿將帝國的統治比喻化，成爲書寫之失」[19]，但他的著作有時候似乎就出現這種範疇錯誤(史畢瓦克亦然，只是程度較小)。結果，解構的後殖民批評家就像巴巴在《文化的方位》裡以有點驚人之筆說的，「問題重重地，而且往往危險地，活在一

18　古哈，〈沒有霸權之名而有支配之實〉，古哈，《底層研究選》，頁228。

19　巴巴，'Articulating the Archaic'，《文化的方位》，頁129。

種歐洲中心、資產階級自由主義文化的『左』側邊緣」[20]，而
每每，並且(回顧之下)輕易成為解放鬥爭的真正英雄。誠如
亨利(Paget Henry)與布爾(Paul Buhle)所說，相形之下，詹姆
斯(L. L. R. James)所代表的馬克思主義傳統給我們的教訓是，
後殖民批評一定要警覺，「有些社會實踐領域並不由文本／
傳播規則主宰」[21]。這是整個領域裡最常見且最難捉摸的問題
之一，不獨後殖民理論為然。後殖民批評有時候也高估殖民
關係中的語意學層面，史雷門(Stephen Slemon)有點不尋常的
聲稱就是如此，他說「在帝國的安頓上，殖民主義的主要技
術……是歐洲文學裡那些正典文本」[22]。

　　不過，在更詳細討論這個議題之前，我想先談談，後殖
民理論使用當代歐洲的方法論，受到異議，這些異議也有其
問題。首先，阿馬德說薩依德是後結構主義者，就失之簡單
化。《東方主義》明顯得力於傅柯，薩依德晚近批評幾種宗
派性的認同政治，而和質疑國旗與「出身迷思」的後結構主
義同一陣營，但是，就他生平的政治意義而言，阿馬德的描
述仍然把他給同質化，並且將他批判資源上的折衷主義打了
折扣。薩依德即使深受「高等」理論影響最深的時候，也是
在從事一件政治性明顯的計畫，亦即批判西方的知識形式，

20　〈對理論的投入〉，同上，頁21。

21　Paget Henry與Paul Buhe，《C. L. R.詹姆斯的加勒比海》(*C. L. R.
　　James's Caribbean*)，Durham: Duke University Press, 1992，頁140。

22　史雷門，〈在後殖民文學裡讀取抵抗〉(Reading for Resistance in the
　　Post-Colonial Literatures)，Maes-Jelinek編，《關係的一種形塑》，頁
　　103。

以及那些知識形式與帝國行政權力的關係。我在第二章提
過，從那時以來，薩依德逐漸與後結構主義保持距離，理由
大致和阿馬德敵視後結構主義的理由相同：它完全未能處理
(新)殖民歷史與文化關係，它在抵抗支配論述與權力結構上
的理論工作不能令人滿意，它在將政治行動主義從人民運動
的本來基礎上翻譯到學術領域的過程中，傾向於把政治行動
主義馴化。從《世界、文本及批評家》(1983)，經過沙魯辛
斯基(Imre Salusinszky)的訪談(1987)與史普林克的訪談
(1989)，以至《文化與帝國主義》(一個明確例子是他拿傅柯
與法農比較，大體偏向法農)，薩依德逐漸遠離後結構主義的
軌跡十分明顯的。此外，史畢瓦克與巴巴都從後殖民角度，
就歐洲的批判理論提出透闢的批判。例如巴巴指出，許多觀
察家認爲，後結構主義是「占有文化特權的西方精英的另一
套權力策略，用來產生一種他者論述，從而強化它自身的權
力──知識等式」23。巴巴說，有些當代西方理論就是援引它
的他者來把西方知識的主張去中心化的時候，也先把那些他
者封死，方法通常是把他們本質化。巴巴注意到，傅柯、克
莉絲蒂娃及李歐塔(Jean-Francois Lyotard)彼此大不相同，這
個趨向卻是相同的──他認爲他們因此與早先的東方主義論
述傳統是一路的。所以，他們未能承認第三世界的特殊困境
與文化問題叢結，而淪於「複製一種支配關係，這是對批判

23　巴巴，〈對理論的投入〉，《文化的方位》，頁101。

理論的建制性權力最嚴重的控訴」[24]。

　由以上批評家的著作的這一層面，可以想見，後殖民理論和其他形式的後殖民批評與文化分析一樣，曉得——借用史雷門的說法——「理論提供我們一套熟巧的字彙，來勘定殖民主義的安排與後殖民去殖民化在語意學及敘事上的滑動，但理論也挾帶著支配性的西方文化的文化包袱」[25]。不過，精細程度不如史雷門的人卻陷入史畢瓦克說的「本土主義」(nativism)或「倒反的我族中心主義」陷阱，認為「高等理論」因為以處理殖民主義以外的問題為特長，它必然就是（新）殖民秩序的共犯，不能轉用來處理後殖民議題[26]。這類理論的異議，其提法也每每混淆不清或自相矛盾。例如海倫‧提芬抱怨說，後結構主義像「1980年代的地區委員（District Commissioner）」般管制後殖民文化。它如何能扮演這種角色，真是令人困惑，因為她隨即又批評搞後結構主義的人根本忽視後殖民文化[27]。相形之下，我覺得艾希克洛夫特的「構成書法學」（Constitutive Graphonomy）對德希達與索緒爾提供了極為簡單化而且扭曲的解讀[28]。此外，艾希克洛夫特說「高

24　同書，頁131。

25　Slemon，〈在後殖民文學裡請取抵抗〉，頁101。

26　即使在西方理論並不是處理非西方問題時，也經常出現有趣的焦點重疊。前文就提過一個例子：克莉絲蒂娃在〈女性的時間〉裡討論雙重時間性，法農在《地上的不幸者》裡討論新近去殖民化國家的曖昧時間性，兩者就可以比較。

27　提芬，〈轉化意象〉(Transformative Imageries), Rutherford，《從國協到後殖民》，頁430。

28　艾希克洛夫特，〈構成書法學：一個後殖民文學書寫理論〉

等」理論建立了一種語言觀念，在這觀念裡，意義是無限不穩定和可傳送的(transmissible)，又說西方認識論的特點至今仍是一種立基於經驗主義的語言哲學之上的實在論和實證主義。最後，艾希克洛夫特質疑後殖民分析中使用西方後結構主義的語言模型有無正當性，但他質疑的根據卻是渥爾夫(Benjamin Whorf)與沙丕爾(Edward Sapir)同樣是西方的，也同等理論性的語言學模型。

　　要答覆反對將西方「高等」理論應用於後殖民領域的人，進一步至少還有兩點可說。第一，我們可以說，高等理論很久以來就被用來解構西方那些支配性的知識與再現方式的權威，因此它和薩依德、阿馬德及一些國協文學批評家的工作是十分並行不悖的。所以，哈根(Graham Huggan)——及其他許多人——聲稱後殖民分析「挪用後結構主義的方法論來批判歐洲的文化規則」[29]時，他們沒有充分認知後結構主義本身也在將這些規則去中心化，例子包括它對男性、白人、資產階級至高主權的處理，這些是帝國論述的終極樞紐。此外，它對「有機主義」國族觀念與本質主義「出身迷思」的批判，也在阿馬德自己很多文本裡獲得背書——即使不是明白。如前面所言，克莉絲蒂娃與巴特等理論家處理現代東方的時候即使有時不經意重新銘刻了各種東方主義的刻板，分

(Constitutive Graphonomy: A Post-Colonial Theory of Literary Writing)，史雷門與提芬，《歐洲之後》，尤其頁61-4。

29　哈根，〈脫離(批評的)共同市場〉，史雷門與提芬，《歐洲之後》，頁38。

明也是爲了試圖打破西方的認識論與再現體制的權威。對後
殖民理論倚傍歐洲的方法論模型，德希達通常抨擊最力，但
我們可以指出，終其生涯，他都以西方的我族中心主義爲他
的首要批評主題。《書寫學》(1967)明明白白指出「書寫中
心主義是一種我族中心主義的形上學」[30]，1977年〈白人神
話〉(White Mythology)再度處理這個主題。在1986年的〈種
族主義的最後話語〉(Racism's Last Word)裡，德希達揭明種
族隔離政策和早先歐洲的他者化論述之間的關係，比較晚近
之作，如《另一個標題：對今日歐洲的反思》(*The Other
Heading: Reflections on Today's Europe*, 1992)，繼續將西方的
權威去中心化。後殖民批評裡許多人對德希達的態度，例如
史雷門與提芬爲《歐洲之後》所寫的導論，受到薩依德在
《世界、文本及批評家》裡出於二手而且充滿誤導的說法的
影響，而非來自親自讀過實際著作，我認爲是一大不幸。羅
斯瑪麗・卓里(Rosemary Jolly)在〈解放的預演〉(Rehearsals
of Liberation)裡抨擊德希達，因爲〈種族主義的最後話語〉當
初是爲一本博物館目錄撰寫的，所以(奇怪的邏輯)必然就是
在強化西方文化機構的霸權權威。然而，就像雅各比在〈邊
緣的重返〉裡痛快指出的，這樣的說法引人注意卓里自己是
在何處發出這些宣斥：她那篇文章出現在PMLA一期專號的堂
皇篇幅裡，那也是一個權威的西方文化機構。

30　德希達，《書寫學》，頁79；德希達，《哲學的邊緣》(*Margins of
　　Philosophy*), Alan Bass譯(1972；Brighton: Harvest Press, 1982)，頁
　　213。

　　第二，如史畢瓦克指出的，解構本身不是一個政治方案，而是一種解讀方法，因此理論上任何宣言都可得而用之。然而就如她自己的著作所證明，解構缺乏一套內在「正確」的政治議程，而這並不表示後殖民分析使用它就是內在不正當的。史畢瓦克說，解構對後殖民批判很有用，因為可以用來防止「決裂寓含重複」的危險。敵視「理論」「入侵」後殖民領域，產生了一些後果，看這些後果，可以充分證實史畢瓦克之言。我們不妨記住，前面第一章分析的早期國協文學研究模型，其一大明顯特徵是嫌惡理論（它們既挑戰，又援引的主流英國文學研究論述也有這個特徵）。舉個例子，1973年，對於論者沒有使用任何連貫的理論架構來理解「國協文學」，華爾希大加稱許，並且大言炎炎咬定「我相信大多數人亦作此想」；兩年後，傑佛瑞斯號召國協文學批評家評價前帝國產生的新文學時，力避「現代的批評方法」和「陳腐的專業主題／風格批評」[31]。

　　在稍早提出的，關於語意學與物質領域在（新）殖民關係中的相對重要性的討論上，解構提供的防護作用或許還更重要。譏刺後殖民理論者，有些抱持一個或明或暗的認定，說理論化的本身是一種二流活動，價值不如比較直接的行動主義形式。（這項指控比較多針對史畢瓦克與巴巴而發；薩依德

31　華爾希，《國協文學》，頁v；傑佛瑞斯，〈現代世界裡的國協文學〉(Commonwealth Literature in the Modern World), Maes-Jelinek，《國協文學與現代世界》(*Commonwealth Literature and the Modern World*)，頁12-13。

因爲曾在巴勒斯坦民族議會任職數年[32]，在巴勒斯坦建國運動
裡地位突出，很少人敢質疑他的行動主義資歷。)解構可以防
止這種論調。這個論點認爲，思想工作與政治參與之間有個
根本的分野——甚至對立，更極端者還暗示文化與現實世界
(明確一點說，生產關係)互不相屬。這論點有個危險，就是
重新銘刻美學領域是自律的傳統觀念。它另外一個危險是建
構出一種分工來：第三世界行動，第一世界思考(更糟的情形
是，第一世界發言，第三世界啞啞的行動)。就像法蘭柯(Jean
Franco)指出的，「第三世界不太適合搞理論」的想法已經太
流行了。[33]

　　阿馬德等批評家有時候似乎暗示，壓迫只靠，或大部分
靠具體的物質形式來中介。將語意學與社會領域混爲一談，
我在前面承認是有危險的，但我們切勿走向另一極端，勾銷

32　梅爾‧卡漢(Meir Kahane)領導的秘密法西斯組織「猶太防衛聯盟」
　　(Jewsh Defence League)有一份暗殺名單，薩依德有一陣子當然就在名
　　單上。同情以色列者，如Edward Alexander，也對他發出可恥的抨
　　擊，見〈恐怖教授〉(Professor of Terror)，《評論》(Commentary)，
　　88.2, August 1989。

33　Jean Franco，〈超越我族中心主義：性別、權力、與第三世界知識階
　　層〉(Beyond Ethnocentrism: Gender, Power, and the Third World
　　Intelligentsia)，1988，收於威廉斯與克萊斯曼，《殖民論述與後殖民
　　理論》，頁359。比較蓋茲的論點，他認爲理論不是西方的特權，見
　　《能表達意義的猴子：一個關於非／美文學批評的理論》(The
　　Signifying Mokey: A Theory of African-American Literary Criticism)，New
　　York: Oxford University Press, 1988，頁78-79。同理，解構可以防止論
　　者由於敵視理論而將「親身體驗」或「起源點」視爲處理後殖民關懷
　　的內在充分基礎，甚至唯一的正當基礎，加以重新銘刻。這往往導至
　　一種本質論，說「只有」後殖民主體才能、才可以從事後殖民分析。

兩者之間的任何關連。德希達在〈種族主義的最後話語〉提醒我們，種族主義沒有一種將它正當化的論述，就不可能做制度性的運作，因此種族主義的各種表現必須一併處理。法農也強力指出，除非把文化也包含於解放鬥爭之中，否則去殖民化不能視爲充分實現。由此角度而論，後殖民理論和其他活動一樣，是在尋求完成《地上的不幸者》提出的目標。巴巴之論因此相當可取，他說，理論，至少在原則上，可以視爲一種政治實踐。他結論說　「被錯誤地加上『純理論』標籤的東西」，事實上「不必和歷史需求及地上的不幸者的悲劇絕緣」[34]。

　　海倫・提芬與班妮塔、帕瑞等人的位置，其弔詭之處是，他們批評一些後殖民理論把對(新)殖民主義的物質鬥爭馴化，但他們的敵意也是在論述層次上表達，而且和他們的論敵一樣，要靠那些機構來發表。例如，帕瑞的〈當前殖民論述理論的問題〉指責史畢瓦克與巴巴偏愛以論述爲反抗模式，但此文當初是刊載於《牛津文學評論》(*The Oxford Literary Review*)，這是——夠反諷的——1980年代以熱心發揚後結構主義出名的一份精美期刊。古哈抨擊將葛西模型應用於殖民問題，說法同樣弔詭。底層研究群史學把這個領域及其研究對象觀念化，本身就甚多得力於葛蘭西的著作。此外，它本身就是葛蘭西所說那種意義的反霸權活動。研究群向殖民的

34　巴巴，〈對理論的投入〉，《文化的方位》，頁19；比較史畢瓦克，〈馬克思在德希達筆下的局限與開放〉(Limits and Openings of Marx in Derrida)，《局外於教書機器之中》，頁98。

與民族資產階級的史學模型提出挑戰，其挑戰的前提論點就是，這些形式的文化實踐是為特定一些利益和社群服務的。

殖民論述本身承認帝國權力是透過文化與物質兩個領域中介的。例如，吉卜林的〈在城牆上〉(1888)這個故事就提供充分的見證，其中說明了，文學、學校和板球是為了「改造」印度人而施加於印度的「牧民」體制的一部分，背後是警察——警察背後，是軍營。文化懷柔政策失靈，就像故事中爆發動亂的時候，永遠可用武力制裁。所以，在組構反霸權的文化分析形式時，加勒比海批評家布拉斯維特(E. K. Brathwaite)著作裡表現的那種雙重眼光是必要的。他一方面說「製造革命的不是語言，而是人民」，另方面他也認清：「主人囚禁奴隸，最成功的方法或許是把他囚禁在語言裡；奴隸造反，最成功的方法或許是他對語言的(誤)使用[35]」。低估殖民關係中的語意學領域，會將殖民關係管理中的複雜因素簡單化，無形中不僅低估後殖民理論，還低估作為抵抗形式的其他種類後殖民批評(以及「初級」的文化生產形式)，因為不但處理語意學領域是它們所長，而且它們就是在語意學領域內運作。

要防止批判焦點偏重語意學領域而偏廢物質領域——或

35　布拉斯維特《心聲歷史：民族語言在英語加勒比海詩中的發展》
　　(*History of the Voice: The Development of Nation Language in Anglophone Caribean Poetry*), London: New Beacon Book, 1984，頁13；布拉斯維特，《克里歐社會在牙買加的發展》(*The Development of Creole Society in Jamaica 1770-1820*), Oxford: Clarendon, 1971，頁237。

偏廢語意學領域而偏重物質領域，可以看看《少數論述的本
質與脈絡》(The Nature and Context of Minority Discourse)，詹
默罕穆德與羅伊德(Lloyd)在書中正確堅持「理論批判與實際
鬥爭必須相輔相成」[36]。在相當大程度上，這其實就是後殖民
理論家們一直鼓吹的立場。就是對理論日益不滿的薩依德，
也不排除理論在後殖民分析裡可以繼續保存一席之地；他認
為，新的國際分工裡明顯可見帝國主義的遺毒，理論只要在
對這些遺毒的鬥爭中不斷受鬥爭的實際需要與物質現實逼
問，就可以繼續在後殖民分析裡保存這一席之地。在《世
界、文本及批評家》裡，他說

> 批評家的工作是提供對理論的抵抗，打開理論，使之
> 朝向歷史現實，朝向社會，朝向人的需求與利害，點
> 出取自日常現實的具體事例，一切理論的詮釋區必然
> 是事先設定的，從此也就被理論所範限，日常現實的
> 具體事例不是在詮釋區外，就是正好在詮釋區不及之
> 處[37]。

　　史畢瓦克以類似理路反對前衛主義過度抬舉理論的角
色，而且如前面提過的，堅持理論與實踐必須不斷嘗試「使
彼此陷入危機」[38]。

36　詹默罕穆德 and Lloyd，《少數論述的性質與脈絡》，頁12。
37　薩依德，〈會旅行的理論〉，《世界，文本及批評家》，頁242。
38　關於這幾點，可看史畢瓦克，〈詮釋的政治〉與〈底層研究〉，《在

　　我在第一章所說後殖民理論受到的異議，和中介後殖民理論的風格與語言有關。有些觀察家認為後殖民理論蓄意晦澀，甚至文筆惡劣。有些人則說，後殖民理論有時候難以索解，這難解是一種權力意志，想凌掩其他種類的後殖民批評。有些懷疑論者則說，後殖民理論使用隱奧的語言，使它只能被一群（大致屬於都會的）精英吸收，有意無意之間自絕於在前線對（新）殖民主義鬥爭的人。薩依德從來就不是特別難讀（他所有文本裡援引了歐陸理論最多的《東方主義》也不是特別難以卒讀），史畢瓦克與巴巴則另當別論。在巴巴，溝通的問題只出在他許多關鍵觀念上，諸如「愛恨曖昧」（ambivalence）和「第三空間」，前面提過，他給這些觀念所下的定義失之曖昧（而且時而自相矛盾）。至於史畢瓦克，放在她的一項要求裡來看，這問題特別尖銳：她要求西方知識分子必須能夠對底層人說話，而不只是談底層人。關於她的風格，她堅持批評必須重視修辭性（rhetoricity），她討論西蘇與露絲・伊里加雷（Luce Irigaray）時作此堅持，她這些堅持使人有理由注意她自己的風格。她在《後殖民批評家》坦承用英文寫作有困難，而令人無從苛求她，但她又授人以柄，抨擊其他批評家妄自聲稱為「群眾」說話：「話又說回來，學

其他世界裡》頁132與201，及〈策略、認同、書寫〉，《後殖民批評家》，頁44-45。史畢瓦克立場矛盾；有時，她主張理論與實踐必須分開，有時則主張理論與實踐是同一「社會文本」的對應，甚至對等層面。見〈底層人能說話嗎？〉，文中兼含兩說。

學說話吧，別讓群眾把你的話當狗屎，怎麼樣？[39]」史畢瓦克
非但沒有時時以底層人能懂的方式說話(或行文)，反而——
我們忍不住要說——經常成爲她所批評的「解構之難以卒
讀」(unreadability in deconstruction)的例子。看看史畢瓦克文
章裡許多文字，或者，看看敏銳，和她又多共鳴的批評家楊
格採訪她的時候也爲了了解她而那麼辛苦，她還抨擊別人是
「清晰—拜物主義者」(clarity-fetishist)[40]，似乎太欠考慮。

　　所以，一些後殖民理論的風格受到批評，的確有其原
因。事實上，巴巴和史畢瓦克可能比他們的方法論導師更難
懂。舉個例子，我讀克莉絲蒂娃，就完全沒讀巴巴時碰到的
那些困難，而且我發現德希達大體上比史畢瓦克曉暢，即使
他實際理念的複雜程度並不下於她。此外，一些歐陸文化理
論本身就難，但引用者也沒有必要重演其晦澀難解。例如，
賈桂琳・羅斯(Jacqueline Rose)的《席維亞・普拉斯陰魂不
散》(*The Haunting of Sylria Plath*, 1991)和巴巴一樣部署了大
量的拉岡理論，不同之處只在她應用於父權的壓迫形式，而
非應用於殖民的壓迫形式，但她產生的文本就是清晰的模
範，同時沒有絲毫將她援引的材料簡化。另一方面，我在第
三章提過，《史畢瓦克讀本》裡有跡象顯示，史畢瓦克現在
看清了她的風格造成的窒礙，正在採取步驟補救。巴巴一些
比較晚近之作，如1996年的〈再度打開我的藏書〉(Unpacking

39　史畢瓦克，〈文化自我再現的問題〉，《後殖民批評家》，頁56。
40　史畢瓦克，〈再論女性主義與解構〉，《局外於教書機器之中》，頁
　　127。

My Library……Again)，也比收在《文化的方位》裡的大多作
品好讀得多。

　　無論如何，批評者指後殖民理論有以令人困惑為能事的
傾向，但風格與清晰的問題並非就這麼單純。舉一點來說，
有人抱怨「外來」理論，指其性質「駁雜」，但提出這些抱
怨者，其論述之夾纏難以消化也每每不相上下。麥肯齊口口
聲聲歷史學家的風格應該透明，但他自己就一貫證明風格的
質樸與思想的精細說來容易做來難。「歷史學家可以是大部
分類派(lumper)，也可以是細部分類派(splitter)、熱心的建築
家、持疑的懷疑家……按照定義，論述理論家必定從事大部
分類。[41]」這樣的陳述，要我們作何理解？此外，有人說後殖
民理論好用行話切口，令人望而生厭，但這也不是後殖民理
論的特權，只要一瞥艾希克洛夫特的〈構成筆相學〉，立可
證明。一些避用這類批評術語的後殖民批評，也可能像史畢
瓦克和巴巴那樣，謎語似的，難以捉摸，威爾森‧哈里斯
(Wilson Harris)許多文章即是[42]。最後是國協文學研究的當代
支持者，他們聲嘶力竭指斥後殖民理論晦澀難解，但他們好
像忘了，他們的前輩堅持風格要清晰，但那堅持裡一直帶著
意識型態包袱。第一章提過，傑佛瑞斯堅持去殖民化之後的

41　麥肯齊，《東方主義》，頁38-39。
42　哈里斯評曰：「我們生活在一個拘執『清晰』一詞的世界裡，一切都
　　非清晰不可……我們在盲目之中把我們的清晰誤為眼明，我們必須將
　　那清晰評斷為片面的。」見哈里斯，〈判斷與夢〉，Riach &
　　Williams，《激進的想像》，頁20。

國協在批評和創作上都必須使用標準(即英國私名校)英語，
他不僅指示與主題和理論有關的術語，對不合這規範的創作
者也指摘有加。

　　這也是我自己必須折衝的問題。我盡力行文「清明」(不
敢說次次如願)，但我看學生的文章，每次「改正」他們的英
文的時候都想到，「清晰」與「連貫」是用約定俗成的要領
來判斷的，但追根究底而論，這些約定俗成的標準也和政治
價值與要求綁在一起。針對托多洛夫(Todorov)、阿馬德或哈
根的異議，我們可以答說，在某程度上，史畢瓦克與巴巴有
意建構一種批評論述，這種論述不容易被西方的學術產業撥
用並再循環，成為最新的時髦商品(不過，照後來的情況看
來，這目標可能沒有實現)。與兩人可以並觀的是西蘇與伊里
加雷等法國女性主義理論家，她們認為有些形式與成俗在歷史
上是為支配者(父權)的秩序服務的，她們要以一種實驗性的批
評書寫形式來避過這些形式與俗約。就如桑德斯(Ian
Saunders)所說，有些秩序與正當性規則將性別與種族建構成
「正確」階級結構(對從這些規則獲得權力者，做這種建構很
方便)，「採取一種本身──直接或隱然──具有破壞性的，
能否認這些秩序與正當性規則的書寫實踐」[43]，有其優勢。史

43　桑德斯，〈論異類：解構以後的詮釋〉，(On the Alien: Interpretation
　　After Deconstruction)，見Freadman與Miller，《文學理論與哲學》(On
　　Literary Theory and Philosophy)，頁43。楊格以相似的說法為巴巴辯
　　護，見《白人神話》，頁155-6，與《殖民慾望》，頁162。帕瑞頗惡
　　巴巴與史畢瓦克之「論述過度」，但也認知到，使用支配者帶有「意
　　識型態密碼」的習套是要付代價的。見〈當前殖民論述理論的問

畢瓦克認為，處理西方與非西方之間的複雜關係時，使用
「連貫的敘事」，其生產性可能不如兩法並列的批判，也就
是既切而離，或支離零碎，但又持之以恆。

最後，阿馬德與黛安娜・德萊頓雖然大有不同，但兩人
都察覺相當多後殖民理論對階級與性別的處理不夠充分。此
見有其力量。前文提過，薩依德對性別問題處理有限，很多
女性主義者表示不滿。我在第二章所說薩依德《東方主義》
這方面的缺失，在《世界、文本及批評家》裡只獲得部分補
正。巴巴的著作對性別的複雜問題也沒有任何深入處理。大
體而言，於階級問題對他們的著作可能帶來的難題，兩人俱
無所見。例如巴巴認為，學舌與愛恨曖昧的情感經濟學對所
有殖民主體的作用都相等，無論他們的社會定位如何。本章
下一節將會說明，整體而言，對於以階級為基礎的分析形
式，後殖民批評領域裡有一個可觀的持疑傳統，而且持疑有
理。不過，阿馬德之見無疑是對的，有些後殖民理論過早封
死了階級取徑的潛力。單說一點，在西方就他者所做的再現
裡，階級扮演一個關鍵而未獲後殖民理論充分注意的角色。
從凡・艾森巴哈(von Eschenbach)的《帕西法爾》(Parzifal)，
經過阿夫拉・本恩(Aphra Behn)與馬莉・沃特里・孟德古
(Lady Mary Wortley Montagu)，到哈加德(Rider Haggard)與保
羅・史考特(Paul Scott)，界定非歐洲主體的階級身分都是基
要的關切；在非歐洲主體具有充分的社會地位之處，主宰上

述作家道德與政治視境的那些規範性的，以種族為基礎的階級安排往往出現重大修正。相形之下，後殖民理論明顯不情願處理各種形式的「通俗文化」，薩依德1989年接受史普林克訪談，就具體表現這股不情願。

如我在第三章嘗試彰明的，對同行不留意種族與性別問題，史畢瓦克提出有力的矯正。的確，在這方面，她先得阿馬德之心，阿馬德說，將焦點置於民族主義，使它對(新)殖民主義成為帶有特權的抵抗形式，成為居於支配地位的民族主義論述，於是，階級與性別也可以是抵抗與聯盟的基礎，卻因為可能與此論述發生衝突，而被排斥[44]。此外，後殖民主義(對不起，德萊頓)和「初級」的後殖民文化形式向來對性別與階級問題都不見得特別敏感[45]，雖然情況從1990年以來已明顯改善。另外，關於一些當代後殖民小說(諸如魯西迪的《恥辱》)就女性所做的再現，《理論上》提供了獨到的批判，但他自己的批評也帶有本質上屬於父權主義的偏見，由他完全不提史畢瓦克、珊德拉・莫罕提(Chandra Mohanty)及拉妲・馬尼(Lata Mani)等女批評家，可以見得。她們和他出身同一地區，從事的學門領域大致也和他相同。

44　史畢瓦克，《底層研究》，《在其他世界裡》，頁215以下。

45　例子包括Boehmer、Mann及Savory談後殖民小說的文章，見Michael Parker與Roger Starkey編，《後殖民文學　艾奇比、恩古吉、德塞、華柯》(*Postcolonial Literatures: Achebe, Ngugi, Desai, Walcott*), London: Macmillan, 1995。

後殖民理論與後殖民批評

我在第一章提過，廣義的後殖民批評內部一些觀察家對後殖民理論的敵意(反之亦然)，有時候大到令人設想兩者應該視爲基本上分開的活動領域──最上而言，兩者的關係就如量子論之於牛頓物理學。由某些科學或數學上的例子，可見假設、研究對象與方法都十分不同的各種知識(生產)形式能夠並存於同一學門之中，但我還是主張，後殖民理論與批評的離異程度並不像有些人說的那麼嚴重。首先，我們可以說，目前兩個領域的工作之間，方法論上有逐漸相合之勢。安諾齊(Sunday Anozie)的《結構模型與非洲詩學：朝向一個實用的文學理論》(*Structural Models and African Poetics: Towards a Pragmatic Theory of Literature*, 1981)和另外一批著作率先嘗試將當代歐洲文化理論有系統地應用於分析「初級」形式的後殖民文化──非美批評家小蓋茲(Henry Louis Gates Jr.)因此稱他是「道地的南撒哈拉羅蘭‧巴特[46]！相形之下，到1980年代初，國協文學研究裡可以察覺到一股對方法論的明顯新興趣。里門史奈德的《國協文學的歷史與歷史學》全書要務是處理提芬所謂「國協文學幾乎全無理論與方法學研究」的問題[47]。爲了補正這個缺失，書中多位文章作者

---

46 蓋茲，《黑人文學與文學理論》，頁16。
47 提芬，〈國協文學〉，見里門史奈德，《國協文學的歷史與歷史學》，頁19。

大量援引德國與美國的讀者反應與接受理論，來將這個領域
觀念化。三年後，到了彼得森(Peterson)與魯瑟福(Rutherford)
的《雙重殖民化：殖民與後殖民女性的書寫》(*A Doulde
Colonization: Colonial and Post-Colonial Women's Writing*)，大
量導源於法國的文化理論也開始被運用，尤其是西蘇與史畢
瓦克的著作。拉岡首次露面於後殖民批評(就我所知)，是在
夏拉德(Paul Sharrad)的文章裡，收入魯瑟福的《從國協到後
殖民》(*From Commonwealth to Post-Colonial, 1992*)，這書名
象徵了後殖民批評領域的重要方法學與政治移轉。從那時以
降，當代的國協文學研究及後殖民批評的其他支系裡，這類
理論一直穩定增加，傑菲友(Biodun Jefiyo)與阿皮亞的著作即
是例子。後殖民理論與廣義的後殖民批評之間的分野，向來
被視爲不證自明，但年輕一輩批評家多樣的方法學淵源顯
示，這種區分已愈來愈難維持。有個事實更增加這情況的複
雜性，不少批評家已指出，一些「初級」後殖民文化生產與
後殖民理論的某些成分之間可以看出種種關連——在誤讀的
使用與都會敘事的混種化上，尤其如此。就像提芬說的，
「許多後殖民書寫不但是創作性的，也是批判和理論性
的……兩者之間的區分，已被殖民與後殖民的文學生產與消
費條件變得不能成立」[48]。

48　提芬，〈《心臟之地，黑暗之心》，與後殖民及論述〉(Heartland, Heart
　　of Darkness, and Post-Colonial Counter-Discourse)，收於梅斯・耶里奈克
　　編，《哈里斯　不妥協的想像》(*Wilson Harris: The Uncompromising
　　Imagination*), Mundelstrup: Dangaroo, 1991, 頁128。Mark McWatt爲哈里斯

　　對照之下，薩依德、巴巴與史畢瓦克向來似乎認為，他
們在自己早期所做的工作和隔鄰的批評領域之間並無多少關
連，但三人近年都對別的同行——尤其早先的同行——表現
了較大的興趣。前面說過，在《文化與帝國主義》裡，薩依
德處理了從杜柏亞(W. E. Du Bois)起，經過C.L.R.詹姆斯與安
東紐斯(George Antonius)，到清維朱(Chinweizu)與恩古吉的
各類後殖民、少數族裔與反殖民批評家。同時，史畢瓦克的
《教書機器之外》處理法農，《史畢瓦克讀本》持續她當初
在《後殖民批評家》裡宣布的，對恩克吉的興趣。最令人意
外的重點改變，也許在巴巴的著作裡。〈對理論的投入〉
(1988)，我覺得宣示了巴巴從第一到第二階段的過渡。文中
引述哈里斯《傳統、作家與社會》(*Tradition, the Writer and
Society,* 1973)一長段文字，哈里斯在那段文字裡闡述一些觀
念，這些觀念和巴巴一些乍看不同的觀念一比喻有不小的相
似性。哈里斯這個文本對巴巴的重要性，由一個事實可以見
得：在巴巴最近的文章〈新意如何進入世界〉(1994)裡，他

提出類似主張，見〈Black Marsden裡的喜劇視境〉(The Comic Vision
in Black Marsden)，收於梅斯‧耶里奈克《哈里斯》(*Wilson Harris*)，
頁156-7。關於華柯，可以比較Biodun Jefiyo之論；見〈歐洲中心的批
評理論〉(On Eurocentric Critical Theory)，收於史雷門與提芬《歐洲
之後》，頁118。有一個論點說，特別在批評理論方面，C.L.R.詹姆
斯「沒有訴諸語意／語言學」，仍然是許多解構程序的先驅。見
Puget Henry與Paul Buhle，〈卡利班作為解構主義者　C.L.R.詹姆斯與
後殖民論述〉(Caliban as Deconstructionst: C.L.R. James and Post-
Colonial Discourse)，收於Henry與Buhle，《C.L.R. James's的加勒比海
人》(*C.L.R. James's Caribbean*)，頁136。

再度引用此書。他其他比較晚近的文章裡還分別參考到華柯、杜柏亞及詹姆斯，可見他已逐漸認識到，除了對他早期影響極大的歐洲理論之外，他還另有方法學資源可用。

　　班妮塔・帕瑞警告，不要太匆忙把後殖民分析各個次領域裡看起來屬於當代的層面拉在一塊。她的警告有道理，但有她這個論點無法推太遠：她也批評「神聖三位一體」未能注意後殖民領域的早期著作[49]。阿馬德批評薩依德在《東方主義》裡未能承認早先的殖民論述分析形式。從這項批評，也可以推出同樣的情況。這類論點必須在的確至少有些成分重疊的條件下，才有力量。後殖民批評的各個次領域之間（與內部）的重要差異，我不會輕看，而且在以下的說明中將會加以尊重。但我相信，這些差異不如它們之間的趨同之處重要。這些趨同之處相當明顯，因爲一些經常被認爲後殖民理論特色所在的關鍵策略論點、戰術運用及觀念比喻，其實早已先啓於後殖民批評的初期階段。我必須再度強調我這個論點的結果。其一是，後殖民理論陣營有時說，這是一種根本全新而原創的活動，其實並不盡然。（我這立場不能與迪爾力克混爲一談，迪爾力克認爲後殖民理論沒有絲毫新的實質[50]，他自己的論點如果不是那麼徹徹底底從阿馬德衍生出來的東西，

49　帕瑞，〈我們時代的徵象〉，頁13-15，與〈當前殖民論述理論的問題〉，頁27　比較葛瑞菲斯，〈後殖民的空間與時間　哈里斯與加勒比海批評〉(Post-colonial Space and Time: Wilson Harris and Caribbean Criticism), Maes-Jelinek,《哈里斯》，頁69。

50　迪爾力克，〈後殖民氛圍〉，頁352。

這項指控可能還比較能令人接受。)但是,後殖民理論不能因為其許多視角與程序已經先見於較早的批評史,就被阿馬德與迪爾力克那樣簡簡單單一筆勾銷;照他們的作法,後殖民批評的許多支系,以及與之相連的許多文化分析形式的正當性都成問題。

　　如果從這兩個次領域的策略層次開始,則兩者最明顯且重要的是它們有一個共通的關切,就是批判在西方屬於支配地位的人文主義,由此批判而將西方歷來享有的文化權威去中心化。一個值得一提的早期例子是塞瑟爾範圍甚廣的《論殖民主義》(*Discourse on Colonialism*),出版於1955年(這使我們納悶,楊格的《白人神話》為什麼將向西方史學挑戰的運動的開端定於法農的《地上的不幸者》)。西方妄稱自己代表人類進步與文明的標準,對這項妄稱,《論》書構成的攻擊與《東方主義》一般巨大。關於帝國對西方「文明論述」構成的問題,塞瑟爾也先啟巴巴的論點,而且其說較巴巴要有力得多,因為塞瑟爾走筆於正式帝國主義仍在之時。對塞瑟爾,有一件矛盾,這矛盾如果不是那麼痛苦的話,還能以可笑視之,這矛盾就是,在一場對法西斯主義的極權制度——這主義當然是以種族優越論為根據——的戰爭過去十年之後,西歐強權仍然緊緊咬住它們的殖民地。塞瑟爾並且往更根本看,說法西斯主義決非一種突如其來的歷史變態,而是以十分可得而預測的方式,從雷南(Renan)等十九世紀備受敬重的「自由主義」學者與社會學家的著作演進出來的。這個論點引出《文化與帝國主義》裡的一個主題,在楊格的《殖

民欲望》(1995)裡更詳細出現。

塞瑟爾論點的要素，被薩依德之前許多後殖民批評家援
用，並且在前殖民地的許多地方出現，尤其是《東方主義》
問世前幾年。例如哈里斯在1975年的〈反思與視境〉
(Reflection and Vision)裡沈思，「人文主義聲稱指斥殖民成
見，但潛意識裡和那些成見同一陣線」[51]。在與哈里斯此文同
年出版的《創世日早晨》(*Morning Yet on Creation Day*)裡，
艾奇比認為，非西方文化繼續吸收「人的條件症候群」[52]，其
實是重新肯定為帝國征服奠基的那種視境。在也是1975年出
版的《西方和我們其他人》裡，清維朱認為，西方仍然企圖
將一些「所謂永恆、普遍的價值」強加給別人，顯示殖民時
代到新殖民時代本質上是一脈相續的，那些價值「往往不過
是歐洲文化帝國主義者推銷的西方價值」[53]。

後殖民批評與理論對西方所謂普遍價值的批判是以文化
領域為中心，因為文化領域傳統上被視為精華自由主義價
值——「普遍」價值的儲存所。人文主義有個說法，說文化
是一個自律的領域，超越政治或建制關係的問題。後殖民批
評與理論開始都向這項說法挑戰。兩者也都堅持，藝術的再
現對它們流過其中的世界有重大影響。因此，非洲批評——

---

51 哈里斯，〈反映與視境〉, Maes-Jelinek，《國協文學與現代世界》，
頁19。
52 艾奇比，〈非洲和她的作家〉(Africa and her Writers)，《創世日早
晨》，London: Heinemann, 1981, 頁19。
53 清維朱，《西方和我們其他人 白人掠奪者、黑奴及非洲精英》，
New York: Vintage, 1975, 頁309。

這裡僅舉一例——和後殖民理論一樣，長久以來就認清「初級」西方文化形式在維持其對世界的霸權上扮演的角色。就係恩古吉在《政治中的作家》的典型尖銳說法：「文化帝國主義是對被殖民民族經濟剝削與政治壓迫的那個透徹體系的一部分，(西方)文學則是那套壓迫與滅種屠殺體系密不可分的一部分。[54]」此外，非洲傳統和後殖民理論一樣(而且和批評它將焦點擺在語意學領域的人互相矛盾)，認為批評是一種實踐，能在爭取第三世界政治、經濟與文化解放的持續鬥爭中扮演一個重要角色。

這些文化抵抗的實踐有多種形式，其中很多與後殖民理論相類。首先，有一個悠久的傳統，現在稱為非洲批評中的殖民論述分析。艾奇比的文章〈一個非洲意象：康拉德《黑暗之心》中的種族主義〉(An Image in Africa: Racism in Conrad's *Heart of Darkness*)，比《東方主義》早兩年即1976年刊行，在解析一部具有正典地位的都會「傑作」的文化政治方面，至今是整個後殖民領域中最氣力悠長之作，現在仍然值得花工夫一讀，因為它顯示，當今被視為後殖民論特有的某些觀念與取徑，其實已先啟於更早的後殖民批評。艾奇比對康拉德這部文本的評價，和它在西方的正典地位明顯相反(而且我們必須說，與薩依德在《文化與帝國主義》裡對它的抬舉也明顯相反)。據艾奇比之見，《黑暗之心》證明康拉德

---

54 恩古吉，〈文學與社會〉(Literature and Society),《政治中的作家》，London: Heinemann, 1981, 頁15。

是「徹底的種族主義者。這個簡單的眞相在西方對他作品的
批評裡所以會被文飾掉，是由於白人對非洲的種族歧視已成
爲正常之至的思考方式，因此它表現出來的時候完全無人一
提」[55]。將《黑暗之心》正典化，出力最大的或許是李維斯(F.
R. Leavis)的《偉大的傳統》(*The Great Tradition, 1948*)一
書。和李維斯在書中對它的解讀相反，艾奇比說，李維斯所
謂馬羅「富於形容詞的堅持」(adjectival insistence)，其作用
是加強將非洲當成神秘他者的觀念，以及將非洲視爲黑暗之
地、非理性國度的觀念。艾奇比進一步認爲，康拉德文本裡的
刻板構成一套以二元對立爲基礎的階級體系，因此——舉個例
子——柯茲(Kurtz)極度沈默的情婦被寫成「一個野蠻人，和
後來出現來把故事結束的那個優雅歐洲女人形成對照」[56]。艾
奇比認爲，這二元化的最陰邪例子是馬羅的健談與本地非洲
人的「語言」之間的對照。裡面有些非洲人幾乎必然要被再
現成食人族。艾奇比指出，馬羅船上的黑人大多時候都只以
咕嚕不清的聲音溝通——除了他們流露自己是食人族的時
候，這一點值得點出來：「一種作法是維持連貫，把他們刻
畫成啞獸，另一作法是由他們自己嘴裡說出清晰、沒有疑義
的證據，確定他們是那種東西，康拉德權衡之下，選擇了後

55　艾奇比，〈一種非洲意象——康拉德《黑暗之心》裡的種族主義〉《希
　　望與阻礙——文選》(*Hopes and Impediments: Selected Essays*), New
　　York: Doubleday, 1989)，頁11-12。
56　同書，頁8。

者。[57]」《東方主義》強調西方再現非西方時慣用二律背反，以及薩依德留意到殖民論述如何將臣屬民族建構成西方的「沈默他者」（在康拉德，是西方「語言不清的對極」），都是承艾奇比而來。

艾奇比並且認為，馬羅看出非洲人和他自己有某種程度的共通人性，但大體而言，就像食人族，他們必須維持他們的「本」分；所以，那個部分西化的舵手對馬羅儘管重要，卻仍然被諷刺對待，因為他表現出他原住民身分的跡象。這方面，艾奇比也遙啓史畢瓦克一個論點，即西方要非西方人「進入歷史」的同時，往往又要求他「道地」是非西方人。巴巴後來也提醒我們，這是意識型態與再現上的雙重綁縛，在都會對他者所做的再現裡，臣屬民族向來經常被如此綁縛。殖民論述磨掉臣屬民族的「野蠻」，要他們透過向西方學舌來「改造」自己。然而，殖民論述既要求這過程不可以做到他們和支配秩序無法分辨的地步，又經常拿它所要求於底層人的差異來諷擬或嘲弄，馬羅對那個「過渡中」的舵手那種問題重重的既承認，又不認，艾奇比指為一種「愛恨曖昧」。巴巴談學舌對殖民者心理上的擾亂影響，其先聲也是艾奇比。

艾奇比說，非洲角色除了露面時間短暫之外，非洲在康拉德的文本裡基本上是當背景，其居民在論述中多多少少被抹去，以便空出舞台中給白人主角。艾奇比暗示，這種美學

---

57 同書，頁9。

上的壓制(令我們想起史畢瓦克在〈三個女人與一種帝國主義
批判〉裡討論到，克莉斯多芬從《遼闊的藻海》裡「消
失」)，與當時非洲人所受的政治壓抑可以類比，而且是一項
清清楚楚的例證，說明即使一個「好心」的西方人批評了那
套制度，而且儘管他用意至佳，他也是殖民主義基本視境的
共犯。艾奇比強調的反諷在於，康拉德以這種帶有侮辱性的
方式書寫／寫掉非洲人之際，非洲藝術卻正在提供一個關鍵
性的刺激，激起歐洲視覺藝術那場天大的改變，以及現代主
義的廣泛浮現。艾奇比提醒我們，維拉明克(Vlaminck)賣給
德倫(Derain)，後來拿給畢卡索和馬蒂斯看而帶來無比重大結
果的那張面具，「就是康拉德筆下那條剛果河北岸的其他野
蠻人做的」[58]。

　　艾奇比認為，康拉德描寫非洲，其缺陷不能單純以其個
人的變態心理來解釋，雖然他從康拉德的《一個個人紀錄》
(A Personal Record)裡舉出一段奇文，由那段文字可見這位作
家多麼著迷於一切英國事物，包括英國男性的下半身。那些
缺陷其實是一個症候，代表了《黑暗之心》問世那個歷史時
刻，文化上一整套再現他者的體系。艾奇比暗示，康拉德存
在於一套「檔案」之中，這檔案完全決定著西方個別作家如
何再現被殖民者。薩依德後來將這一點作了較為理論性的發
揮。艾奇比還是薩依德《東方主義》另一主要論點的先聲，
他說，這套文化描述的檔案，其核心是一項一貫的企圖，

58　同書，頁16。

「將非洲弄成對歐洲的襯托，是負面之地，與此相形之下，
歐洲精神之美益發明顯」[59]。艾奇比並且做了一個搶眼的比
方，指西方在傳統上對非西方的論述關係有如多利安・葛雷
（Dorian Gray）之於他的畫像，透過一個象徵性的投射過程，
畫像被用來脫卸其像主的所有內在罪疚與恐怖。艾奇指出，
這套再現體系植根於歐洲心理上的「那股欲望——甚至應該
說需要」[60]，此說對文化上的支配變態心理極具洞見，後來巴
巴加以詳細發展。

　　由艾奇比對李維斯的反駁，可見他的著作遙啓後殖民理
論一個論點，即西方的批評價值未必比它的文學更「普遍」
適用。因此，艾希克洛夫特、葛瑞菲斯及提芬在《帝國反
寫》裡說，後殖民理論基本上「來自歐洲理論沒有能力充分
處理後殖民書寫的複雜性與多樣文化起源」[61]，但很早就有人
以類似的觀點來看早先的西方批評了。一般而言，較早的觀
點在這方面與後殖民理論有其相接之處，不過，至少就非洲
批評來說，重點較少擺在對這種分析形式的「內在」或「解
構」批判上。其衝力主要是導源於一項堅持，就是堅持中心
與邊緣的社會組織與文化價值之間有些根本差異，這些差異
不但產生非常不同的藝術觀念，對藝術的社會功能的觀念也
非常不同。例如艾奇比認爲，奧維里・伊戈波族（Owerri Igbo）
的恩姆巴利（mbari）一方面表現典型一般非洲文化對藝術作爲

59　同書，頁3。
60　同上，頁2-3。
61　艾希克洛夫特，《帝國反寫》，頁11。

一種共同社會實踐的重視，一方面也構成「對其民族一項信
念的深刻肯定，即藝術與社會密不可分」[62]。(但是，雖然如
此，我們千萬不可誇大差異。史畢瓦克曾在其〈底層人的一
個文學再現〉一文裡援引艾奇為一個比較點，而且她討論戴
維的時候，與艾奇一樣注意到好幾種西方批評都不容易適用
於這類「底層材料」，原因是「底層材料」產生的背景及目
的和西方小說有深刻差別。)

　　對傳統西方的文化分析與文化價值體系加以拒斥，並且
論難最激烈的，是文化民族主義者(或所謂「本土主義
者」)，如清維朱、傑米(Onuchekwa Jemie)及馬杜別克
(Inechukwu Madubuike)，他們的《朝向非洲文學的去殖民
化》(*Towards the Decolonisation of African Literature*, 1980)指
斥都會批評界對非洲文化的歐洲中心主義成見，並尋求將非
洲文學「從西方的致命緊搯」中解脫[63]出來。比較心懷普遍性
的索因卡認為文化民族主義者用本質主義的模式談黑人文化
認同，他自己則採取了某些路數的都會批評，但是，對於都
會批評有時候無法反映非洲書寫，他也感到挫折。因此他
說，「任何文學雖然無可否認知道世界上的其他的文學，但
還是有意識地探索它自己社會的世界觀，所以，將那種批評

62　艾奇比，〈非洲和她的作家〉，《創世日早晨》，頁21　比較索因
　　卡，〈意識型態與社會視境〉，《神話、文學與非洲世界》，頁62。
63　清維朱、Onuchekwa Jemie 與 Inechukwu Madubuike，《朝向非洲去
　　殖民化　非洲的小說、詩及其批評家》(*Towards the Decolonisation of
　　African Literature: African Fiction, Poetry and Their Critics*)，1980;
　　London: KPI, 1985，頁6。

語言整個搬過來用在任何文學上，都是學術上的嚴重錯失」[64]。索因卡經常和清維朱「三頭馬車」激烈論戰，但他最強烈的指責是「那些不分青紅皂白的非洲批評家，他們把他們師從文化的小資產階級符號與圖像學搬過來，當成普遍文化」[65]。(依索因卡之意，「三頭馬車」也包括在這個範疇裡，三頭馬車視他亦然。)

艾奇比的立場類似，只是表達比較客氣。他指出「我們自己的批評家在主控我們的文學批評上有點遲疑」[66]，他呼籲重新注意非洲美學，用以避開他早在1962年〈天使不敢履足之地〉(Where Angels Fearto Tread)裡就在西方批評中看出的問題。艾奇比在文中討論西方對新非洲小說的批評，舉出其中三種批評理路，加以拒斥。第一個「乖戾敵視」非洲小說這個概念，第二個對邊緣撥用「西方」形式很不高興，第三個最陰險，妄用西方模型來評斷非洲小說。例如，國協文學批評家華爾希抱怨，阿南德(Mulk Raj Anand)的小說「必須嚴格篩濾」來拿掉裡面的「宣傳渣滓」[67]，艾奇比的〈作為導師的小說家〉(1965)一文拒斥小說形式是一種自足的美學作品的說法，為非洲作家的「嚴肅」(或投入)辯護，非洲作家的作品從工具角度謀篇命意，是「應用藝術」，作為其人民的

---

64 索因卡，〈批評家與社會〉，Gates，《黑人文學與文學理論》，頁44。
65 同書，頁34。
66 艾奇比，〈殖民主義批評〉(Colonialist Criticism)，《創世日早晨》，頁19。
67 華爾希，《國協文學》，頁7　比較頁123對 Katherine Prichard 的評語。

心聲兼良知。1972年的〈非洲和她的作家〉（Africa and her Writers）更尖銳重申這個論點：「**用途、目的和價值**之類字眼〔按照規範性的西方批評論〕配不上這門藝術的神聖關切，所以，我們是渴望信息和道德的庸俗之徒。」[68]

　　非洲批評不滿都會就非洲所做的再現，也不滿傳統都會對非洲文學的批評，因此，它成為史畢瓦克鼓吹課程改革的先聲，自無足為奇（當然，差別在於其發言對象不是都會學院，而是非西方大學）。如許多批評家所言，在非洲的新殖民部署，是透過西方在教育領域的「援助」為之，人文學科，包括英國文學的研究，在裡面扮演要角。吉爾蘭（G. D. Killam）最近回憶當年文學講師前往後獨立的非洲大學任教的情形，寫他「1963年1月14日搭M. V. Accra號從利物浦啓程，在「威風凜凜」（Pomp and Circumstances）樂聲中，重新體驗幾多世代男老師出發到世界上的黑暗地方為帝國服務的心情」[69]。從殖民時代的控制體系到新殖民時代控制體系的平順過渡，以及英國文學在意識型態的新部署裡扮演的角色，有一個很好的象徵：吉爾蘭被派去的那個英文系所在的建築，本來是蓋給打最後一場阿山提（Asanti）戰爭的英軍住的。不足為奇地，獨立的非洲面臨的問題變得更加尖銳後，這樣的人文學科觀念日益受到反對。清維朱的《西方與我們其他人》（1975）裡有一章標題〈非洲的大學：文化復興的路障〉（Africa's Universities:

68　艾奇比，〈非洲和她的作家〉，《創世日晨》，頁19。
69　吉爾蘭，〈一個殖民地人做得到的事〉（Something A Colonial Can Manage), Maes-Jelinek等，《關係的一種形塑》，頁14。

Roadblocks to Cultural Renaissance），他在文中說，非洲大學的運作，基本上是爲了生產爲新殖民利益服務的技術與人力資源。尤其在人文學系，「大學文化……盡其所能，處處攤開其死氣與同化主義之毯」[70]。這股不滿，原殖民地遐邇響應。例如肯亞的奈羅比大學，1960年代末期有一場風潮，要將文學院裡的英文系去中心化，以便釋出資源來成立「非洲語言與文學系」，恩古吉1972年〈談廢除英文系〉（On the Abolition of the English Department)曾記其事。對改革派，這場辯論的關鍵問題是：「如果有必要研究某個單一文化的歷史連續性」〔維護現狀者的說詞〕，「那麼這文化爲什麼不能是非洲文化？爲什麼非洲文學不成爲中心，好讓我們能研究其他文化和它的關係？」[71]

不過，西方被指責搞壓迫性的「普遍主義」的，並不限於自由主義人文主義。較早的非洲批評抨擊各種所謂「激進」的西方文化與政治分析形式妄稱足以處理非西方世界的異質現實，也成爲一些後殖民理論的先驅。前面提過，法農的《黑皮膚，白面具》（1952)抨擊沙特1948年爲桑格爾

70　清維朱，《西方及我們其他人》，頁314。

71　恩古吉，〈談廢除英文系〉（On the Abolition of the English Deparement）《回家：非洲與加勒比海文學、文化及政治》（*Homecoming: Essays on African and Caribbean Literature, Culture and Politics*)，London: Heinemann, 1972)，頁146。比較Okot P Bitek(曾是恩古吉在奈羅比的同事)在烏干達爭取課程改革的奮鬥，Bernth Lindfors 曾記其事，見〈Okot的最後一擊　Idi Amin之後的的一場課程改革嘗試,（Okot's Last Blast:An Attempt at Curricular Reform after Idi Amin)，收於梅斯·耶里奈克等著，《關係的一種形塑》，頁164-170。

(Senghor)所編一本新的文學集子寫的前言，指沙特企圖將黑
文化運動歸入以西方經驗界定的階級鬥爭[72]。法農的異議是雙
重的。第一，沙特代表實際參加鬥爭者界定黑人抵抗運動，
重複了帝國將「他者」同化的原型帝國手法，造成「就在我
努力掌握我自己的存有的時候，沙特這個他者給我一個名
字，粉碎了我最後的幻想」[73]。第二，沙特不但將去殖化的鬥
爭化約成一個比較重要(據說有普遍性的)鬥爭的次要部分，
還進一步否認非西方的解放運動可以有任何抉擇，也否認他
們是出於存在的自覺而參與。結果，沙特的歷史學決定論將
反殖民鬥爭建構成只是由(西方)歷史召喚出來的一個運動，
就像西方的主流殖民論述「引導」非西方世界「進入歷
史」。

　　法農過世二十年，馬克思主義仍是非洲批評家最常指斥
的「激進」西方理論(雖然至今還有其頗富影響力的追隨者，
如恩古吉)。索因卡在《迷思、文學與非洲世界》裡分析非洲
思想界的左派統治(leftocracy)，說非洲馬克思主義大體上明
顯敵視黑文化運動裡的批評家，但他認爲，馬克思主義只是
倒置而未置換這些批評家的論點。依索因卡之見，「新的黑
人意識型態空想家」也是在自我否定，因爲他們「按照外國

72　阿馬德熱衷以馬克思主義解決非西方世界的弊病，很方便地忘記了這
　　些證據。法農與沙特之爭，重演於巴巴對詹明信的異論，見《文學的
　　方位》〈結論〉。
73　法農，《黑皮膚，白面具》，頁137。

主人的形象」製造「救贖轉化的幻想」[74]。1980年代初期，他將注意轉向巴特，將巴特牢牢定位於馬克思主義傳統之內。〈批評家與社會〉承認巴特有效打擊西方資產階級價值，但也嚴厲批評巴特是參與馴化「第三世界」物質鬥爭的共犯（薩依德《世界、文本及批評家》〈旅行的理論〉及阿馬德《理論上》亦作此說，其先聲當然就是索因卡這個論點）。索因卡引述《神話》中的〈酒與奶〉（Wine and Milk）一文說，標題中的酒是阿爾及利亞工人生產的，〈酒與奶〉構成對這勞動的雙重撥用，「先將他的勞動變成知識階級的語言交換，然後為這動作加上一種政治意識。兩種撥用都沒有為這位被他強徵的阿爾及利亞勞工帶來任何具體收穫」[75]。

所以，由以上種種證據可見，論者很早就抨擊西方將其具有歷史、文化及地理特殊性的分析與再現系統普遍化，作為西方支配世界的企圖的一部分。更令人驚訝的一點也許是，有些乍看是後殖民理論特具的戰術程序與觀念意象，在領域內更早的批評家筆下就已出現。史畢瓦克引起很多爭辯的「策略性的本質論」是個例子（前面第三章討論過），「策略性的本質論」在法農在《黑皮膚，白面具》與《地上的不幸者》裡為黑文化運動所作的辯護中已經出現[76]。兩部文本都

---

74 索因卡，《神話、文學與非洲世界》前言，頁xii。
75 索因卡，〈批評家與社會〉，蓋茲《黑人文學與文學理論》，頁35。
76 法農，《黑皮膚，白面具》，頁133-138　《地上的不幸者》，頁179以下。

堅持，爲了脫離殖民政權強加的「同化」過程，進入充分去
殖民的民族文化，以本質論形式界定的「本土」認同是正當
的階段，的確，是必要階段。艾奇比面對黑文化運動的本質
論，又面對西方自由主義裡關於人的觀念，這觀念很吸引
人，但具有高度的脈絡特殊性，而且每每是明目張膽的我族
中心主義，他在其間嘗試折衝一條出路的時候，也使用與法
農類似的論點。在1962年的〈非洲作家與英語〉(The African
Writer and the English Language)裡，艾奇比堅持非洲文學與非
洲認同都有無可化約的異質性，他抨擊有人試圖將兩者的特
徵絕對固定。在三年後的〈作爲導師的小說家〉裡，他討論
黑文化運動所具現的那種視境，則變得較能欣賞那種視境的
戰術長處：

> 大家都聽說過非洲性格；非洲式民主，非洲的社會主
> 義之路，黑文化，等等。這些都是我們造的拐杖，用
> 來幫扶我們再度起來。一旦直起身來，我們就不會再
> 需要它們。但是，目前，事勢如此，我們必須用沙特
> 說的反種族主義的種族主義來對抗種族主義，我們必
> 須不只宣告我們和別人一樣強，還必須宣告我們比別
> 人強[77]。

　　第二個例子是薩依德的「對位法」觀念。《文化與帝國

77　艾奇比，〈作爲導師的小說家〉，Press，《國協文學》，頁204。

主義》提出此一理論，用來克服一些論者在(新)殖民與後殖民化及其出身社會之間建構的二元區分。前面提過，賈叟爾將此法溯源於阿拉伯、伊斯蘭的批評家，但更直接的先驅可以在國協文學批評裡找到。國協文學批評向來強調西方文學與後殖民文學之間的比較，至少從1970年代中期開始，又重視不同後殖民文學本身之間的比較。茲舉古德文的《國族認同》(1970)為例，書中所收的一些文章取尼娜‧包登(Nina Bawden)與大衛‧魯巴德里(David Rubadiri)比較，有的集中於紐西蘭而比較毛利人與帕奇哈(Pakeha)的詩，有的比較孟加拉與英國文學。不過，古德文所集諸文中，可為《文化與帝國主義》的最明確先例者，是哈里斯的〈小說的內在：美洲印地安／歐洲／非洲的關係〉(Interior of the Novel: Amerindian / European / African Relations)一文(文章題目典型顯示哈里斯對比較方法的投入)。比文比薩依德對康拉德《黑暗之心》等文本的處理方式早出二十年。和薩依德一樣(但和艾奇比與〈小〉文幾乎完全同時代的〈非洲的形象〉不一樣)，哈里斯尋求「從一個新層次思考……在這層次裡，雙方的得與失正在開始為我們時代的想像力發揮異花受精的作用」[78]。和薩依德一樣，哈里斯的對位法觀念有個關鍵用意，就是避開文化民族主義擅長的「歸咎政治」。諾貝爾文學獎得主華柯的作品也有可以與此並觀之處，他的批評與創作都尋求援引非洲

78　哈里斯，〈小說的內在　美洲印地安／歐洲／非洲的關係〉，古德文編《國族認同》)，頁145。

／加勒比海的傳統與歐／美傳統。對華柯，以「報復」為基
礎的文化政治不具正當性。[79]

　　本節稍早曾提過，後殖民理論家中，著作與早先的後殖
民批評形式最能一貫並觀者，是巴巴。其最明顯的趨同點不
在我至此一直集中討論的非洲傳統，而在加勒比海批評。(加
勒比海批評家有很多共同的興趣，也有很多可以並擬的觀念意
象，但他們不宜視為一個同質的單位或學派。他們之間的歧異
有的就像索因卡與清維朱及「三頭馬車」之間的歧異一般尖
銳。華柯尖刻抨擊「那指控詩人背判社會的黑人批評家」[80]，
可以理解為抨擊布拉斯維特在《聲音的歷史》(*History of the
Voice*)裡對克勞德‧麥凱(Claude Mckay)與喬治‧康思爾
(George Campbell)所作的價值重估，布拉斯維特在書中指責
兩人採用他們客居的地主國文化的風格傳統與語言規範。國
協文學研究裡已經有人提出——雖然提法相當一般性——這
類著作在戰術層次和巴巴的理論有其可能的比較點。哈根探
索哈里斯的「混種」觀念，並引述《歐洲與歐洲的他者》書
中收錄(巴巴的〈被視為奇蹟的徵象〉一文)，但沒有拿巴巴
給此詞所下定義做一明確的比較[81]。史雷門或許錯失了一個類
似的機會，她在一篇文章中對哈里斯的「曖昧」提出重要的

---

79 華柯，〈曖昧未分之意：序曲〉(What the Twilight Says: An
　　Overture)(1970)，《猴山夢及其他劇本》(Dream on Monkey Mountain
　　and Other Plays), London: Cape, 1972，頁7。

80 同書，頁31。

81 哈根，〈脫離(批評的)〉共同市場，收於《歐洲之後》，頁29以下。

討論，文中援引巴巴的〈再現與殖民文本〉，而沒有引述巴巴早期就此問題提出明確理論的那些文章，像〈另一個問題〉。史雷門討論哈里斯時，主要將哈里斯視為保羅‧德‧曼的解構工作的先驅[82]（史畢瓦克自己的批評當然得助於德‧曼甚多）。

我現在要來追索這些暗示，但這裡可以記一下帕瑞的〈我們時代的徵象〉，才不會以為巴巴為混種所下的定義必然可以描摹到後繼者們的相同觀念上去。帕瑞說，布拉斯維特對「殖民化」的觀念認知到，失落，或華柯所謂「種族的痛苦」[83]，是殖民化過程裡分不開的一部分。對哈里斯、布拉斯維特及華柯，「學舌」是個負面特徵，因為它有時意指（被殖民者）模仿／同化於殖民者的文化，而不是霸權秩序被混種化／本土化。帕瑞此言甚當。如哈里斯所言，由此角度觀之，學舌在某種程度上永遠涉及後殖民主體如何部置他／她「自我殘害與自我批判的能力」[84]。巴巴未曾真正考慮到這些

82　史雷門，〈在後殖民文學裡讀取抵抗〉，梅斯‧耶里奈克等著，《關係的一種形塑》，頁111-112。

83　帕瑞，〈抵抗理論／將抵抗理論化，或，為本土主義歡呼兩聲〉（Resistance Theory / Theorising Resistance, or Two Cheers for Nativism），Francis Barker, Peter Hulme, Margaret Iverson編，《殖民論述／後殖民理論》（Colonial Discourse / Postcolonial Theory），Manchester: Manchester University Press, 1994，頁194；華柯，《猴山夢》，頁5。

84　哈里斯，《傳統、作家與社會》頁67；比較布拉斯維特《矛盾的兆頭：加勒比海的文化多樣性與統合》（Contradictory Omens: Cultural Diversity and Integration in the Caribbean），Mona, Jamaica Saracou，1974，頁6。

影響，這是他的一項缺失，這缺失——前面提過——來自他沒有充分看出學舌是一種有效的殖民控制策略；他認爲學舌是被殖民主體有效抵抗支配者的根據。同樣的，在某些加勒比海「混種」說裡，有時候(不是時時，見下文)有一種綜合性、辯論性及「進步主義」(兼含此詞兩種意思)的目的論，其說堅持文化差異有其不能互約的層面，與巴巴強調防止臣屬文化被含攝於支配者，形成對比。

　　不過，儘管有這些差別，我仍然認爲巴巴的批評與其加勒比海同行的批評之間有許多趨同的層面。例如布拉斯維特的「克利歐化」(creolization)理論，其《克利歐社會在牙買加的發展》(*The Delvelopment of Creole Society in Jamaica*, 1971)中說之極詳，依其說法，這過程與巴巴的「混種化」觀念類似，可以用來防禦支配者的壓迫，尤其支配者透過嘉年華及——特別是——「國族語言」的建構之類文化形式所進行的壓迫。《聲音的歷史》以巴巴式措詞描述這觀念：「一種策略：奴隸被迫使用某種語言，以便僞裝自己……，並保存其文化」[85]。但本章第一節提過，據布拉斯維特之見，「國族語言」也是顛覆支配者的文化最有效的領域。這類抵抗形式和巴巴的「學舌」等過程一樣，透過機動、不可捉摸及不確定等策略來運作。

　　根據一些加勒比海批評家的看法，克利歐化與混種化在結構上有巴巴加以理論化的那種「曖昧」。史雷門在《關係

85　布拉斯維特，《聲音的歷史》，頁16。

的一種形塑》裡指出，這個觀念在哈里斯1960年代的批評著
作裡已有相當的發展。與巴巴特別有關係的一個比較點是，
曖昧是一種把不同各造連在一起的情感反應，即使各造之間
的基本關係是彼此高度衝突的。哈里斯「曖昧」觀念的這一
面，在「骨笛」(bone-flute)這個象徵裡有最引人注意的說
明。骨笛在他的批評與創作文字裡一再出現。(這個母題取自
美洲印地安人的一個習俗，把敵人的股骨上的肉吃掉一部
分，用這股骨做成一支樂器。)依哈里斯之說，這類習俗「關
係著敵我，關係到一種共同的心理。如果不在某種意義上和
敵人具有共同的偏見，我們如何知道敵人在計畫什麼？我們
無法知敵，除非敵人和我們有些共通之處」[86]。布拉斯維特的
《矛盾的兆頭》(1974)也有可以與此並觀的理念。書中有一

86　哈里斯，〈判斷與夢〉，Riach與Williams，《激進的想像》，頁23。
　　根據Paul Gilroy, 1940年代與1950年代，非洲／美國思想家也衍釋愛恨
　　曖昧的模型，可以比較。見Paul Gilroy，《黑大西洋：現代性與雙重
　　意識》(*Black Atlantic: Modernity and Double Consciousness*), London:
　　Vrso, 1993，尤其頁157-163與170-180。哈里斯討論過其中的艾利生
　　(Ralph Ellison)，見《空間的子宮：跨文化想像》(*The Womb of Space:
　　The Cross-Cultural Imagination*, London: Greenwood Press, 1983)頁27-
　　38。法農的《黑皮膚，白面具》，頁139，也引過Richard Wright《本
　　土之子》(*Native Son*)一段文字。相形之下，關於曖昧之情的生產
　　性，索因卡存疑得多。見〈外在邂逅：非洲藝術與文學裡的曖昧〉
　　(The External Encounter: Ambivalence in African Arts and Literature)，
　　《藝術、對話與憤怒》(*Art, Dialogue and Outrage,* Cambridge,
　　Cambridge University Press, 1988)，頁221-246。在這方面，他與清維
　　朱「三頭馬車」也是一致的，雖然他無疑不願被置於他們譴責的「曖
　　昧派」之列。見《西方及我們其他人》，頁314。當中有一章，標題
　　作〈藝術裡的人格分裂〉(Schizophrenia in the Arts)。

章標題是「創造性的曖昧」(Creative Ambivalence)，布拉斯維特在裡面批評西維亞・溫特(Sylvia Winter)將克利歐化的觀念區分成兩面，一面是摹仿的過程，相當於被支配者同化，一面是顛覆的、抵抗的本土化策略。布拉斯維特認為，克利歐化說的力量就在於它同時體現這兩種過程，反映(或產生)了(後)殖民主體特有的複雜情感經濟：「我認為，加勒比海文化的問題與現實在於它曖昧的接受，拒絕症候群，它的心理，文化多元性。」[87]

　　此外，和巴巴文章裡的情形一樣，這些與支配者「折衝」的形式帶來的結果是，本質主義式的認同觀念行不通。對布拉斯維特，克利歐化牽動「許多可能性……及許多肯定認同的途徑」[88]。哈里斯認為，後殖民認同的「無可避免的局部性」使人有力量，使後殖民主題「能透過各種偽裝來說話」[89]。早在1972年，諾貝爾文學獎得主華柯就提出一種認同模型，這模型的基礎原則是「以黑皮膚與藍眼睛」面對世界[90]。哈里斯與華柯都描寫到後殖民情況特有的「文化上的人格分裂」困境，這文化上的人格分裂使被殖民者能避過華柯所謂「帝國主義最保守、成見最深的堡壘」，又不至於陷入「黑人政客

87　布拉斯維特，《矛盾的兆頭》，頁16。

88　布拉斯維特，《克利歐社會在牙買加的發展》，頁310，比較《矛盾的兆頭》頁25。

89　哈里斯，《無限的預演》(*The Infinite Rehearsal*), London: Faber, 1987，頁12與5。

90　華柯，《猴山夢》，頁9。

反動派」所代表的[91]，將西方的種族歧視倒過來但同等僵硬的那種我族中心主義。和巴巴的著作一樣，這些加勒比海批評家有時候也費力將這些種類的「多元認同」從西方社會特有的多元文化主義區分開來。例如布拉斯維特就認為，「多元社會」的觀念是殖民而非克利歐的貢獻[92]。哈里斯有時候似乎提出一種以目的論為基礎的綜合原則來克服《空間的子宮》(*The Womb of Space*, 1983)所謂「征服者的文明遺產」[93]，但他較具特色的是提出一種視境，和巴巴一樣拒斥文化差異原則。象徵這視境的，是哈里斯一再對泰雷西亞斯(Tiresias)這個敘事角色發生興趣，從1970年代到1980年代，這角色都是出現在他的小說與非小說裡。泰雷西亞斯這個角色吸引哈里斯之處是，男性與女性、自然與超自然、生命與死亡這些彼此相反卻相互必要且相連不分的原則之間保持一種富於生產性的緊張，沒有化解成某種穩定的最後綜合。

這三位加勒比海批評家中，與巴巴最多接近點的或許是哈里斯，這裡可以再指出兩人幾個連接點，為本章作結。首先，巴巴的批評文字風格可與哈里斯相擬。里亞克(Riach)與威廉斯(Williams)的《激進的想像》(*The Radical Imagination*)描述哈里斯思想的「繁富螺旋狀走勢，以及他的邏輯那種內在呼應連帶，不斷自我重申與自我修正的性質」[94]，這段描述

91　同書，頁19與27。

92　布拉斯維特，《克利歐社會在牙買加的發展》，頁311。

93　哈里斯，《空間的子宮》，頁xv。

94　Alan Riach與Mark Williams，《激進的想像》〈導論〉。

轉用於巴巴，略無窒礙。此外，兩人都採取難以捉摸的風格，這風格又關係到兩人對寫實主義這種小說模型抱持懷疑，對經驗主義、實證主義的批評模型也共同抱持懷疑。巴巴和哈里斯都認為，「寫實主義是威權主義的」[95]，其中體現著巴巴所稱「教誨」之物所有不吸引人的特徵，尤其是僵固。哈里斯的模型是一種以「無限的預演」為特徵的實驗風格（無論是小說或批評），這模型近似巴巴的「演出」(performative)觀念，在這觀念裡，「象徵」(此詞在兩人手中有時出現差異可觀的意思)那種走向封閉的趨勢被「符號」具有解放作用的不穩定性所打破。在哈里斯的批評裡，再—視(re-vision)的觀念(巴巴有時也以同樣的意思使用此詞)與巴巴的「誤讀」觀念同義。例如，哈里斯說「修正循環」(revisionary cycle)由於「能顛倒某些結構、某些預期」，而使作家或批評家更有力量[96]。

最重要的一點或許是，對巴巴「第三空間」觀念從〈對理論的投入〉一文以降的浮現與發展(前面提過，此文首度援引《傳統、作家與社會》)，哈里斯似乎提供了一個關鍵性的刺激。其他加勒比海批評家也有類似觀念。布拉斯維特提出新詞「介乎之間」(the in-between)(此詞重現於巴巴作品之中)，作為在多種文化之間尋求定位的途徑，這「介乎之間」

95　哈里斯，〈判斷與夢〉，同上，頁26。

96　史雷門引用於〈哈里斯與寫實主義的「主體」〉(Wilson Harris and the 'Subject' of Realism)，梅斯・耶里奈克，《哈里斯》，頁81。

就和「第三空間」相互呼應[97]。不過,還是以哈里斯所說所有相反之物同化時都會產生的「某種虛空」(a certain 'void')或疑慮[98],最接近巴巴那種以意象表現的,每每深入心理層次的「第三空間」觀念。特定而言,「虛」的觀念防止正在被折衝的文化或文化形式達到充分的對等或綜合,因而不至於封閉。在哈里斯的定義下,這「虛」意指巴巴筆下那個防止充分「翻譯」的成分(哈里斯討論跨文化互動時,也一再運用「翻譯」的觀念)。但是,和德希達的膜、在……之間(entre)或界線「非空間」的意象,以及巴巴的「第三空間」一樣,哈里斯的「虛」也是多種文化可以會合之處。借《激進的想像》的說法,眞正的跨文化想像「並不抹煞文化之間的差異」,而是「認可差異,又創造性地打破偏見」[99]。下一章「結論」將嘗試彰明,對跨文化交流的動能的這種表述,不但是巴巴某些關鍵論點的先聲,也顯示了整個後殖民領域目前面臨的一些最複雜的問題。

97　布拉斯維特,《克利歐社會在牙買加的發展》,頁304-305。
98　哈里斯,《傳統、作家與社會》,頁62。
99　哈里斯,〈判斷與夢〉,《激進的想像》,頁20。

結 論
後殖民的未來：分崩離析？

　　本書第一章討論後殖民理論遭到的異議，第五章第一節加以辨析，認爲其中一些異議是可以減輕的，另外一些異議則需要仔細再考慮，而且往往需要修正。第二節認爲，1980年代末期在我(爲了方便起見)所謂後殖民理論與後殖民批評之間逐漸擴大的分裂，完全不是一種必然或具有內在正當性的分裂。我已盡力彰顯，在戰略和戰術層次，這兩個領域之間都有其實質且重要的關連。

　　我深信兩個領域是相輔相成的，而且我意識到，其中一個領域面臨的重大問題也是另一領域面臨的問題，這就更加強了我這個信念。舉個例子，有些抨擊來自英國文學研究領域之外，有幾個學門領域認爲後殖民理論「侵入」它們，而發出抨擊，這些抨擊往往也隱然攻擊後殖民批評的正當性。關於後殖民理論，有一種無知，史畢瓦克可能會稱之爲「受到認可的無知」(sanctioned ignorance)，目前在當代英國文化研究裡仍然很普遍。對後殖民批評，也有這種無知。更有意思的也許是，論者一定有一股懷疑，說後殖民「時刻」已經過去，或者至少說，後殖民研究曾經具備的那股衝力已經消

散了。早在《東方主義》裡，薩依德就警告，對殖民論述的分析如果不再繼續發展，將有提早「入睡」之虞[1]。在《殖民欲望》(1995)裡，楊格認為薩依德預見的危險已經成真。他說「對殖民論述的分析，作為一種方法與實踐，已經到達陷入僵滯的危險階段，在取徑上⋯⋯和它所分析的殖民論述一樣物化」[2]。霍爾(Stuart Hall)的〈「後殖民」是何時？」(When Was 'The Post-Colonial'?)(請注意他用過去式)則認為，這個領域現在陷入的僵局來自從事者未能做到充分學門交流，未能從一個基本上屬於文學性的關懷焦點跨出，去接觸經濟學與社會學等學門，這些學門處理全球化的物質運作與文化後果，處理方式與後殖民研究的習慣作法十分不同。[3]

關於後殖民研究現況之辯，調子是有點悲觀的，在某種程度上，這或許反映了當代文化批評裡一種更普遍的氣氛。首先，對「高」理論有愈來愈不再著迷的跡象，而且不僅文學研究領域為然。此事反映於好幾方面，包括其支持者與鼓吹者收回或大幅修正他們先前的熱心，一個顯著的例子是諾里斯(Christopher Norris)的《不批評理論》(Uncritical Theory, 1992)。1990年代初期以降，對1970年代末與1980年代初浮現的新政治批評形式也有一股反動，對這些批評形式所突顯的

1　薩依德，《東方主義》，頁327。

2　楊格，《殖民慾望》，頁164。

3　Stuart Hall，〈「後殖民」是何時？〉，Chambers 與Curti，《後殖民問題》，頁258；這個領域勢窮的問題，Ronald Warwick評《史畢瓦克讀本》的文章裡也可以見得，'Inarticulating the Inarticulate', *The Times Higher*, 12 July 1996, 頁21。

性別、階級和種族議題有一股疲意，一個例子是蘭特利西亞
(Frank Lentriccia)1996年的〈一個前文學批評家的遺願與遺
言〉(The Last Will and Testament of an Ex-Literary Critic)。在
文學研究上，這種發展的一個症候是傳統的文學史有點復成
時尚，對比較沒有那麼政治化(但仍然重要)的價值與倫理之
類議題也有愈來愈多的處理。

　　這些因素之外，當然有些證據顯示後殖民理論似乎喪失
了它一些原有的激進性與幹勁。前面提過，《東方主義》曾
經那麼斷然告別西方學院內部的(新)殖民主義文化傳統研究
模式，但他已經收回書中許多論點。《文化與帝國主義》有
時候似乎想把塑造這些舊有分析形式的成分(以及它們底下的
價值)拿出來重新裝潢一下。這方面最引人注意的是，薩依德
有意推廣一種新的全球「共同文化」，於是回頭重尋艾略特
與阿諾德的批評，用來組構對這共同文化的研究。史畢瓦克
的一些近作比起她1990年為止的著作，也似乎令人失望。她
也在修正或收回如一些最為人稱道之作，像〈底層人能說話
嗎？〉等。她晚近多篇文章則似乎在補充而非真正發展或延
伸她早先的立場。同時，巴巴對他自己的論點加以哈里斯所
說的「重一視」，還是直接了當的回收，似乎也不易分辨。
我在前文說的巴巴第二段最重要之作〈後殖民與後現代〉，
在1992到1994年的十八個月內，以三種不同的題目刊行，內
文幾乎一樣。(這似乎有點諷刺，巴巴此文的一大論點說，
「重複」是西方「象徵性」體制的一個文化標記。)1995年當
代藝術研究所(Institute of Contemporary Arts)的法農會議上，

巴巴在他早先對法農的分析之外，好像再無話說(也沒有收回什麼)，他另一篇近作的標題〈再度打開我的藏書〉(1995)，所流露的疲態或許也是這整個領域的氣象的一個徵狀。[4]

不過，這樣的診斷可能是沒有必要的悲觀。(此書接近尾聲，我也有筋疲力竭之感，我意識到我可能把自己這種氣力放盡之感投射於「神聖三位一體」了。)其實，這三位批評家都曾發出訊號，說具有實質的新作正在路上。此外，我們可以說，後殖民理論協助建立了一些探討領域、觀念架構與戰術程序，目前正被新一代仍然在陸續浮現的批評家做各種延伸、挑戰或修正。相形之下，更廣的後殖民批評領域似乎和1960年代以來一樣生氣活潑，就是受到領域內外後來的發展可觀壓力的地方亦然。此所以吉爾蘭1989年評論國協文學研究時，說「它們情況良好，仍在向前走」[5]。我們當然也可以說，後殖民領域有待努力之處甚多。關於西方文化——尤其是都會正典——在(新)殖民主義的歷史裡扮演的角色，已有的研究成果尚有延伸的餘地。我已提過，階級問題尚未受到充分考慮，就是在對殖民論述的分析裡亦然，更廣大的後殖民領域則對通俗文化尚無充分思考。在英語世界與非英語世界的比較，以及以都會語言寫成的作品與以地方語言寫成的作品的比較方面，也有很多工作可做。而且，如霍爾所說，跨學門的工夫也有待發揮——雖然與文學研究相鄰的領域抱

4　見於Chambers and Curti，《後殖民問題》，頁199-211。
5　吉爾蘭，〈一個殖民地人做得到的事〉，Maes-Jelinek等，《關係的一種形塑》，頁17。

著我在第一章討論的那種敵意。從這些角度看來，後殖民研究可以說才剛出發，下焉則可以說，後殖民研究才剛完成其第一階段的發展，如今正在集中精力從事更新的努力。最後，這個領域無論現在面臨什麼難題，我們都不應小看後殖民研究既有的可觀成就。如第一章所言，1970年代以來西方研究文化生產的傳統方式改變，它們扮演了重要的促變角色。特定而言，文化生產與種族、帝國及族裔議題之間的關連所以比1970年代中期以前更為人所見，它們也發揮了決定性的作用。

　　基於這些理由，我覺得後殖民研究現在面對的最迫切難題不在於它們失去它們原有的衝勁，也不在於如今出現了比從前更有批判力的讀眾，而在於「後殖民」的多重歷史與社會脈絡所產生的種種議題，以及「後殖民」因此而置身其中的多樣文化形式與批評模式。前面提過，在認同、地理、歷史、政治定位、文化關係、學門形構及批評實踐方面，什麼是、什麼不是真正的後殖民，都有相當程度的爭辯。這辯論有很多十分正當，而且的確必要，但這些分類也有其不那麼有益的一面(這些分類通常出自在西方工作的批評家之手)，令人不舒服地呼應著將從前的被殖民者分門別類的那些制度，弄出新的「良民」階級，用新的納入／排斥來取代舊的納入／排斥。基於第一章裡提出的理由，我認為談(新)殖民主義文化，應該盡可能維持一種廣義而彈性的觀念。根據此理，我認為後殖研究最急迫的課題是如何將這些多元後殖民認同之間的關係，以及它們所產生的各種文化形式與文化分

析模式觀念化。與這個問題緊連不分的是，充滿複雜變化的後殖民認同和文化／批評生產模式，與根據差異甚大的社會與歷史經驗——尤其在性別、階級、性方面——而構成的群體與文化／批評形式之間的關係，應該如何加以理論化。

本書的一個主題是，艾奇比、索因卡和哈里斯這邊，與薩依德、史畢瓦克和巴巴這邊，在戰略與藝術層次雖然有其重要的相通之處，但是，對於他們共通的主題、戰略、戰術程序和分析觀念，他們在理論、表述及部署上都各有言外深意，也都各有差異，這一點永遠必須記住。《理論上》與《歐洲之後》等文本雖然在某些範圍內有其窒礙，但它們的優點是突顯了領域內部辯論的程度與強度，辯論的議題十分多樣，包括這個領域的文化、政治關連，以及什麼是它最適當的研究對象、方法論、生產基地及觀眾。薩依德與艾奇比之間關於康拉德地位的歧見，或者史畢瓦克與巴巴兩人與一些國協文學批評家之間有時很明顯的敵意，都有益地提醒我們，過早將兩個層次領域合為一談，有其危險。對各個次領域內部，這警告也適用。由這角度看來，後殖民理論最令人驚訝的一點或許是，薩依德、史畢瓦克與巴巴之間彼此援引參考真是微乎其微。後面兩位都承認薩依德在這個領域裡的開山地位，但兩人所走的方向不但每每與薩依德的理念與方法判然有別，兩人之間也每每截然不同。在三人都偏愛的「高」理論上特別如此。關於傅柯與德希達的價值，薩依德與史畢瓦克看法非常不同，尤其在1980年代；史畢瓦克與巴巴則對拉岡、馬克思及克莉絲蒂娃能否應用於後殖民關切之

事，出現強烈歧見。(這也有用地提醒我們，「高」理論本身
的關心之事、觀念與程序在根本上往往十分異質，指斥其對
後殖民理論的影響者好像視之爲一塊鐵板的統一體，其實不
然。)後殖民批評裡也有類似差異。索因卡與清維朱「三巨
頭」間的爭議，法農對黑文化運動之爭，或華柯與布拉斯維
特關於「民族語言」重要性的歧見，證明在一個特定的歷史
時刻，即使同一個民族或地區傳統內部也會有衝突。

　　要尊重這些歧異，又要迫切團結來打破文化(與政治)解
構所面對的障礙，並不容易，加上我──轉借蓋茲──所謂
「邊緣的繁增」(multiplication of the margins)，更難上加難。
在1992年的文章〈非美批評〉(African American Critism)裡，
蓋茲認爲，每個新的「邊緣」都透過一個雙重過程發聲，亦
即其自我界定的方式不但是反對一個壓迫性的中心，也反對
與此中心直接相鄰的那些「邊緣」。這些邊緣不但可能變成
本質化和物化，有時候還被指爲一種新的中心。在蓋茲討論
的脈絡裡，非美女性的批評不但極力反對她們所謂蓋茲之類
男性非美批評家的父權觀念[6]，也極力反對白人女性主義與白
人父權。女同性戀非美批評則反對那些抨擊蓋茲的女性主義
批評家所持的異性戀觀念。後殖民領域裡，我想得到的每一
個發展都可以看到類似的現象。舉個例子，1970年代，國協
文學研究出現一種新的比較方法，使用一種新的典範，將英

6　例如蓋茲與Joyce A. Joyce間的爭議，《新文學史》，18.2, Winter
　　1987。

國剔除，不再以英國爲參考中心，國協文學研究或明或暗逐
漸排斥英國學者，說他們代表傳統文學研究「中心」的壓迫
價值與我族中心方法。但國協文學研究的這個新典範後來也
受抨擊，新典範強調不同文學之間的比較，抨擊者說，這項
強調是一道障礙，使人對新近發展的個別民族傳統不能加以
應有的注意。的確，後殖民理論與後殖民批評之間的這道隔
閡（兩邊都在不同時刻建構了這道隔閡）也大致可以視爲同樣
過程的一個徵候[7]。

　　要尊重差異，又要強調連接點以及有志一同，是一道兩
難式，反映這兩難式的，是後殖民領域裡，關於文化認同與
政治定位，有兩個看來不能相容的模型，這兩個模型導致一
些衝突與矛盾，在本書討論的三位後殖民理論家的著作裡都
可以看到，在他們一些批評者的著作裡也可以看到。於是，
阿馬德想把《東方主義》擺在一種具有「基本教義派」認同
觀念的文化民族主義裡。例如，《理論上》說，薩依德此書
「投合一種最濫情、最極端的第三世界民族主義」而成其大
名。據阿馬德之見，薩依德將東方與西方的差異本質化，並
且否認任何西方人有能力就東方作信實的再現，他們充其量
是將帝國主義知識論所賴的二元階段對立倒過來，卻任其邪
惡的邏輯屹立如故。同時，阿馬德認爲有人天眞支持去中心
主體的理論，他敵視這種天眞。阿馬德對（移民）後殖民知識
分子──無論是批評家或藝術家──一般都抱持懷疑，這股

7　阿馬德，〈《東方主義》之後〉，《理論上》，頁195。

懷疑的基礎就是上述這種敵視；他認為，（移民）後殖民知識分子過早與其出身的文化切斷關係，錯失了對抗霸權的一個關鍵著力點。例如，在阿馬德眼中，魯西迪對第三世界的視境是失敗的，這失敗可以追溯於「一種絕望美學，而這絕望美學來自他將無歸屬（unbelonging）過度英雄化」[8]，魯西迪因此而不能充分認知民族解放運動或階級連線的跨國合作帶來的那種再生共同體計畫。阿馬德也指控薩依德未能充分認知民族主義作為集體對抗支配者的正當性[9]。阿馬德將《東方主義》解讀為一個本質上屬於後結構主義的文本，其讀法基礎在此；另一個基礎是他認為此書主要說的是論述的本質。

阿馬德的解讀矛盾而不能成立，不過阿馬德的批判事實上又反映薩依德思考上的一個斷層。一方面，薩依德支持並參與巴勒斯坦的建國運動，他清清楚楚投入一種以一個清楚明白的國族認同為基礎的反抗政治。在〈美國知識分子與中東政治〉（American Intellectuals and Middle East Politics）與〈C. L. R.詹姆斯：藝術家而為革命家〉（C. L. R. James: The Artist as Revolutionary）諸文裡，薩依德認知到，被壓迫族群必須能夠環繞一種群體的認同政治來組織，並且擁抱民族解放這個主敘事。另方面，特別是最近幾年，他嚴厲批評本質論的認同模型，認為這些模型導致民族與文化之間的差異被物化。〈一種差異意識型態〉（An Ideology of Difference）與〈再

8　〈魯西迪之恥〉，同書，頁142。
9　〈導論〉，同書，頁12。

現被殖民者：人類學的對話者〉(Repres enting the Colonized:
Anthropology's Interlocutors)等文章認為這類思考方式純屬反
動，終究而言是在加強(新)殖民論述的那些認定——諷刺的
是，這也正是阿馬德對《東方主義》的指控。在1989年和史
普林克的談話裡，薩依德對這一點十分直截：「這整個講分
離和排斥和差異的意識型態——當前要務是反擊這種意識型
態。[10]」霍夫斯比安(Nubar Hovespian)有用地提醒我們，薩依
德看起來有意和以色列達成諒解，一些巴勒斯坦宗派曾表示
敵視，霍夫斯比安並且認為《巴勒斯坦問題》(The Question
of Palestine) 也 可 以 詮 釋 成 〈 和 解 論 〉(An Essay in
Reconciliation)[11]。所以，帕瑞意識到薩依德論點裡有一個根
本上的衝突，她這意識是有些道理的。

> 薩依德之作來回於兩種立場之間，一種立場保存被支
> 配民族所發明的共同體主體性的某些結構，另一立場
> 將這主體觀念化成分裂、不固定、散布的，並且認為
> 本質論主張延續整體文化傳統與超越性的本土自我，
> 而堅定不移地敵視這些主張[12]。

巴巴與史畢瓦克之作也出現同樣這種衝突。一方面，巴

10　Wicke與史普林克，〈薩依德訪談〉，史普林克《薩依德》，頁242。
11　霍夫斯比安，〈巴勒斯坦的關連〉(Connections with Palestine)，史普
　　林克，《薩依德》，頁11。
12　帕瑞，〈重疊的領土與交織的歷史〉，史普林克《薩依德》，頁30。

巴堅持一個原則，亦即必須尊重文化差異與「不可翻譯」的
認同元素。借用他在內涵及其巴洛克風格都得力於拉岡甚多
的說法，要做到這一點，必須認知「文化符號的起源與重複
中的不一(the not-one)、負號(the minus)，倍增而不變成一團
相似的東西」；文化差異有別於文化多元主義之處在此，文
化多元主義是「假平等主義——將不同的文化據在同一時間
裡」；文化差異論有別於文化相對論之處也在這裡，文化相
對論的基本看法是「將不同的文化時間性擺在同一個『普
遍』空間裡」[13]。另一方面，巴巴值得一提的是，他的著作持
續批判文化民族主義或分離主義的知識論與政治觀；巴巴不
斷衍釋「介乎之間」、「混種」及「第三空間」之類觀念意
象，即由此而來。相形之下，尤其是她1980年代的著作，史
畢瓦克比較強調必須不斷認知異質性，而且為了支持其說，
而提出充滿問題意識的「完全的他者」這個觀念意象，用來
防止底層人之類社會範疇過早被納入支配性的階級形構與社
會認同觀念。正如史畢瓦克有力的說明，一旦——例如——
性別議題再加進來，這根本的異質性就更加複雜。另一方
面，我們可以說，「底層人」一詞本身事實上也有同質化的
傾向，「部落」、都市在家工作者及無組織的鄉村農民之間
當然有無法在此詞之內折衝掉的差異。但是，史畢瓦克在
〈底層人能說話嗎？〉結尾將巴杜莉這樣的中產階級女性的

13　巴巴，《文化的方位》〈結論〉，頁245；關於前一點，比較拉岡，
　　《心理分析的四個基本觀念》，頁18與184-185。

經驗拿來等同於底層人的經驗的時候，異質性原則明顯是可以折衝的，而且，為了在有差異地邊緣化的群體之間推動共同聯盟，這原則(依史畢瓦克之見)可以正當置換。在史畢瓦克比較晚近的著作裡，這兩種取徑之間的緊張甚至更加明顯，《局外於教書機器之中》警告不要增加差異，《史畢瓦克讀本》則呼籲更加注意後殖民形構的異質性[14]。

這些認同觀念的差異，事實上貫串了整個後殖民文化史。關於如何表述不同後殖民形構與文化／批評實踐之間的關係，以及如何表述其他各自有其文化／批評實踐的社會群體之間的關係，各個不同的認同觀念都帶來不同的影響。至少從1990年以降，影響最大的一個模型強調認同的多元性與差異性，並且透過各種版本的混種觀念，強調後殖民形構——及此外其他群體——不同層面之間的互補性，從而嘗試由此從事建構。各式各樣的後殖民批評都偏愛這個取徑，上一章分析的加勒比海傳統即是。不僅如此，目前在後殖民理論界占主導地位的，也是這個取徑。舉個例子，薩依德不斷援引——連《東方主義》某些段落亦然——一種基本上導源於西方自由主義「人類一家」模型的多元主義視境，作為超越「歸咎政治」之道。不過，《文化與帝國主義》也說明白，不可能再回到舊日西方學院派自由主義傳統那種假普遍主義與多元主義了。對位法所關連的解放政治，與當前由「世界

14　史畢瓦克，〈一言以蔽之〉(In a Word)，《局外於教書機器之中》頁18-19；史畢瓦克，〈連繫於差異〉，《史畢瓦克讀本》，頁25。

新秩序」所代表的地緣政治安排是相互敵對的，而且尋求認知並接受文化差異，而不是抹滅文化差異，或將文化差異納入凌掩一切的白人西方中產階級男性符號之中。薩依德使用過的一個生動意象值得再提一次，他說，「對位分析不應(像早先的比較文學概念那樣)以交響曲爲模型，而應該以一種無調性的合奏爲模型。[15]」薩依德有意重構「人文主義」來超越西方與非西方的二元對立與對抗，這也是很多早期後殖民分析的一個特徵；例如，桑格爾、塞瑟爾、法農——薩依德在《文化與帝國主義》裡自承這方面汲源於法農[16]——及艾奇比相繼走向這種觀念。哈里斯說，人文主義儘管在歷史上是殖民史的共犯，但人文主義「可能作新的爆發」，可能走入一種「質變」過程[17]。這類說法表示，現在需要的不是把抽象、唯心的「普遍人」(Universal Man)加以整修推出，而是一種具體、多重認同的意識，這意識或者可用「全球(化的)人」的觀念來代表，這觀念可以顯示——無論多拙地顯示——一個事實，即這範疇是由歷史過程建構的，而不是直接由上帝指尖一點就蹦出來的。

　　這條路對領域裡許多人雖然很有誘惑力，而且對我在本書裡的取徑也有啓發，不過，強調混種與多元認同，也產生一些重大問題。薩依德的重建版人文主義引起楊格與帕瑞等人相

15　薩依德，〈向正統與權威挑戰〉，《文化與帝國主義》，頁386。
16　同書，尤其頁258；比較法農《地上的不幸者》頁165與251以下。
17　〈哈里斯訪談〉，《激進的想像》頁40-41。

當多批評，他們指他「傾向於墜入一種濫情的人文主義」[18]。薩依德雖然明顯是在撥用並「誤讀」此一觀念，使之脫離其習慣用法與其傳統上的政治／文化意思，但這樣的重新定義的確有弱點，從性別角度來看尤然(法農在《地上的不幸者》末尾以更為男性的觀點所下的重新定義也是如此)。薩依德好心的視境忽略了一個困難，亦即參考一個大致上以西方正典為基軸的文化觀念來創造全球團結，是有窒礙的。他自己曾花大工夫指出，在漫長的壓迫歷史裡，西方正典是共犯，但這回《文化與帝國主義》說壓迫者和被壓迫者可以合力創造一種「共同文化」，而邀請被壓迫者將這正典視為這共同文化的一個構成要素。

第二個問題是，如前面第四章所言，「混種」一詞的觀念力量來自一個假定，就是世上有「非混種」文化存在，但這存在至今沒有人能證明。無可避免地，有些說法傾向於多多少少隱然將中心(及第三世界，只是程度較輕)同質化，將之造成一塊鐵板似的，這些說法也因此根本不符現實(薩依德處理各國有別的東方主義傳統，沒有充分辨別其差異，巴巴建構殖民者的認同與心理，認為這認同與心理不受性別和階級限制)。事實上，中心有些文化在歷史上就以其混種自豪，美國的立國箴言「合多為一」即是一例。楊格在《殖民慾望》裡也有力說明，阿諾德——一如當代任何人——支持混

---

18 帕瑞，〈重疊的領土與交織的歷史〉，史普林克，《薩依德》頁30；比較楊格《白人神話》頁131-132。

種，並且認爲這是英國文化的特徵。同時，經常與當代混種
理論俱來的那種中心觀念似乎也有不宜，因爲當前與國際分
工連在一起的經濟配置，其力量就來自一項事實，亦即「中
心」已經在相當大的程度上被去中心。阿馬德說的沒錯，他
堅持資本及其運作已經全球化，舊有的中心／邊緣模型——
有些混種理論仍然繼續重用這模型來做「介乎之間」的理論
工作——因此已不再有它從前擁有的觀念力量。在階級、性
別，甚至(現在)族裔的認同上，中心既和「邊緣」一樣異
質，對立聯盟的陣列在潛在上就變得無限複雜，各個族群可
能一時屬於「中心」，一時又屬於「邊緣」，有時又同時既
在中心，又在邊緣。(中心與邊緣位置多變的情形，在「單一
議題」的選戰裡有生動的表現。例如，由於反對興建紐百瑞
外環道，本來不可能合作的下層階級與上層階級聯合起來反
對堆土機。)

　　此外，對文化混種的稱頌，很可能掩飾著一種新的階級
體系——或者說，持續舊有的體系，只是換上新的外裝。迪
爾力克警告，《哈佛商業評論》(*The Harvard Business
Review*)鼓吹全球混種化，熱心數一數二。這警告是對的。當
前有些理論可能沒有充分考慮，混種在歷史上爲什麼一向是
爲支配者之利而部署的。就這層意義而論，殖民論述中使用
的混種觀念與當前的(新)殖民部署之間，可能有其一脈相承
之處。在殖民時期，混種論述有兩大運作方式。第一，臣屬
社會形構的混種與多重性質被用來爲中心權力服務，說中心
權力作爲一種「統一」的力量，是正當的；印度明顯就是如

此，文學文本如泰勒(Meadows Taylor)的《惡棍告白》
(*Confessions of a Thug,* 1839)，與吉卜林的《奇姆》(1901)，
兩作差異甚大，而旨趣相同。(當前有人力言世界新秩序「需
要」美國領導，可以與此相擬。)第二，透過涵化方案——最
惡名昭彰的代表是麥考萊的「滲透」理論——文化混種成為
一種社會控制的手段：由製造共犯，即「學舌人」，來達到
這控制。這使我們想起，在(新)殖民階段開始後，控制就移
交給臣屬文化裡混種程度最高的一批人，也就是民族資產階
級。這也給我們又一個警告，「混種」本身的壓迫性，和它
所反對的所謂單文化體制是會不相上下的。這個問題在布拉
斯維特的批評裡可以找到說明，特別是在他的克利歐文化觀
念裡。布拉斯維特雖然認知加勒比海認同與文化是由多重文
化交流所建構，但他筆下有一個清楚的含意，說印度與中國
文化比較晚到，其貢獻的重要性次於黑人與白人文化之間接
觸造成的克利歐化[19]。另外，如布朗(Bev Brown)所言，布拉
斯維特的「太陽美學」(sun-aesthetics)對女性在去殖民化世界
裡遭遇的問題略無所覺——甚至可以說為問題火上加油[20]。
(巴巴談混種化時，其擺平性別——與階級——認同問題的方
式也有同樣的毛病，此點前面第四章已提過。)

19　布拉斯維特，《心聲歷史》，頁13與25以下。

20　布朗, 'Mansong and Matrix: A Radical Experiment', 收於Kirsten Holst
　　Petersen與安娜‧魯瑟福《雙重殖民化：殖民與後殖民女性書寫》(*A
　　Double Colonization: Colonial and Post-Colonial Women's Writing*),
　　Mundelstrup: Dangaroo, 1986，頁68。

　　訴諸反本質論的後殖民認同模型，還有其他窒礙。首
先，混種論或許沒有充分認知有人反對它所銘刻的視境。在
一些混種理論預期的新布局裡，是不是所有「基本教義派」
或「分離主義者」都要被剝除權利？尊重文化差異也牽涉另
外一些問題，這些理論或許也沒有充分看出來。一位在西方
工作的「自由主義者」，如何來折衝非西方社會的童婚、多
妻及割除陰蒂等問題？反過來說，西方社會以切除子宮來治
療抑鬱症，以及老人受忽視，或(兒童)色情等問題，非西方
人如何來「折衝」？混種論述所提的那種多元聯盟，建構起
來有其困難，論者或許也低估了這些困難。薩依德最近承
認，要建構他希望的那種「相互交織、相互依存、相互重
疊」的聯盟，有其實際上的困難；他說：

　　這些運動似乎(至少我覺得)沒有幾個有興趣，或有能
　　力和自由來超越他們的地區環境。你如果是菲律賓、
　　巴勒斯坦或巴西反對運動的一部分，你就必然受限於
　　日常鬥爭的戰術與作業要求[21]。

　　有些混種理論可能還低估了弔詭地與當代全球化過程一
同出現的分離主義傾向。許多觀察晚近歷史的人察覺一個流
向，不是朝和解而去，而是走向更大的社會與文化分裂，而

21　薩依德，'Figures, Configurations, Transfigurations'，收於Rutherford，
　　《從國協到後殖民》，頁11-13。

且就在西方內部。庫雷西(Hanif Kureishi)《黑本子》(*The Black Album*, 1995)的敘事者夏希德(Shahid)之言可爲典型：

> 在這一帶走了幾天，他注意到種族各分彼此。黑人小孩黏在一起，巴基斯坦人串自己人的門子，孟加拉人相互都是老交情，白人也只和白人是老朋友。這些族群之間即使沒有敵意──其實有很多敵意──也很少往來。情況會不會改變？怎麼變呢？一些個人會在這上面努力，但世界不是正在分裂，各成政治和宗教部落嗎？分裂被視爲理所當然，各歸各的族類[22]。

後殖民文化與批評中反覆出現的第二種本質主義認同論的吸引力，在此得到證實。巴巴聲稱本質主義的認同觀念在當前的辯論中已不再有任何眞正的價值，然而這觀念或許在早先比較有影響力，但到今天也仍然是興盛的。由貝克(Houston A. Baker)《藍調、意識型態，及非美文學：一種方言理論》(*Blues, Ideology, and African-American Literature:A Vernacular Theory*,1984)，與克林頓‧M‧讓(Clinton M.Jean)《歐洲中心主義面紗背後：追尋非洲現實》(*Behird the Eurocentric Veils: The Search for African Realities*, 1992)的那種分離主義可見，與清維朱「三巨頭」(及更早一代，黑文化運

---

22 庫雷西，《黑冊》(London: Faber, 1995)，頁111；關於對非西方城市的類似視境，見Geok-Lin Lim，〈社會抗議與追求成功的動機〉(Social Protest and the Success Motif)，《從國協到後殖民》頁282-9。

動的一些人)相連的那一脈批評，至今仍有頗具影響力的信
徒。這類「反過來的我族中心」特殊主義的痕跡，甚至在比
較關心普遍性的批評家筆下也可以看到，像蓋茲。蓋茲早一
點的批評之作如《黑色形象》(*Figures in Black*, 1987)，或
《能表意的猴子》(*The Signifying Monkey*, 1988)，大體上是綜
合主義傾向，但是，在收入詹穆罕默德與羅伊德合編《少數
論述的性質與脈絡》(1990)的文章裡，蓋茲說，「最後，我
們必須戴上使人有力的黑種面具，說**那種**話，黑人與眾有別
的語言」：

> 解構與其他後結構主義，甚至非種族的馬克思主義和
> 「歐洲―猶太思想中的其他信條」，都竭盡其力於一
> 種固執己意的種族異境之中，在那裡面，我們看不見
> 我們黑人面孔的真實反映，也聽不到我們黑人心聲的
> 回響，讓我們――好不容易――精通非洲和非美批評
> 傳統與語言的正典吧[23]。

　　文化民族主義的論述與政治能夠繼續擁有吸引力的理
由，我們的確必須承認。首先，在協助結束正式殖民主義時
代這件事上，文化民族主義證明極為有效。在類似的被壓迫
情況仍然存在之處，無論是在西方或非西方世界，這類論述

23　H. L. Gates jr.,〈權威、(白人權力)，與(黑人)批評家：我全都鴨子聽
　　雷〉(Authority，(White Power), and the(Black)Critic：It's All Greek to
　　Me)，見《少數論述的性質與脈絡》，頁89。

再度浮現，實無足爲異。舉個例子，由於美國主流社會那麼多人對美國黑人出頭獲得公民身分抱持抵制，1960年代的黑人藝術運動走上文化民族主義之路，也是不待解釋的。（同理，西方急著譴責法拉罕（Louis Farrakhan）等當代分離主義者或伊朗教士的「基本教義主義」，卻完全忘了自己也難辭其咎，西方創造了極端剝削與歧視的環境，引起憤怒與絕望，產生這類「拒斥主義」。）此外，資本在新殖民時代雖然可能分散，但中心仍然透過民族國家或民族國家的聯盟爲媒介，行其政治運作。因此，在抵抗由支配者主持的全球秩序方面，文化民族主義仍然能扮演有效角色。

不過，特殊主義明顯有好幾個危險。首先，反對運動在根本上仍然是分崩離析的，它們有其文化差異，也嘲刺彼此的差異，「中心」大致上可能我行我素。分而治之畢竟是殖民管理的一項關鍵策略。這個政策所根據的前提當然是，被支配民族有所謂難以調和的「他者性」，不但與支配者無法調和，受支配之間也無可調和（種族隔離政策讓各族分別發展的「邏輯」，即說之甚明）。特殊主義在新殖民時代裡正中支配者下懷，可以從「純正」變成風行商品這一點看出來，亦即西方消費者每每要求（像《黑暗之心》裡的馬羅，只是他是無意識地這麼做），第三世界的文化、民族和地方盡可能是「本來面貌」和「尚未破壞」，這種論述在觀光業特別明顯。庫雷西《黑本子》裡，夏希德的父親在肯特經營旅行社，就靠顧客這種新原始主義的渴望討生活。連夏希德那位所謂「另類」且「好心」的朋友史特拉波（Strapper），也要求

純正原味，他的要求也是濫情但帶有強制性的：

> 「我以爲你愛亞洲民族。」
> 「太他媽的西化，我就不喜歡了。你們現在都想變成和我們一樣。轉錯方向了。」[24]

　　此外，文化特殊主義的一個弔詭是，文化特殊主義的成功，隱然取決於中心繼續保有權威。德希達警告過，以直接對立或對抗的方式來將中心去中心化，可能同時又使中心再度成爲中心[25]。夏希德也看出，在某些情況下，「邊緣」甚至有成爲「中心」的一部分的危險；他說，在新殖民的都會裡，「沒有比局外人更時髦的東西」[26]。

　　再者，對於後殖民或少數分裂成一連串彼此競爭甚至相互敵視的社會與文化形構，特殊主義的結果是把這分裂當成必然之勢，甚至可欲之勢來接受。對於這些碎片與其他文化、社會及政治群之間的關係，特殊主義的立場也類似。如果這些碎片之間的差異是建立在其本質上，那麼，它們和其他以階級、性別與宗教爲組織基礎的群類就很少有結合的可能性。我這本書嘗試突顯各種後殖民與少數形構及其文化／批評實踐之間的相續相通之處，但薩依德說的「差異意識形態」淡化這相續相通的充裕證據。蓋茲有時候誇大黑人詩學

24　庫雷西，《黑冊》，頁162。
25　德希達，《論書寫學》，頁302。
26　庫雷西，《黑冊》，頁145。

的特異之處，就是例子。他指出黑人詩學有「指意」（Signifying）與借喻（troping）等特徵，其實，女性主義與後殖民批評和和創作在廣義上明顯有類似特徵[27]。

這些因素導致法農、艾奇比、史畢瓦克等批評家提出一種「中間」的後殖民認同模型，史畢瓦克稱之為「策略性的本質論」。比起文化民族主義與混雜論的一些版本，此說有許多優點。首先，此說容許本質論觀念作為——至少——文化去殖民過程中一個必經階段。伊戈頓有一段話，與上述諸人的論點有些呼應之處：「希望階級或國家消失，試圖**現在**生活於不可化約的差異之中，正中壓迫者下懷」：

> 性政治，和階級或民族主義鬥爭一樣，會因此必然陷在它希望最後能消滅的那些形上範疇裡；任何這種運動都需要一種困難、甚至根本做不到的雙重視覺，既在已經被敵人標明的地勢上作戰，又要在那現世戰略之內預啟他們還不知道如何給個名稱的存有和認同風格[28]。

27　蓋茲過當之處，可見《黑人文學與文學理論》，頁285與313，及《能指意的猴子》，頁79。

28　伊戈頓，〈民族主義：反諷與投入〉（Natonalism：Irony and Commitment），見伊戈頓等編，《民族主義、殖民主義與文學》，頁23-24。比較法農關於去殖民化鬥爭（同等必要的）三階段的論點，《地上的不幸者》，頁175以下；及布拉斯維特，《矛盾的兆頭》，頁61。比較Gilroy與此相連的「立場戰爭」論，《黑大西洋》頁27-31。

　　本質論模型所能提供的是一種帶有弔詭的臨時性的「主
敘事」，但是，沒有在策略上投入這種主敘事，正在浮現的
後殖民文化形構很可能面臨的若不是被中心收編於一種更大
的，官方的多重文化主義，就是消失於伊戈頓和史畢瓦克所
說的，傷害一樣大的「早產烏托邦主義」(premature
Utopianism)之中[29]。一些西方批評家現在也開始以正面角度重
視評估文化民族主義及其批評模式，認為它既能匡正一些比
較不牢靠的文化多元主義版本，在提供一種連貫的抵抗政治
上也有其優點。[30]

　　同時，「策略性的本質貿論」似乎提供一個將後殖民和
其他社會動員形式與文化／批評生產之間的關係觀念化的途
徑，這條途徑能夠避開領域外面的人晚近就不同種類「邊
緣」之間團結的可能性進行理論化時陷入的那些危險。例
如，拉克勞(Ernesco Laclau)與莫夫(Chantal Mouffe)說：

　　　　民主鬥爭的強化，需要將對等之鏈(chains of
　　　　equivalence)擴大，延伸到其他鬥爭。例如，反種族主
　　　　義、反性別歧視與反資本主義的對等表述需要一
　　　　種……對等邏輯……推到終極而言，這對等邏輯的意

29　伊戈頓，〈民族主義、反諷與投入〉，頁24。

30　帕瑞，〈抵抗理論／將抵抗理論化，或，為本土主義歡呼兩聲〉，
　　Barker等，《殖民論述／後殖民論理》，頁172-196；比較Neil
　　Lazarus，〈民族意識與(後)殖民智識主義的特殊性〉(National
　　Consciousness and the Specificity of (Post)colonial Intellectualism)，同
　　書，頁197-220。

思就是，各個鬥爭的構成空間的自主自律必須消解；
所以必須如此，未必是因爲這些鬥爭中的任何一個已
被其他鬥爭支配，而是，嚴格而論，它們都已成爲一
個獨一而不可分割的鬥爭的相等象徵[31]。

　　從後殖民角度看來，這種說法和殖民論述有些令人不快
的呼應，因爲殖民論述有時也不承認臣屬民族之間有其重大
差異，堅持「土著全都一樣」，意思也是說他們是「對等
的」，可以互換的。新殖民階段的「文化相對論」也與此類
似，文化相對論承認「同等」的差異，亦即和支配者文化的
中心性比起來，都同樣有差異。此外，一個持疑的人可能會
說，這麼一種模型未能充分考慮中心被推翻(如果被推翻的
話)之後的情況。以這種典範爲基礎的邊緣者聯盟，其內在的
緊張通常就來自開始時未能充分認知其內部的差異。其後
果，在許許多多在殖民化國家裡十分明顯，從安哥拉至哥倫
比亞皆是(雖然西方因爲和某個派系站在一起，也在裡面扮演
一角)。巴巴、霍爾與莫罕提等人在不同時間提出的這種結合
方式，其效力如何，歷史教訓應該使我們提高戒心。

　　強調不同的邊緣與文化形構可以互換，在實踐上其實經
常導至其中一個「加盟者」被別的加盟者支配。最明顯的例
子是阿馬德的《理論上》，書中尋求將「後殖民」納入以階

31　拉克勞與莫夫，《霸權與社會主義策略：朝向一種激進的民主政治》
　　(*Hegemony and Socialist Strategy: Towards a Radical Democratic
　　Politics*)，W. Morre與P. Cammack譯(London: Verse, 1985)，頁182。

級為基礎的分析形式之中。據阿馬德之見，訴諸馬克思主義，最重要的優點是它能就當前政治與文化的地理提供一種更精確、更有區辨能力的模型，向「三個世界」（Three Worlds）理論挑戰，因為這理論獨厚民族主義，以之為現代對西方權力進行政治抵抗的最佳形式。阿馬德（如史畢瓦克）說，各國處於不同的發展階段，有非常不同的社會、經濟和文化形構，插入國際分工的模式也各有變化，但此一論述將之同質化。此外，「三個世界」模型明顯低估以階級、性別或宗教為基礎，在反對都會方面可能與民族主義不相統屬的抵抗模式。由政治再度而言，第三世界國家大多是帝國強權所造，在正式帝國主義時代結束時，用聽話的當地資產階級成立政權，再加上全球經濟由多國公司支配，阿馬德據此認為，談解放運動時，民族主義不能再被率然視為獨具優點的敘事。他改提「一個世界」理論，占優位的既非西方與東方之間，亦非北與南之間，甚至不是前都會帝國強權與新獨立國家之間的鬥爭，而是全球聯盟的階級之間的鬥爭。如今資本作世界性的再生，資產階段均等散布，因此抵抗必須是全球性的，組織上則以世界勞工階級構成的跨國聯盟為核心。

　　然而，這只是置換而非解決拉克勞與莫夫所提的策略。阿馬德提供了一個實質且有力的論點，重新以階級為了解當代新殖民時期的文化問題，但代價可觀。他以階級為決定一切的參考點，可以說壓制了其他種類的差異──族裔、宗教、性別、文化上的差異，這些至少和階級一樣是值得注意的抵抗形式。同理，他在政治經濟上堅持的「一國世界」典

範，本身也將各種群體同質化，他自己也承認，不同的群體
在國際分工的插入上各有差異。底特律的工業勞工，在階級
認同上和格但斯克或漢城勞工的階級認同並不一樣，更別說
辛巴威僅足生存的農民，加爾各答的失業遊民，或巴西雨林
的打獵採集者了——除非把「階級」一詞引申到全失意義的
地步。的確，這些群體的利益——政治與經濟利益——可能
是彼此競爭或相互衝突的。其中有些衝突是由國際分工引起
或惡化的，有些則不是。印度受英國支配前，種姓制度即已
存在，英國支配時代過去，種姓制度繼續存在，波茲瓦納
(Botswana)的科伊族(Khoi)受多數的杜納族(Tswana)壓迫，
也是一樣的情況。

麗莎‧羅伊說，將「後殖民」含納於女性主義政治及其
文化分析模式之中，有其益處。然而這也有類似窒礙。她的
《批判之境》是研究殖民分析的優異之作，在全書末尾，她
認為「在解釋及就異質性進行理論化方面，女性主義理論是
諸多分析典範之中最沒有限制，而且也許是最有能力的」[32]。
這也只是置換本質問題而已。史畢瓦克認為西方與第三世界
婦女之間要建立聯盟有其困難，這問題至今沒有減輕的跡
象。《批判之境》詳細探討史畢瓦克所說。蘿拉‧唐納遜1988
年的〈米蘭妲情結：殖民主義與女性主義解讀的問題〉(The
Miranda Complex: Colonialism and the Question of Feminist
Reading)指責卡利班助成《風暴雨》中米蘭妲在父權制度底下

32　羅伊，《批評之境》，頁196。

的不利之處，她的講法認爲(注意)西方女性受壓迫，比被殖民民族受壓迫重要[33]。晚近極有名的白人女性主義批評家裡，有一位是多娜‧哈拉威(Donna Haraway)，她就顯示，她要在「對等」的基礎上與她的後殖民同儕有志一同，未免困難。在《西米安‧塞柏格與婦女》(*Simians, Cyborgs and Women,* 1991)裡，她嘗試「解決」奈及利亞批評家奇克維耶‧歐甘耶米(Chikwenye Ogunyemi)與在美國工作的加勒比海批評家芭芭拉‧克利絲丁(Barbara Christian)之間的爭論。兩位批評家爭的，是布奈‧伊梅奇塔(Buchi Emecheta)小說中提供的黑人女性模型的意義，哈拉威的解決法使我們想起較早階段女性主義那種充滿問題的「好心」[34]。(新)殖民史在西方女性主義發展中扮演的角色是如此長久(從利用禁奴運動的修辭來促進它本身在現代時期浮現，繼而是孟買姨媽在物質上促成維吉妮亞‧吳爾夫(Virginia Woolf)鼓吹女性主義目標「自己的房間」，然後是克莉絲蒂娃「撥用」中國婦女來建構當代西方女性主義)，羅伊的策略實行起來只可能是險象環生的[35]。就

33　Laura Donaldson，〈米蘭妲情結：殖民主義與女性主義解讀的問題〉，Diacrities, 18.3(1988)，頁65-77。

34　Donna Haraway, Simians, Cyborgs and Women: The Reinvention of Nature (London：Free Association, 1991)，頁109-124。關於女性主義與殖民史的關係，見Vron Ware，《界限以外：白人女性、種族主義與歷史》(*Beyond the Pale：White Women, Racism and History*)，London：Verso, 1992，麥克林托克，《帝國之糧：殖民競賽中的種族、性別與性》(*The Imperial Leather：Race, Gender and Sexuality in the Colonial Contest*)，London：Routledge, 1995)。

35　關於早期女性主義與廢奴運動的關係，見Moria Ferguson，《屈服於

以西方內部的婦女運動這個比較有限的範圍來說，布隆文・
李維（Brownwen Levy）即有此見解：

> 來自不同背景的女性有其不同的環境，要形成聯盟，
> 要形成一個女性共同體，可以說是不可能，行不通的
> （即使法國理論家西蘇或克莉絲蒂娃認爲女性的鬥爭可
> 以成爲其他鬥爭的模範）[36]。

關於擴大這類聯盟來包及後殖民領域的困難，此論相當
有力。

以上每個例子裡，後殖民都被附屬於一些社會形構——
阿馬德是明白爲之，羅伊是隱然爲之，在對後殖民主體的壓
迫中，這些社會形構都曾在某些時候扮演不同程度的角色。
反之亦然；看看婦女在解放鬥爭與民族主義論述（例如法農）
裡居於次等而且經常只是附屬的角色，即可見得。（如前面所
提，階級差異在後殖民領域裡獲得的考慮也太少。）有些論點
將個案歷史的重要性打折扣，而人爲地將不同種類的壓迫與
不同的壓迫歷史混爲一談，「策略本質論」提供一個避免這
種危險的途徑。同時，在文化特殊主義不願意提供之處，

他人：英國女作家與殖民奴役，1670-1834》（*Subject to Others: British
Women Writers and Colonial Slavery, 1670-1834*），London: Routledge,
1992。

36 Bronwen Levy，〈底下的女性實驗：解讀差異〉（Women Experiment
Down Under: Reading the Difference），Petersen與Rutherford，《雙重殖民
化：殖民與後殖民女性書寫》，頁176。

「策略本質論」提供「立場戰爭」(war of position)的聯盟可能性。但是，也一定有人懷疑「策略本質論」的政治效用。這種意志主義的立場，問題在於它向來證實非常沒有效果，1960年代以來英國和美國的彩虹聯盟就是例子。在英國，至少自1968年的《國際勞動節宣言》(The May Day Manifesto)以降，這樣的聯盟政治就一直在議程上，然而除了單一議題領域，此事對英國政治的傳統布局影響乏善可陳，對與此布局相應的權力基礎也只構成非常小的干擾，保守黨將近一個世代的統治沒有被打破，即可見一斑。鼓吹「立場戰爭」者有時候忽略了，這種策略所容許的多重認同與聯盟也為支配者提供範圍更廣的目標。明顯的一點是，歧視貫串所有領域，不分階級、性別、性取向、族裔認同、年齡，無一得免。這表示，你用多重定位來逃避支配者，但支配者的反應可以和你一樣有彈性。

　　我痛切知覺到，在這裡涉入這場複雜的辯論，我陷入一個危險，就是我列出各種不同的後殖民文化認同與定位典範，提示這些典範對領域內不同形構之間關係的看法，以及它們對其他文化動員形式之間關係的看法，然後建議大家在其間作個抉擇或綜合，可能會有人以諷刺的筆法，借用艾奇比《分崩離析》(Things Fall Apart)中那位地區軍官文本的題目，稱之為〈為交戰中的後殖民部落講和〉(The Pacification of the Warring Tribes of the Postcolonial)。我以一個白人、男性、中產階級、曾是殖民地的孩子，當然無由決定什麼是或不是「正確」的後殖民認同或定位觀念(就算什麼才是這領域

裡最適當的文化分析方法的較狹隘問題，我也無由裁定)。不
過，反正，如果我們以一種歷史的而且注意差別的角度來看
「後殖民」的異質性的問題，則在主要典範之間作抉擇或綜
合或許是同等不必要的。這給我們一個有益的提醒，亦即後
殖民社會、文化形構與運動是在不同的時間，以不同的形
式，在全球不同的地方出現的。由於殖民主義有許多形式，
很多歷史，又有極多有時候內在和彼此都矛盾的論述體同產
生，因此去殖民化也是多重形式而且複雜的──其論述也因
而有時候互不相通，有時候相輔相成。就如布拉斯維特在
《矛盾的兆頭》裡說的，在加勒比海，克利歐化的形式──
與步調──各島不同，因為沒有兩個島的歷史是相同的。一
個後殖民形構堅持文化差異的原則，一個與之相近或相關的
形構卻依照其自身的特殊發展環境而高唱文化混種的優點，
似乎是完全正當的。此外，隨著環境改變，其文化(或裡面的
次文化)可能從一個重點轉到另一個重點(然後，必要的話，
又回到原來的重點，全世界許多去殖民國家都如此)。後殖民
歷史，以及其現下，是如此充滿變化，沒有一種「後殖民」
定義可以自稱獨家正確，因此，有這麼彼此相關的認同、定
位及文化／批評模式，是既可能又必然的。基於此理，我在
結論裡要大力支持古哈提倡的立場，並且將之擴大，適用於
後殖民領域對帝國主義文化遺產的處理。對於印度的殖民
史，什麼是、什麼不是適當或「正確」的分析模式？古哈

說：「研究這套問題叢結，沒有一條獨達之路。且讓百花齊
放，縱有雜草，亦自無妨。」[37]

37　古哈，〈論殖民印度史學的一些層面〉(On Some Aspects of the
　　Historiography of Colonial India)，古哈與史畢瓦克，《底層研究》，
　　頁43。

譯名對照表

Otherness 他(者)性
'Outside in the Teaching Machine'
〈局外於教書機器之中〉
The Question of Palestine 《巴勒斯
坦問題》
Palestine 巴勒斯坦
Pannikar, H.M. 潘尼卡
Parry, Benita 帕瑞
particularism 特殊主義
Pathak, Zakia 帕塔克
patriachy 家父長制
Peterson, Kristen Holst 彼得森
Philby, St John 菲爾比
Philippines 菲律賓
Plain Tales from the Hills 《山上的
小故事》
Pleasure of the Text 《文本的樂趣》

post-structuralism 後結構主義
'Postcolonial and the Postmodern'
〈後殖民與後現代〉
'Post–Colonial Critic' 〈後殖民批評
家〉
postcolonial criticism 後殖民批評
postcolonial theory 後殖民理論
postcolonial literature 後殖民文學
postmodernism 後現代主義
power 權力
Prakash, Gyan 普拉卡西
Pratt, Mary Louis 普拉特

Press, John 普雷斯
'Problems in Current Theories of
Colonial Discourse' 〈當前殖民論
述理論的問題〉
Proust, Marcel 普魯斯特
psychoanalysis 心理分析

questioning the postcolonial 質疑後
殖民
Raleigh, Walter 雷理
Reagan, Ronald 雷根
'Rani of Simmur' 〈席穆爾的拉
尼〉
religion 宗教
'Remembering Fanon' 〈緬懷法農〉
Renan, Ernest 雷南
'Representation and the Colonial
Text' 〈再現與殖民文本〉
repetitons-in-rupture 絕裂中寓重複
resistance 抵抗
Rhys, Jean 里斯
Riemenschneider, Dieter 里門史奈德
Robbins, Bruce 羅賓斯
Rodinson, Maxime 羅丁森
Rodney, Walter 羅德尼
Rorty, Richard 羅提
Rose, Jacqueline 羅斯
Rubadiri, David 魯巴德里
Rushdie, Salman 魯西迪
Ruskin, John 拉斯金

現代名著譯叢
後殖民理論

2004年12月初版 定價：新臺幣380元
有著作權・翻印必究
Printed in Taiwan.

著　者	Bart Moore-Gibert
譯　者	彭　淮　棟
發 行 人	林　載　爵

出 版 者　聯 經 出 版 事 業 股 份 有 限 公 司
台 北 市 忠 孝 東 路 四 段 5 5 5 號
台北發行所地址：台北縣汐止市大同路一段367號
　　　　電話：（ 0 2 ）2 6 4 1 8 6 6 1
台北忠孝門市地址：台北市忠孝東路四段561號1-2樓
　　　　電話：（ 0 2 ）2 7 6 8 3 7 0 8
台北新生門市地址：台北市新生南路三段94號
　　　　電話：（ 0 2 ）2 3 6 2 0 3 0 8
台 中 門 市 地 址：台 中 市 健 行 路 3 2 1 號
台 中 分 公 司 電 話：（ 0 4 ）2 2 3 1 2 0 2 3
高雄辦事處地址：高雄市成功一路363號B1
　　　　電話：（ 0 7 ）2 4 1 2 8 0 2
郵 政 劃 撥 帳 戶 第 0 1 0 0 5 5 9 - 3 號
郵 　 撥 　 電 　 話：2 6 4 1 8 6 6 2
印 刷 者　雷 射 彩 色 印 刷 公 司

叢書主編	邱　靖　絨
校　對	蟻　美　琴
	潘　建　宏
封面設計	翁　國　鈞

行政院新聞局出版事業登記證局版臺業字第0130號

Postcolonial Theory
First published by Verso 1997 © Bart Moore-Gilbert 1997
Complex-character Chinese version
© 2004 Linking Publishing Company

國家圖書館出版品預行編目資料

後殖民理論 / Bart Moore-Gilbert 著 .
彭淮棟譯 . --初版 .
--臺北市：聯經，2004 年（民 93）
384 面；14.8×21 公分 .（現代名著譯叢）
譯自：The postcolonial theory：Contexts,
　　　Practices, Politics
ISBN　957-08-2788-2(平裝)
1.殖民

577.1　　　　　　　　　　　　93022221

傑克·顧迪◎著，楊惠君◎譯

飲食與愛情

東方與西方的文化史

作者傑克·顧迪對西方史學家、社會學家經常以東西方二分法這種粗糙區分方式探討問題，並對過度被吹捧的西方獨特性等提出強烈的質疑。在西方古典主義、封建主義、啟蒙時代、工業革命、資本主義這脈絡的一路發展中，西方所慣以標榜其獨特性的背後究竟暗藏什麼樣的問題？本書分為三大部分：家庭、飲食與懷疑來討論。

過去東西方在家庭制度有很大的差異，如果西方的小家庭為其資本主義發達的因素，但是東方大家庭制度下，一樣出現了顯赫的企業；西方過去以為浪漫愛情是他們所獨有，並且是因讀寫能力而產生，亞、非似乎只重慾望，但作者舉出非洲地區為例說明無情詩傳統並不代表他們就認為愛、慾是可分開的。在飲食部分，歐亞則有飲食階級化的情形，貴族與平民的食物迥異，貴族吃的是精緻的食物，而非洲則無此現象。最後一部分探討的則是對神的懷疑，亞非小部落仍在很早就有懷疑論或無神論的現象。因此，西方向來的優越感在作者眼中不過是暫時性而已，畢竟西方也受東方影響，且東方本身就有其卓越處，這是作者旁徵博引表述的中心思想。

作者簡介

傑克·顧迪（Jack Goody）為英國劍橋大學的人類學教授，並在聖約翰學院擔任研究員。其他的著作包括《西方裡的東方》（*The East in the West*, 1996）、《花卉的文化》（*The Culture of Flowers*, 1993）以及《烹飪、美食、與階級》（*Cooking, Cuisine and Class*, 1982）。

現代名著譯叢

出版日期：2004年6月
價格：350元
ISBN：957-08-2719-x
規格：25開橫排408頁　21×14.8cm

聯經出版公司信用卡訂購單

信用卡別： □VISA CARD □MASTER CARD □聯合信用卡

訂購人姓名： _____

訂購日期： _____年_____月_____日

信用卡號： _____ _____ _____ _____

信用卡簽名： _____(與信用卡上簽名同)

信用卡有效期限： _____年_____月止

聯絡電話： 日(O)_____夜(H)_____

聯絡地址： □ □□_____

訂購金額： 新台幣_____元整
（訂購金額 500 元以下，請加付掛號郵資 50 元）

發票： □二聯式 □三聯式

發票抬頭： _____

統一編號： _____

發票地址： _____

如收件人或收件地址不同時，請填：

收件人姓名： □先生
_____ □小姐

聯絡電話： 日(O)_____夜(H)_____

收貨地址： _____

· 茲訂購下列書種‧帳款由本人信用卡帳戶支付 ·

書名	數量	單價	合計
		總計	

訂購辦法填妥後

直接傳真 FAX：(02)8692-1268 或(02)2648-7859

洽詢專線：(02)26418662 或(02)26422629 轉 241

網上訂購，請上聯經網站：http://www.linkingbooks.com.tw